Le Growth Hacking

Frédéric CANEVET
Grégoire GAMBATTO
Olivier ZONGO-MARTIN

Le Growth Hacking

8 semaines pour doubler le nombre de vos prospects

2e édition

DUNOD

+ **BONUS**

Une communauté privée
avec des contenus supplémentaires
et un coaching vidéo
sur traficcommando.com

Tous les dessins ont été réalisés par Awesomesatyr
Mise en pages : Nord Compo

11 rue Paul Bert, 92240 Malakoff
www.dunod.com

ISBN 978-2-10-080648-5

Sommaire

Remerciements

Frédéric remercie pour son soutien Émilie Seynhaeve, Anaïs et Chloé pour leurs encouragements, ainsi que tous ceux qui nous ont aidés dans ce projet.

Une pensée particulière également pour tous ceux qui m'ont beaucoup apporté au fil des années par leurs conseils ou blogs, comme Henry Benamram, Jean de Web Marketing Junkie, Alain Bouveret d'Eloquant, Jean-François Auregan (mon professeur de français du collège), Raphaël Ducottet (coach commercial)…

Merci aussi aux rédacteurs des chapitres de la première version du livre publié en 2017 : Olivier Jadzinski (Euklide.com) et Ludovic Barthelemy. Nous avons entièrement actualisé leurs contenus dans cette édition. Je remercie aussi les relecteurs de ce livre (souvent des lecteurs fidèles de mon blog) comme Stéphane Bodvin, Stéphane Dangel (storytellingfrance.com), Jérôme Le Cœur (jeromelecoeur.fr)…

Un clin d'œil également aux membres du groupe Facebook « Growth Hacking France » et GrowthHacking.fr qui sont quelques-unes des meilleures sources pour se tenir au courant des dernières actualités du Growth Hacking (je vous conseille fortement de vous y inscrire !).

Et comme le Growth Hacking évolue tous les jours, vous pouvez suivre ma formation continue aux techniques de Growth Hacking sur la Star-Marketing-Academy.com. Cette formation vous propose tous les mois des conseils concrets.

Grégoire remercie tous les Germinables, toujours là pour le pousser plus haut. Ses parents et sa fratrie, ils le supportent depuis son enfance, pas facile. Et bien sûr Valérie, sa douce (même si elle a utilisé ce livre pour sa thèse sans le mettre dans sa biblio, il n'oublie pas).

Olivier remercie toute la team Germinal, ce sont les échanges quotidiens autour des dizaines de growth stratégies mises en place par toute la team qui lui ont donné l'envie de banaliser à travers ce livre cette approche du marketing. Un remerciement particulier pour Victor Leboda, Christian Lim et Savinien de Bryas qui ont challengé le contenu du livre et apporté leurs expertises pour vulgariser au mieux l'approche de Google Ads, Facebook Ads, et la construction de *landing pages*. Un dernier remerciement pour Grégoire qui m'a invité à coécrire cette seconde édition du livre.

Bravo et bienvenue à bord !

Si vous tenez ce livre dans vos mains, c'est que vous avez décidé de prendre votre croissance en main ! C'est une excellente décision, car il va vous guider pas à pas pour atteindre vos objectifs et développer votre activité.

Nous avons conçu un programme en 8 semaines, afin que vous puissiez exploiter à 110 % votre potentiel ou tout simplement découvrir les dernières techniques de marketing.

Cette seconde édition du livre sorti en 2017 est enrichie et améliorée avec plus de 30 % du texte entièrement réécrit afin de prendre en compte les évolutions techniques, nos expériences, les retours des 3 000 lecteurs de la première édition...

Le livre est conçu de la manière suivante :

- **Un programme en 8 semaines, comprenant de nombreux ateliers pratiques que vous pourrez sélectionner** selon vos compétences et l'avancement de votre projet. Ainsi vous n'êtes pas obligés de tout suivre de A à Z, vous pouvez simplement piocher les contenus qui sont pertinents pour vous.
- **Des cas pratiques, des anecdotes, des méthodologies** afin d'entrer directement dans le vif du sujet.
- **Des plans d'action d'une durée de 2 à 3 jours maximum**, que vous pouvez mettre en place en prenant en compte vos besoins.
- **Un espace privé sur le web**, afin d'accéder à des contenus bonus, et échanger ensemble dans une communauté privée.

Vous avez déjà une activité ? Vous développez un business pour une entreprise ? Nous vous conseillons de lire en priorité la dernière partie du livre « Optimiser un business existant par l'approche AARRR ». Elle vous permettra d'identifier où agir en priorité et de donner un « coup de boost » immédiat à votre activité.

Qu'est-ce que le Growth Hacking ?

Le Growth Hacking, consiste tout simplement à détourner intelligemment des systèmes (des marchés entiers, l'audience de réseaux sociaux...) pour obtenir une croissance plus rapide. **On peut définir le Growth Hacking comme une démarche systématique, structurée et souvent non conventionnelle pour accélérer la croissance.**

Il a débuté avec les start-ups qui utilisaient des méthodes pour croître plus vite, avec une efficacité maximale et un petit budget. Le Growth Hacking est au marketing ce que la guérilla est à la guerre traditionnelle : **c'est produire un maximum de résultats avec un minimum de moyens**, tout en utilisant un arsenal simple et abordable. Il permet aussi d'appliquer des recettes systématiques pour obtenir rapidement des résultats en :

- utilisant des logiciels pour automatiser des actions ;
- mettant en place des méthodes créatives ou originales ;
- « détournant » un système ;
- faisant de l'analyse de données dans une optique d'amélioration continue ;
- captant le trafic d'un leader sur un marché ou d'un carrefour d'audience où sont présents de futurs clients.

Dans le concept de Growth Hacking, il y a 2 éléments clés :

- **Growth :** (croissance) méthodologie pour structurer la croissance de son entreprise ;
- **Hacking :** (détourner) ensemble d'outils et astuces qui consistent à détourner le système, il vous donne des trucs pour aller plus vite que les autres.

C'est l'alliance explosive de ces deux techniques qui permettent d'atteindre le succès et de dépasser vos concurrents.

L'un ne va pas sans l'autre, même si le plus souvent, c'est la partie Hacking qui est la plus connue... alors que comme un iceberg, c'est la partie Growth qui fera votre succès dans le temps.

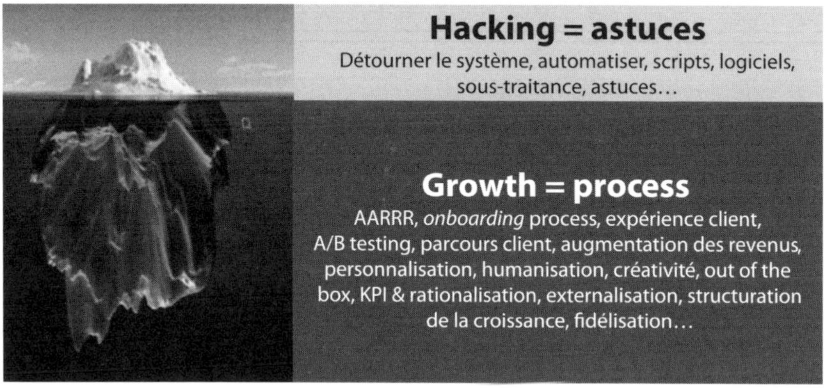

Figure 1 – Le Growth Hacking c'est 20 % d'astuces et 80 % de méthodologie

Le Hacking de Growth Hacking

Le Growth Hacking est parfois associé à des techniques à la limite de la légalité pour accélérer la croissance : c'est le Hacking. C'est par exemple l'envoi de messages directs en masse sur LinkedIn, des e-mails un peu trompeurs, des partages automatiques après avoir installé une application, ou encore d'un *business model* qui profite d'un vide juridique (ex. : capter les petites annonces de sites concurrents sur son propre site).

Ce genre de techniques existe depuis des années. En effet, certaines entreprises et start-ups ont mis en place ces techniques de Hacking avant même que ce terme n'existe :

- Xavier Niel, le fondateur de Free, détournait en 1991 les clients du 36 15 Ulla vers son propre service de minitel rose *via* le Turbophone.
- Stefan Mandel a acheté en 1992 des millions de billets de loto pour gagner le gros lot (27 millions) car il avait la possibilité d'acheter des milliers de billets et ainsi, statistiquement, réussir à gagner.

Le principe fondateur est le suivant : pour avoir des résultats exceptionnels, il faut parfois savoir prendre des risques. **Pour autant, il ne faut pas non plus entrer dans l'illégalité ou faire des actions moralement répréhensibles.**

Par exemple le succès d'Airbnb vient certes des photos des appartements prises par des photographes professionnels, mais aussi d'un programme permettant d'envoyer automatiquement des messages sur le site de petites annonces Craiglist (l'équivalent de Leboncoin) pour inciter ses visiteurs à poster une annonce sur Airbnb...

De même, comme en SEO il y a le « white hat Growth Hacking » et le « black hat Growth Hacking », l'un étant le côté lumineux et l'autre le côté sombre du Growth Hacking (et le « gray Growth Hacking » qui regroupe les techniques « limites » mais acceptables).

De même, le Growth Hacking, ce n'est pas que sur le web : vous pouvez le mettre en place dans votre ville, dans votre magasin...

Sur l'espace privé TraficCommando.com, je montre 2 exemples de Growth Hacking physiques :

- Le premier, illustre le « white hat Growth Hacking » : on a déposé dans les boîtes aux lettres de mon quartier un prospectus sous la forme d'une photocopie envoyé par « mes voisins de la rue de l'Union » me vantant un réseau social de proximité. Le caractère « amateur » et la localisation font penser qu'il s'agit d'un voisin qui veut bien faire, alors que c'est une opération marketing.
- Le second, illustre le « black hat Growth Hacking » : une entreprise avec un site Internet fantôme (pas de n° SIRET...) a collé des affichettes sur tous les feux rouges de la banlieue nord de Paris avec une offre pour faire un stage de récupération de points de permis. C'est de l'affichage sauvage passible de 1 500 € d'amende et 200 € par affichette et par jour.

Bien évidemment, dans ce livre, nous nous concentrerons sur les techniques de « white » et de « gray hat Growth Hacking », vous n'allez donc pas trouver de pratiques illégales.

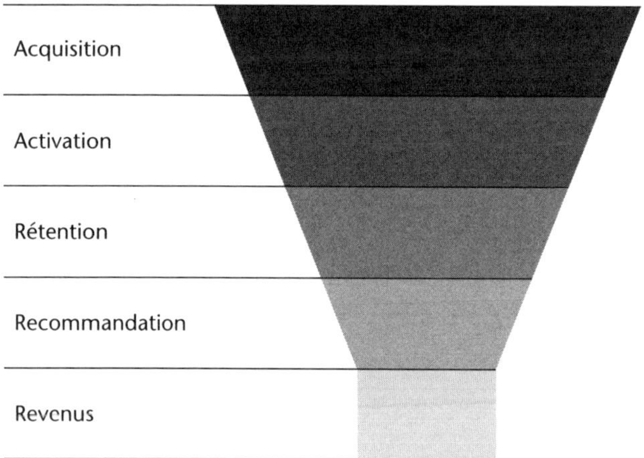

Source : © ConseilsMarketing.com

Figure 2 – Le framework AARRR ou l'optimisation du cycle des ventes

Le framework AARRR, fait référence aux cinq étapes clés du cycle des ventes utilisées par les Growth Hackers. Ces métriques correspondent au cycle de vie de l'utilisateur :

- **Acquisition** : comment attirer des prospects pour votre produit/votre site ?
- **Activation** : l'utilisateur va-t-il avoir une première interaction avec le produit ou utiliser votre produit ?
- **Rétention** : l'utilisateur revient-il sur votre produit/site et comment faire pour le refaire acheter ?
- **Recommandation** : est-ce que vos utilisateurs sont suffisamment contents pour en parler autour d'eux ?
- **Revenus** : à quel moment et comment gagnez-vous de l'argent et comment améliorez-vous votre rentabilité ?

Chacune des étapes du framework AARRR doit être continuellement challengée pour aboutir sur une optimisation maximum. Vous verrez tout au long de ce programme de 8 semaines comment soigner ces étapes lors du lancement d'un nouveau produit et dans le dernier chapitre du livre comment s'en servir pour analyser une activité existante.

On peut représenter ce framework comme un tunnel (ou plutôt un entonnoir), qui est de plus en plus étroit au fur et à mesure que l'on passe les étapes.

En effet, on perd des prospects à chaque étape, il est donc indispensable de travailler ces points les uns après les autres pour avoir le plus de clients réguliers en fin de compte.

Voici un résumé des différentes étapes du cycle des ventes analysées *via* le prisme du framework AARRR.

Acquisition

Cette étape du framework AARRR consiste à faire venir vos prospects sur votre site/produit. Pour cela, il faut jouer avec différents canaux d'acquisition à savoir :

- **Les médias sociaux :** réseaux sociaux (LinkedIn, Facebook, Twitter, Instagram...), les blogs, etc.
- **Le SEO :** optimisation de vos pages et de votre stratégie de contenu pour attirer votre cible sur votre produit. C'est une stratégie qui peut être longue à mettre en œuvre mais qui paye toujours sur le long terme.
- **La publicité au clic ou à l'affichage :** vous avez recours à des campagnes d'acquisition payantes pour faire venir les prospects. Cette technique permet de qualifier au maximum le flux envoyé sur le produit et d'avoir rapidement de premiers prospects, mais elle peut être très coûteuse si vous ciblez mal ou si vous avez une mauvaise *landing page* (page de vente du produit ou du service).
- **L'e-mailing :** vous envoyez des e-mails à vos prospects pour les faire venir sur votre produit/page. Il peut s'agir de personnes qui vous ont déjà donné leur e-mail pour un autre de vos services, ou bien d'e-mails que vous avez réussi à obtenir par d'autres moyens, avec des petits hacks ou un produit payant par exemple.

Attention, si vous envoyez des e-mails à des personnes qui sont déjà clientes chez vous pour ce produit, il s'agit d'une stratégie de rétention ou d'augmentation des revenus car ils sont déjà clients.

- **Le *referral*** (recommandation) : c'est le bouche-à-oreille. On peut presque étendre cela aux sratégies de relations presse et influenceurs. Ce sont les sites où les internautes vont parler de vous et vous amener du trafic.
- **L'*offline*** (en physique) : tous les moyens qui ne sont pas sur le net pour acquérir des clients, par exemple les salons, les rencontres physiques (*meetups*...), etc.

Comment mesure-t-on l'efficacité de cette étape ?

Avec des outils comme Google Analytics ou encore Mixpanel.com, vous pouvez identifier en grande partie la provenance du trafic. Vous pouvez aussi mettre en place des liens différents en fonction du canal d'acquisition ou bien faire arriver les prospects sur des pages différentes pour être sûr de pouvoir déterminer le canal qui vous amène le plus de prospects.

Activation

L'activation est une étape cruciale. Elle permet de jauger l'intérêt du prospect pour votre solution. C'est à vous de choisir le niveau d'engagement que vous pensez pertinent pour votre service, et il peut y en avoir plusieurs. Ainsi vous pouvez par exemple considérer que naviguer plus de 30 secondes sur votre site est une activation de niveau 1, laisser son e-mail une activation de niveau 2 et créer un compte une activation de niveau 3.

À vous de choisir un ou plusieurs indicateurs à suivre, il faudra ensuite mesurer ce taux d'activation et l'optimiser grâce à des outils comme Google Analytics. Il est indispensable d'essayer de récolter, lors de cette étape, des informations qui vont vous permettre de recontacter votre prospect. Ainsi vous pourrez l'inciter à utiliser votre produit (s'il n'est pas allé jusqu'au bout) ou à le réutiliser (s'il ne revient pas dans un certain délai). Ce sera un excellent moyen d'améliorer votre rétention utilisateur.

Exemple

100 visiteurs arrivent sur votre site (*via* 3 sources principales : 50 % Facebook Ads, 25 % Google et 25 % e-mailing), vous avez 65 % d'activations de l'offre d'essai, 25 % utilisent votre produit au moins une deuxième fois, 8 % achètent votre produit ou service à la fin de la période d'essai, 4 % en sont très satisfaits et en parlent autour d'eux ou sur les réseaux sociaux. Cette première analyse macro permet de voir que vous avez une excellente conversion des visiteurs en essai (Acquisition) mais que seuls 8 % achètent le produit (Activation)... L'analyse AARRR révèle que c'est là qu'il faut intervenir en priorité.

Rétention

Certains de vos prospects qui ont souscrit à votre service ou à votre newsletter, acheté un produit... deviennent des utilisateurs ou sont sur le point de le devenir.

Il est essentiel de les faire revenir pour utiliser ou consommer à nouveau. En effet, si aucun de vos utilisateurs ne réutilise votre produit, c'est comme si vous mettiez de l'eau dans un seau percé. Vous devrez dépenser énormément d'argent en acquisition pour des utilisateurs qui ne seront pas fidèles, ou pire qui n'utiliseront même pas votre produit !

Recommandation

À ce niveau, vous avez des utilisateurs de votre service ; il faut désormais en profiter pour les inciter à en parler autour d'eux et les transformer en prescripteurs.

Revenus

On considère qu'un utilisateur paye après avoir été fidélisé, ce qui n'est pas toujours vrai, par exemple dans les cas des achats impulsifs. C'est pour cette raison que le revenu est mesuré en fin de tunnel. Lorsque vous travaillerez sur cette étape cruciale, l'objectif sera d'augmenter le panier moyen de vos clients. C'est notamment l'objectif des recommandations de produits similaires sur Amazon.

Il est indispensable de créer un tableau de suivi Excel ou mieux, *via* un logiciel, pour mesurer au mieux votre tunnel de conversion. Cela vous permettra d'identifier les points de faiblesse et de les éradiquer.

Exemple **La Star-Marketing-Academy.com, par Frédéric**

La Star-Marketing-Academy.com, lancée en août 2015 est une formation continue de web marketing. Le principe était de proposer tous les mois 2 heures de formation vidéo. Comme je ne savais pas si j'étais capable de suivre le rythme, j'ai fait un lancement limité auprès d'un petit nombre de clients, avec un tarif promotionnel. Ainsi j'ai pu mesurer pendant six mois ma capacité à produire du contenu, mais surtout le taux de désabonnement (environ 10 %, ce qui est dans la moyenne du marché). Pour cela j'ai tenu un fichier Excel avec les abonnés en cours, les nouveaux abonnés et les résiliations. J'ai aussi comparé les évolutions des taux de conversion selon les *landing pages*, les campagnes marketing, le contenu de la formation pour arriver à améliorer à la fois la conversion et le taux de rétention.

Il est fortement recommandé de commencer par travailler l'activation ou la rétention. En effet, rien ne sert de faire venir des milliers de prospects vers un produit qui ne les intéresse absolument pas.

À noter : suivre trop d'indicateurs (même 2, 3 voire 4), peut nuire à votre efficacité. En effet vous pouvez être distrait de votre objectif principal et courir après un autre objectif plus « facile » ou en amont de votre objectif actuel (ex. : le nombre de leads à générer au lieu d'avoir un focus sur le chiffre d'affaires). C'est pourquoi, il est intéressant de se fixer 1 seul indicateur clé, que l'on appelle l'OMTM (*One metric that matters*, le seul indicateur qui compte), et de baser tous ses efforts dessus. Par exemple, sur ConseilsMarketing.com, pendant longtemps je suivais tous les jours 3 indicateurs clés : nombre de leads générés, trafic journalier et chiffre d'affaires. Or si les deux premiers étaient dans le vert, le troisième (et plus important) était dans le rouge... J'ai donc décidé de ne suivre tous les jours qu'un seul indicateur (le CA) et d'orienter ainsi toutes les actions sur lui. Cela a radicalement changé ma manière de choisir mes priorités, de mettre en place des actions...

Faut-il être développeur pour faire du Growth Hacking ?

Ce mythe est le plus courant : il faut savoir coder pour faire du Growth Hacking. Il est évident que c'est erroné. De nombreuses entreprises font (ou ont fait) du Growth Hacking sans code uniquement en optimisant son fameux framework AARRR :

- pour Hotmail c'est le message « PS : I love you. Use Hotmail... » à la fin des messages qui a fait décoller le service ;
- pour Dropbox c'est le programme de parrainage pour avoir plus d'espace de stockage associé à un super produit qui a fait la différence.

Déclarer que pour faire du Growth Hacking, il faut être développeur, c'est comme dire que pour être musicien, il faut connaître le solfège, savoir jouer du piano ou de la guitare et savoir chanter. En revanche, il est vrai qu'il faut connaître les bases des techniques informatiques, maîtriser un domaine, et s'entourer des bonnes personnes ou des bons outils. L'important n'est donc pas de savoir développer, mais d'être astucieux et d'avoir une méthode.

En conséquence, les profils de Growth Hackers sont souvent très différents, selon les compétences ou les spécialités, avec néanmoins un socle de connaissances minimales à maîtriser. C'est-ce que l'on appelle des profils « T-Shape » (c'est-à-dire en forme de T), avec de bonnes notions de l'ensemble du scope du Growth Hacking, et quelques points forts (ex. : Frédéric a comme forces le SEO et le *content marketing*, alors qu'Olivier a comme atouts le *scripting* et l'acquisition payante).

Pour en savoir plus sur l'histoire du Growth Hacking et les bases de la méthode, rendez-vous dans l'espace privé du livre dans la partie « bonus » sur http://traficcommando.com/category/bonus/.

Test, fail and learn, l'esprit du Growth Hacker

S'il y a une chose que vous devez retenir, c'est que le Growth Hacking est une mentalité supportée par une méthode. La doctrine : ne pas hésiter à tester quitte à se tromper, mais surtout apprendre de ses erreurs, pour ne pas les recommencer.

Cela passe obligatoirement par une mesure de toutes, ou du moins du maximum des actions mises en place : vous faites un test, une action marketing, vous mesurez les résultats et vous en tirez les conséquences.

Le but est de voir si cela vous rapporte des visiteurs ou du chiffre d'affaires. Vous devez donc mettre en place une campagne de *tracking*. Par exemple, si vous voulez savoir si Twitter est intéressant pour vous, vous devez savoir si d'une part vos followers cliquent sur le lien, et d'autre part s'ils souscrivent à vos offres.

À qui s'adresse ce livre ?

Ce guide a été spécialement conçu pour s'adresser à deux profils de lecteurs : les porteurs de projets qui souhaitent s'approprier les méthodes de marketing modernes, ainsi que toutes les personnes qui ont déjà des bases en marketing conventionnel et veulent bénéficier des techniques plus récentes, qui génèrent rapidement des résultats et de la croissance.

Le but n'est pas de rédiger une encyclopédie du Growth Hacking ou de faire de vous des experts dans ce domaine, mais de vous livrer une sélection des bonnes pratiques, testées et approuvées sur le terrain vous permettant de mettre en place votre propre stratégie de Growth. Ainsi, que vous soyez web marketeur, responsable marketing, chargé de communication ou entrepreneur, vous allez apprendre à maîtriser l'essentiel du Growth Hacking.

Ce guide a été conçu comme un entraînement commando : le but est de vous faire maîtriser en 8 semaines les techniques essentielles à mettre en œuvre pour booster votre business.

Le programme suit une logique de progression, en rappelant d'abord les fondamentaux (connaître ses clients, maîtriser son tunnel de vente), puis en montrant comment créer sa structure pour vendre, et enfin comment générer plus de trafic pour aller au-delà de sa sphère d'influence :

- **Semaine 1** : Valider son produit et son concept, à la fois sur la connaissance client, le tunnel de vente et la technique.
- **Semaine 2** : Mettre en place son camp de base, car cela ne sert à rien de générer du trafic si votre site Internet ne convertit pas suffisamment de prospects en clients.
- **Semaine 3** : Payer pour recruter des prospects, car il y a une limite au gratuit.
- **Semaine 4** : Faire du *content hacking*, car produire du contenu c'est bien, mais il faut le faire de manière efficiente.
- **Semaine 5** : Recruter des distributeurs, influenceurs, car pour croître il est indispensable de déléguer et d'aller chercher le trafic.
- **Semaine 6** : Gagner de la visibilité au-delà de votre sphère d'influence.
- **Semaine 7** : Faire une campagne de « propagande », en automatisant une partie de vos actions.
- **Semaine 8** : Monter en puissance, *via* l'optimisation de la conversion, de la rétention et du revenu.

Selon votre niveau, vous pouvez passer certains stages commando et ne piocher que les idées pertinentes pour votre business, chaque atelier étant applicable séparément.

Enfin, à la fin du livre, vous aurez un chapitre centré sur l'analyse de votre activité *via* le prisme AARRR (vous comprendrez que derrière cet acronyme se cache une des armes les plus puissantes du Growth Hacker).

Ce guide n'est pas fait pour vous...

Si vous pensez que le Growth Hacking est une recette miracle et qu'il suffit d'appuyer sur quelques boutons, lancer des scripts pour obtenir des centaines de milliers d'adresses e-mails et les spammer. Le Growth Hacking n'est pas un logiciel, ce n'est pas de la robotisation, ni de la récupération frauduleuse d'adresses e-mail. Cela nécessite un minimum de réflexion et de stratégie, car il faut apprendre à être ingénieux et à détourner le système, ainsi qu'à analyser les performances de votre activité *via* le framework AARRR.

Nous partons du principe que vous maîtrisez déjà certaines techniques de base ou que vous êtes prêt à vous les approprier par vous-même. Nous n'allons pas revenir sur les fondamentaux et les bases du marketing. En revanche, vous allez apprendre à comprendre le fonctionnement des régies publicitaires et découvrir des trucs et astuces pour faire la différence.

Ce livre n'est que le début de l'aventure...

Elle se poursuit sur le web ! Nous avons créé pour vous un programme d'entraînement de plus de **8 heures sur Traficcommando.com** ! Ce site Internet est le prolongement du livre.

Vous y retrouvez des cas pratiques et des compléments à chacun des chapitres. Cependant avant de vous précipiter au camp d'entraînement commando, faites déjà vos 8 semaines de classes avec ce guide.

Bonne lecture,

Frédéric, Grégoire & Olivier

Semaine 1

Avant de vous lancer dans la bataille

PRÉPAREZ VOTRE PLAN DE BATAILLE

Avant tout, sachez que le marketing classique est mort !

Le Growth Hacking s'inscrit dans la philosophie qui veut que le client soit mis au centre (et non le produit), en adaptant la méthode Agile au marketing, qui prend sa source dans le développement de logiciels (en particulier la méthode SCRUM[1]).

Le but est de mettre rapidement en place des actions, mesurer les résultats, puis continuer et améliorer ces actions en cas de succès. Faire du Growth Hacking, c'est faire du « Quick and not so dirty » (c'est-à-dire vite fait, mais pas si mal fait !). Le principe est d'éviter les échecs retentissants du marketing « classique », en acceptant de sortir un produit imparfait (mais pas mauvais), et d'être capable de le faire évoluer rapidement pour en faire un produit de plus en plus séduisant. Ces méthodes servent de base au développement des start-ups, ce qui n'était pas le cas auparavant avec des entreprises aux méthodes rigides, aux antipodes de l'agilité (cycles de production longs, circuits de validation kafkaïens...).

Exemple

Avant de développer Instagram, son cofondateur Kevin Systrom avait créé une autre application, appelée Burbn. Elle permettait de se taguer aux endroits où l'on se trouvait, mais aussi de créer des rendez-vous avec ses amis et de prendre des photos. Systrom se rendit compte très vite que cette dernière fonction (qui disposait de filtres permettant de changer l'ambiance de chaque cliché) était de loin la plus populaire. En fait, les inscrits n'utilisaient presque pas l'application pour son utilité principale ! Il décida donc de retravailler son application et de la centrer uniquement autour des fonctionnalités photos. C'est de cette manière qu'est né Instagram, et le succès fut immédiat : 100 000 utilisateurs après seulement une semaine et un rachat par Facebook après 18 mois pour 1 milliard de dollars.

Avant de lancer son offensive de Growth Hacking, il est essentiel de vérifier que le produit correspond bien à un marché (le *product market fit* en anglais), et si nécessaire de modifier

1 Voir http://traficcommando.com, dans Semaine 1.

son offre. Il n'y a rien de pire que l'effet tunnel : passer des jours, voire des mois, à lancer un projet ou une idée, sans avoir validé de manière objective l'existence d'un marché réel, c'est-à-dire :

• soit une cible avec un besoin/problème urgent, important et solvable à résoudre ;

• soit une possibilité d'inciter à l'achat d'impulsion *via* l'émotion (ex. : promotion, produit fun...).

Si vous n'êtes pas dans l'un de ces deux cas, vous risquez d'aller droit dans le mur.

Exemple

Quand Nick Swinmurn a fondé Zappos en 1999, il se demandait encore si les gens étaient prêts à acheter des chaussures en ligne. Il aurait pu, comme d'autres, acquérir un magasin physique, développer un système d'inventaire, nouer des partenariats avec des fournisseurs et lancer sa plateforme en ligne sans tester son marché. L'entrepreneur lança plutôt un MVP (*Minimum Viable Product* ou prototype) pour se confronter à la réalité au plus vite : il a photographié les rayons d'un magasin de chaussures de son quartier pour ensuite *uploader* les photos sur un site d'annonces. Les premières commandes ont été honorées *via* la poste en achetant les paires au magasin. Cette approche lui a permis de grandir en proposant un service au plus près des attentes du marché. Aujourd'hui, l'entreprise est le numéro un de la vente de chaussures en ligne et pèse un milliard de dollars.

Un autre facteur clé à prendre en compte est, que dans notre contexte économique, il n'y a plus de marché « facile » ou inexploité. Même si l'on développe un produit disrupteur (ex. : l'iPhone à ses débuts), il faut s'attendre à ce que cet avantage concurrentiel ne dure que le temps que les concurrents copient l'idée.

Heureusement, il existe quelques méthodes pour disrupter un marché[1] :

• **La méthode « océan bleu »** qui consiste à analyser les offres du marché, puis à proposer une offre radicalement nouvelle en

1 Voir http://traficcommando.com dans Semaine 1.

ajoutant des fonctions inédites, en supprimant des fonctions non indispensables, en renforçant des fonctionnalités importantes. C'est par exemple ce qu'ont fait Apple, Free, Airbnb, en révolutionnant des marchés pourtant matures avec des offres qui ont détonné.

- **La méthode** « **de la Vache Pourpre** » dont l'objectif est de reprendre à 0 les besoins d'un segment de clients, et de sortir le meilleur produit possible en utilisant les nouveaux leviers existants (et ne pas simplement faire un peu mieux, un peu plus design que les produits existants). Il faut proposer un produit « remarkable » en poussant l'expérience à l'extrême et en partant du besoin initial des clients, comme Nintendo avec la Wii.
- **La méthode** « **du Judo Marketing** » dont la philosophie est de renverser un marché mature insatisfait par des solutions à l'argumentation innovante, qui vient donner un nouvel éclairage au problème. Cela consiste à expliquer pourquoi toutes les méthodes et solutions utilisées auparavant se trompaient de problème, et que vous avez la vraie solution. On retrouve par exemple cette démarche dans les méthodes de régime avec les régimes « révolutionnaires » comme Dukan, Paléo, Céto... qui n'ont pour objectif que de vendre du rêve à des personnes déçues par leurs précédentes expériences.

Exemple

La différenciation ne s'opère pas que sur le fond, mais aussi sur la forme. Par exemple, Franck Maes du blog SmartVideo.fr a lancé une vidéo[1] de promotion de ses formations sous la forme d'un rap diffusé *via* Facebook Ads où il donne des conseils sur la manière de bien filmer avec l'iPhone. Le format original et la qualité de sa vidéo incitent immédiatement à en savoir plus alors que les conseils sont très simples. S'il avait écrit un article, celui-ci serait certainement passé inaperçu.

1 https://www.youtube.com/watch?v=IOAUdkG4BX4

Vous êtes maintenant briefé. Passons aux ateliers pratiques pour comprendre comment valider un concept, cibler les bons prospects et tester votre produit.

Entraînement 1 : Définir sa cible avec la méthode des personas

Le persona décrit le client type pour vos produits. Il permet de réfléchir à votre client type, mais aussi d'aligner l'ensemble de l'entreprise sur des messages, des arguments cohérents.

Il est important que cette méthode des personas soit factuelle (avec des chiffres, des études, etc.) et pas uniquement fondée sur des idées ou de l'intuition. Vous pouvez commencer par une analyse factuelle de vos clients *via* une étude par e-mail sur vos clients en utilisant Google Docs, Survey Monkey, Eloquant.com. Vous identifiez ainsi vos clients et leurs besoins, ce qui vous permettra de donner vie à votre client type. Ces éléments émotionnels permettent de construire un personnage « réaliste ».

Vous pouvez ensuite analyser sur les groupes et pages Facebook, sur LinkedIn et autres réseaux sociaux, les principaux points communs de vos prospects. Vous devez ensuite au plus vite vous confronter à votre persona en direct et tout faire pour obtenir des retours qualitatifs et détaillés sur votre offre. Vous pouvez appeler quelques clients au hasard, en rencontrer lors des salons ou les contacter directement *via* les réseaux sociaux.

Validez ensuite vos hypothèses auprès de ceux qui ont déjà une connaissance du terrain : les commerciaux et les personnes des services techniques (attention : certains commerciaux ont tendance à rêver du client type qui n'est pas le client qui convient à l'entreprise...).

Quand on parle de personas, ce n'est pas simplement M. X. ou Mme Y. : vous lui donnez un nom, de la densité, de la réalité. Il est assez facile de construire un personnage épais, sans y passer des heures : remplissez une ou deux pages par client type. L'essentiel est de lister leurs aspirations, leurs besoins, leurs problèmes, ce qui les frustre, de manière générale et pas seulement par rapport à votre produit.

Pour augmenter la qualité de votre persona, racontez une histoire sur la façon dont votre client achète votre produit, comment il va le choisir... C'est en entrant dans les détails que vous allez avoir une empathie maximale avec votre client cible. Bref, faites un peu de storytelling.

Vous découvrirez aussi lors de la semaine 3 comment exploiter les réseaux sociaux pour obtenir des données quantitatives sur le persona de votre cible.

FICHE PRATIQUE

LA STRUCTURE D'UN PERSONA

- **La « personne » en elle-même avec ses caractéristiques** : où elle habite, son âge, son niveau d'études, le type de mobile utilisé, ou le type d'ordinateur.
- **Sa personnalité :** des jeunes fans d'électro, des seniors qui ne sont pas accros aux nouveautés, etc. Leur expertise et leurs connaissances permettront de définir le niveau d'aide que vous allez leur donner. Ensuite, listez ce que la personne aime ou n'aime pas. Par exemple, votre persona tient ses comptes, il aime bien avoir des chiffres précis, de beaux rapports pour les rendre à son chef, il n'aime pas que ce soit imprécis, lent, non productif, etc. Bien entendu, n'oubliez pas la photo qui vous permettra de personnifier le persona.
- **Ses besoins objectifs** : le produit qu'il utilise actuellement, s'il n'en a pas, comment il fait, ses problèmes...
- **Ses besoins non avoués :** s'il achète un 4 x 4 ce n'est pas pour aller dans la forêt mais parce qu'il veut impressionner son voisin et être rassuré d'avoir une grosse voiture.
- **Quelques citations réelles pour donner vie au persona :** « Je veux quelque chose de simple, pas une usine à gaz. »
- **Une petite histoire** où vous racontez comment le persona va acheter votre produit pour la première fois.

Votre fiche persona tient en quelques slides PowerPoint ou une page A4 (si vous êtes en phase de création de produits, votre fiche persona peut courir sur deux ou trois pages maximum).

Avec cette fiche vous disposez de l'essentiel, ce qui vous permettra de penser à votre client quand vous allez briefer une agence, travailler avec un designer d'applications, réaliser une publicité, sortir un nouveau produit, etc.

Il sera essentiel auparavant de valider votre persona final (avec les commerciaux, techniciens, etc.), car parfois on a tendance à s'emporter dans cette phase de rêve...

Voici un exemple de fiche persona dans le cadre de la validation d'une offre[1] :

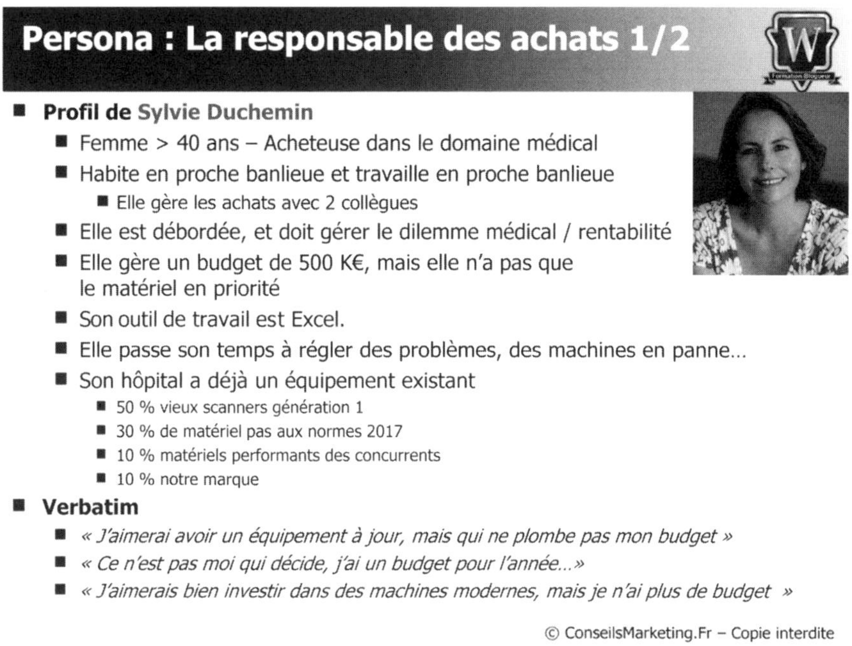

Figure 1.1 – Un exemple de persona

1 Vous trouverez plus d'informations sur la méthode des personas dans la semaine 1 sur http://traficcommando.com.

Une fois que vous avez votre client type bien en tête, vous devez identifier les carrefours d'audience, c'est-à-dire où se trouve votre client type :

À NOTER
Au départ, concentrez-vous sur un à deux personas maximum ; au-delà, vous avez trop de clients types.

- réseaux sociaux : Facebook, LinkedIn, etc. ;
- sur le web *via* la recherche d'informations sur Google ;
- lors de salons ou d'événements ;
- dans une zone de chalandise...

En listant les carrefours d'influence et les points de contacts, vous pourrez identifier la manière dont vous allez toucher votre cible.

À NOTER
Si vous interrogez des personnes en expliquant que c'est votre projet, que vous vous investissez depuis des mois dessus, vous risquez d'avoir des réponses modérées de la part des prospects. Il est donc essentiel de ne pas mettre en avant le fait que ce projet est votre « bébé ». Au contraire, dites que vous avez été payé pour valider le concept d'une autre personne. Vous aurez ainsi des retours bien plus justes.

Vous pourrez ensuite identifier le parcours client le plus adapté. C'est-à-dire tout ce que le client fera avant de commander, et tous les éléments qui vont l'influencer dans son achat. Pour cela, vous devez vous mettre « dans la peau du client » et définir toutes les actions qu'il devra réaliser ainsi que les outils/plateformes qu'il sera amené à utiliser avant d'acheter votre produit ou votre service. Le but est d'avoir une vision macro du processus de vente, de la phase d'information à la prise de décision, jusqu'à l'installation et l'après-vente. Le fait de clarifier ce parcours client vous permet d'anticiper les étapes clés pour les optimiser.

Vous n'êtes pas convaincu de l'intérêt de modéliser le parcours client ? Il suffit de vous replonger soit dans votre expérience en tant que client en vous rappelant toutes les fois que vous vous êtes dit « C'est vraiment mal foutu... », soit en tant que vendeur avec la fameuse phrase qui montre que votre produit n'est pas si simple que cela. « Les clients n'ont rien compris, c'est pas comme cela qu'il fallait faire... » En effet, parfois des petits détails, des erreurs de conception, un mauvais processus d'inscription... peuvent rebuter un prospect. Il est donc essentiel de modéliser son parcours client, c'est-à-dire faire comme si on était un client, et vérifier à chaque fois que tout est fluide et limpide.

Cette action doit se faire le plus tôt possible dans la conception de votre offre, car une fois l'offre sortie il est souvent trop compliqué de faire évoluer les process. Dans votre analyse, pensez toujours à simplifier la vie de votre prospect : comment faire pour que cela soit plus simple pour lui, comment anticiper ses demandes, comment réduire l'incertitude... Pensez toujours à faire tester votre parcours client par un cobaye (idéalement un prospect mais n'importe quelle personne qui ne connaît pas votre projet fera l'affaire). Ils vous permettront d'observer des points de friction qui vous paraissent fluides et d'étudier comment se comporte une personne avec un regard neuf et neutre dans votre parcours client.

Plus vous comprendrez les actions/réactions de vos utilisateurs dans votre parcours client, plus vous pourrez créer des moments « whaou » ou des petits clins d'œil à vos utilisateurs (ex. : un message vocal de bienvenue, une vidéo pour faire les premiers pas avec votre produit...)

Pour un premier parcours client macro vous pouvez vous contenter d'un fichier Excel avec une liste d'étapes ou utiliser des post-it collés sur mur pour faire une première analyse du parcours client avec les actions réalisées par le client, ses sentiments lors de chaque phase ainsi que vos process internes.

Exemple

Vous ciblez les personnes âgées de 55 à 75 ans qui cherchent une aide à domicile. Une des étapes de votre parcours client est de leur faire remplir un formulaire avec leurs besoins. Après avoir établi votre persona et vous être approprié leur façon d'interagir avec le web, vous pourrez facilement choisir la solution la plus adaptée à votre cible pour la mise en place de votre formulaire. Pour

• • •

• • • réaliser une enquête ou une inscription, évitez d'utiliser un outil trop « technologique » comme Typeform.com, solution mal maîtrisée par votre cible, qui risque de vous faire perdre des prospects et préférez un formulaire classique Internet avec par exemple des cases à cocher.

Une fois que vous avez modélisé votre parcours client, vous devez identifier les prescripteurs potentiels. C'est-à-dire les personnes qui ont un rôle actif dans la décision d'achat. L'objectif est de déterminer si vous pouvez utiliser des leviers marketing et commerciaux sur les influenceurs de niveau 1, c'est-à-dire ceux qui ont un rôle dans le processus de vente et pour lesquels le choix du produit aura un impact dans leur activité. Dans une moindre mesure, identifiez les influenceurs de niveau 2, qui ont aussi un rôle dans l'acte d'achat, mais pour qui l'achat n'aura pas d'impact.

À NOTER

En même temps que le parcours client, faites un focus sur l'entonnoir des ventes (ou sales funnel), c'est-à-dire comment transformer un prospect en client, avec éventuellement des offres de repli, des ventes d'accessoires, la proposition d'options.

Dans le domaine des logiciels de comptabilité pour les PME, les prescripteurs de niveau 1 sont les experts-comptables, car le logiciel choisi par l'entreprise devra fonctionner avec le leur et surtout la solution devra être adaptée aux besoins du client. Les prescripteurs de niveau 2 sont par exemple les sites de comparatifs de solutions de gestion sur le web. Ainsi les start-ups qui vendent des logiciels de comptabilité en ligne ont mis en place des liaisons avec les logiciels des experts-comptables, afin d'intégrer les fonctions particulières pour les aider à revoir les comptes. Souvent, elles donnent gratuitement les logiciels aux experts-comptables et ont une personne dédiée pour convaincre les prescripteurs de niveau 1 de préconiser l'utilisation de votre produit.

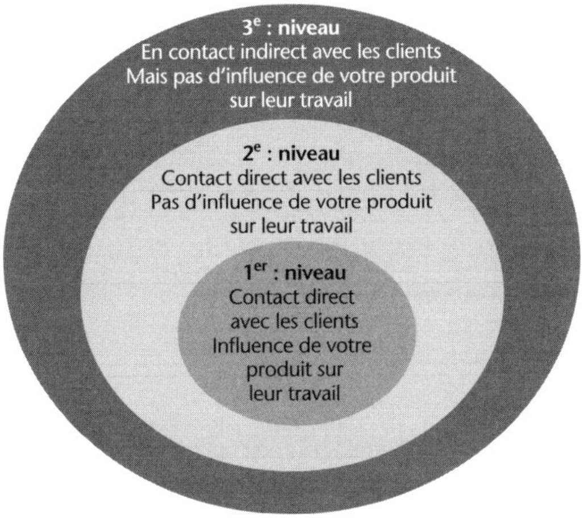

Figure 1.2 – Les différents niveaux d'influenceurs

Entraînement 2 : Comment être sûr de répondre aux besoins du client ?

Il faut maintenant valider votre concept et vérifier que votre produit correspond bien à une réalité de marché (c'est-à-dire que les prospects sont prêts à l'acheter car c'est un problème réel, urgent et important).

L'ancienne manière de faire était de sortir une première version du produit après plusieurs mois d'investissement, afin de proposer un produit quasi-fini. Dans ce cadre, si votre produit correspondait bien aux besoins des clients, tout allait bien… Mais notre expérience nous montre que cela n'arrivait guère pour deux raisons :

- **L'effet tunnel, dont nous avons déjà parlé,** lorsqu'un créateur passe en phase « autiste » : (il est en train de créer son produit), il n'écoute plus rien ni personne.
- **L'effet date limite :** on fait de plus en plus de concessions sur le produit, le concept, la qualité, car on arrive à une date couperet.

Pour éviter cela, il faut travailler selon le concept du *Minimum viable product* (Produit viable au minimum, MVP), c'est-à-dire proposer un produit qui réponde déjà au problème principal du client (et le mieux possible !) avant d'ajouter des fonctions accessoires.

L'objectif est de détecter votre *killer feature* (la fonction qui fera la différence et qui est attendue par le marché), et de la proposer très rapidement dans un produit qui sera immédiatement utilisable (sans attendre d'avoir un produit parfait).

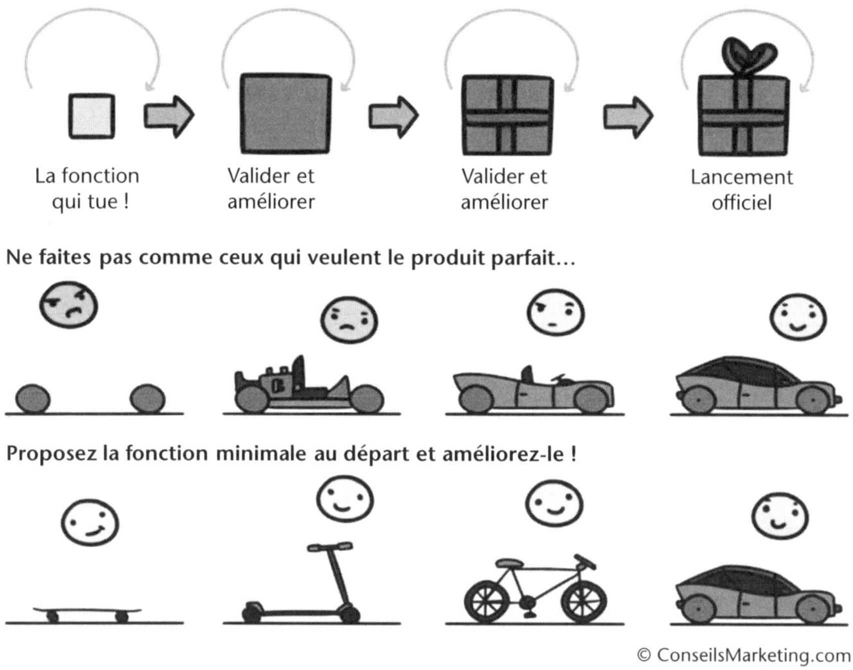

Figure 1.3 – Le produit parfait n'existe pas, il faut créer le produit que les gens veulent acheter

Attention : ne faites surtout pas un produit « couteau suisse » en essayant de rajouter des fonctions supplémentaires en vous disant que cela va plus plaire… Vous devez faire l'inverse et vous concentrer sur la fonction clé (pourquoi il faut acheter votre produit).

Votre objectif doit donc être de réaliser ce produit minimum viable, avec votre fonction principale qui doit faire la différence sur le marché, le plus rapidement possible. La première étape est de réaliser une étude qualitative de votre concept (lors de la création du persona) afin d'avoir des retours sur les motivations d'achat et de non-achat (les freins).

Vous devez contacter une dizaine de prospects (vous n'avez guère besoin de plus), afin d'avoir un retour qualitatif sur votre maquette. Généralement 45 minutes suffisent. Le principe est le suivant :

- faire parler le prospect durant 15 minutes sur ses problèmes, ses challenges, sur votre thématique ;
- présenter pendant 10 minutes votre solution, si possible avec un prototype (et pas uniquement un concept) ;
- finir par 15 minutes de remontées client sur votre produit.

FICHE PRATIQUE

LES QUESTIONS À POSER

Analyse des motivations profondes avant la présentation de la maquette de votre offre :

- Quels sont vos enjeux/objectifs sur le sujet XXX ?
- Quels sont vos besoins ? Qu'est-ce qui vous manque actuellement ?
- Quels sont les problèmes dans le domaine du XXX ?
- Quels sont vos rêves pour la thématique de XXX ?
- Quelles sont vos peurs avec XXX ?

Analyse de l'intérêt après la présentation de la maquette :

- Quels sont les éléments positifs ?
- Quels sont les éléments négatifs ?
- Est-ce que cet outil vous intéresse ?
- Est-ce que vous seriez prêt à payer pour l'avoir ?
- Si on vous donnait 1 000 € maintenant, est-ce que vous utiliseriez cet argent pour acheter mon produit, ou est-ce que vous l'utiliseriez pour autre chose ?
- Est-ce que vous voulez être bêta testeur de l'application ?
- Sur quelles fonctions en priorité ?
- Que pensez-vous (note 1 à 10) des fonctionnalités de la maquette...

Si vous suivez ce processus, vous aurez en moins de dix entretiens les réponses à vos principales questions, et vous saurez si votre offre correspond bien à un marché. Si ce n'est pas le cas, vous aurez des pistes pour changer votre produit.

Après cette enquête, vous pourrez réaliser votre MVP et tester une offre plus développée[1].

Astuce de Growth Hacker

En complément des entretiens avec les prospects, vous pouvez rencontrer des blogueurs et des experts. Le plus simple est d'inviter un expert qui blogue sur votre thématique à prendre un café ou à déjeuner. Si la personne n'a pas le temps, proposez-lui de répondre à un questionnaire par téléphone, ou au pire par e-mail. Vous pouvez aussi payer pour du consulting par Skype ou par téléphone. Une heure ou une demi-heure avec quelqu'un qui s'y connaît bien dans votre secteur d'activité peut faire des miracles. Vous pouvez aussi faire une demande d'interview téléphonique. Un excellent prétexte est l'interview dans le cadre d'un blog (et vous publierez une synthèse sur votre blog).

Si votre projet est mûr et que vous avez des financements, vous pouvez aussi diffuser une offre d'emploi, et ainsi rencontrer les salariés de vos futurs concurrents. C'est une excellente méthode pour rencontrer une dizaine de personnes et leur faire passer un entretien téléphonique.

Réaliser un MVP vous paraît trop long et trop compliqué ?

Bonne nouvelle, il est désormais possible d'aller encore plus vite en utilisant les outils de prototypage et en présentant un produit « Canada Dry ». C'est-à-dire présenter un produit qui a l'air vrai, alors que ce n'est que du « carton-pâte ». Pour cela, vous pouvez utiliser :

- **une imprimante 3D** pour créer un produit et tester des réactions ;

1 Pour obtenir des *feedbacks* sincères, consultez la fiche pratique sur http://traficcommando.com/ Semaine 1.

- **un site Internet** pour présenter une offre virtuelle qui n'a pas forcément de réalité ;
- **un outil de prototypage comme JustInMind.com** pour créer une maquette d'application mobile.

L'étape suivante est l'analyse du marché de manière quantitative pour tester un prix, un nom, un concept...

Effectuer une étude de marché est souvent très long ou très coûteux. En s'appuyant sur les nouvelles possibilités offertes par les outils du numérique, il est aujourd'hui possible de la réaliser rapidement et pour un coût beaucoup plus faible. Il existe deux méthodes pour réduire le temps et le coût d'une étude de marché.

La première méthode est d'utiliser Google Ads. Créez un compte sur https://adwords.Google.com puis faites comme si vous alliez démarrer une campagne publicitaire mais sans la lancer véritablement. Une fois que le compte est créé, vous pouvez consulter les informations pour un mot-clé ou une expression.

Ce qui va nous intéresser en particulier est :

- le volume de recherche ;
- le niveau de concurrence ;
- le coût du mot ;
- le volume par zone géographique ;
- le volume par période de l'année.

Exemple

Vous voulez vous lancer dans la location de salles à Grenoble, vous tapez le mot-clé le plus évident : « location salle ». Vous obtenez une estimation des recherches mensuelles dans Google pour les locations de salles à Grenoble.

Ces informations vous permettront de connaître rapidement et gratuitement le niveau de la demande dans votre zone géographique, sur une période donnée et de savoir si vous vous trouvez dans un secteur concurrentiel ou non.

En effet, Google représente 95 % des recherches en France, et selon de nombreuses études, une majorité de consommateurs recherche de l'information sur Internet avant de commander.

À NOTER

Cette étude sera utile au moment où vous définirez les mots-clés sur lesquels vous voudrez vous positionner dans votre stratégie SEO (Search engine optimisation, optimisation de votre site Internet pour être mieux placé sur Google) afin de connaître les mots utilisés par vos prospects.

Vous pouvez aussi avoir une vision de l'évolution à long terme de votre marché avec Google Trends[1].

La seconde méthode est d'utiliser une campagne publicitaire associée à une *landing page* (page de présentation de votre offre). Vous verrez dans les chapitres suivants comment utiliser Facebook Ads (la régie la plus adaptée aux études de marché) pour réaliser une étude de marché plus précise avec un peu moins de 500 €. Cette méthode vous permettra d'identifier non seulement votre cible, mais aussi la proposition de valeur qui parle le plus à votre cible.

Astuce de Growth Hacker

Grâce aux sites de *crowdfunding* (financement participatif de projets) comme Kickstarter.com, ulule.com ou KissKissBankBank.com, il est possible de proposer un projet à une communauté, et de voir s'il suscite les passions et de l'intérêt.

Pour que cela fonctionne, il faut avoir bien validé son concept, son prix, et avoir si possible des prototypes (même virtuels) pour rendre l'objet plus sexy.

1 https://trends.google.fr/trends/.

Entraînement 3 : La communication et l'expérience client, les clés de la réussite !

Dans le contexte économique actuel, pour convaincre un client, il devient crucial de soigner sa communication. Pour vous en convaincre, pensez à la marque de produits alimentaires Michel et Augustin : ses produits sont un peu meilleurs que les autres, mais ce qu'elle offre en plus c'est de l'émotion, de l'humour. Elle peut ainsi les vendre plus cher grâce à une offre (proposition de valeur ou USP) qui paraît différente des offres. Une *Unique selling proposition* (USP) est essentielle pour présenter efficacement son offre à ses clients, à ses prospects, à des prescripteurs, ou pour positionner chaque produit d'une gamme sur un bénéfice spécifique.

Une *Unique selling proposition* est :

- **Unique**, car elle vous différencie des concurrents en présentant votre positionnement marketing ;
- **Selling** (vendeuse), elle doit être séduisante et persuader votre prospect d'acheter votre produit ou de le prescrire ;
- **Proposition**, elle doit proposer une offre et appeler à l'action.

À NOTER

Les clients n'achètent pas des produits ou des fonctions, ils achètent des bénéfices, des résultats (voire une transformation d'une situation A en situation B), des solutions, qu'ils soient tangibles (ex. : gains de temps, économies d'argent) ou intangibles (ex. : valorisation sociale). Ces bénéfices, solutions, résultats peuvent être rationnels (ex. : perdre 10 kg) ou irrationnels (ex. : retrouver le poids de ses vingt ans).

L'*Unique selling proposition* permet aussi de présenter en quoi vous êtes différent de tous les autres sur le marché, et pourquoi il faut commander chez vous.

FICHE PRATIQUE

QUE METTRE DANS L'USP ?

- Qui est votre client type ? À quoi ressemble-t-il ? Quels sont ses besoins ? Quels sont ses problèmes ? Que veut-il ?
- Qui êtes-vous ? Que faites-vous ? Comment décririez-vous votre activité du point de vue du client ? Quels bénéfices apportez-vous ? Quelle est votre valeur ajoutée ?
- Qui sont vos concurrents ? En quoi êtes-vous différent ?
- Quel est le problème numéro 1 de vos clients ? Quelle est votre réponse à cette demande ?
- Qui est votre client « alternatif » au client type principal ?
- Qu'est-ce qui fait votre différence ? En quoi êtes-vous unique ? Quelle est la valeur apportée par votre produit ?
- Qu'est-ce qui plaît le plus dans vos produits chez vos clients ? Quels sont les retours qu'ils vous font ?

À la suite de ce travail exploratoire, vous devez recentrer votre USP sur des éléments clés afin d'avoir une offre claire et simple (vendre à tout le monde, c'est vendre à personne !). Votre USP doit indiquer votre avantage majeur et différenciant, et votre territoire de marque (vos bénéfices clés, votre vocabulaire, votre image, etc.).

Elle doit prendre la forme suivante :

- votre produit ;
- votre client type ;
- la description du produit et les bénéfices apportés ;
- ce que vous faites de mieux/différemment de vos concurrents.

Un pitch orienté produit a la forme suivante : Nom du produit + Fonction + Cible + Prix + Avantage concurrentiel (+ Cas Pratique) + Appel à la réaction.

Exemple **USP du blog ConseilsMarketing.com**

ConseilsMarketing.com est l'un des 10 premiers blogs sur le marketing B2B en France avec toutes les semaines des conseils concrets pour trouver des prospects et fidéliser ses clients. C'est la Bible du marketing B2B. Je propose des guides comme « 21 jours pour bloguer comme un pro ». Cela vous intéresse-t-il ? Si vous voulez, je peux vous l'offrir.

Vous devez vérifier que votre USP réponde aux questions :

- À qui est destiné votre produit ?
- Pourquoi j'achèterais chez vous plutôt que chez quelqu'un d'autre ?
- En quoi êtes-vous différent de vos concurrents ?

Il est aussi important de pouvoir exprimer une forme contractée de votre USP (votre slogan ou la signature de la marque). C'est elle qui vous aidera notamment à construire la phrase d'accroche sous le logo de votre site Internet ainsi que vos messages marketing.

Exemple pour Quick dans le domaine des fast-foods, le slogan était « Nous c'est le goût », qui résume son positionnement face aux autres restaurants.

Votre positionnement jouera une place importante dans la réussite de votre projet. N'hésitez pas à opter pour des partis pris affirmés. C'est dans votre phase de test que vous devez faire l'effort de tester ces positionnements pour ne pas aboutir à une USP floue et un positionnement trop neutre pour vous imposer sur le marché.

Retrouvez sur Traficcommando.com une vidéo de 25 minutes qui vous explique comment réussir une USP et un bon pitch.

PLAN D'ACTION **Votre mission pour la semaine 1**

La première semaine a pour objectif de confirmer que votre offre répond bien à un marché solvable, et que vous avez anticipé les bases de la croissance de votre business.

Prenez environ 2 jours pour mener les actions suivantes :

- ☐ **Définissez votre *killer feature* et votre USP associée.** (0,5 jour)
- ☐ **Décrivez votre client type (le persona)** avec ses besoins, ses peurs, des leviers de motivation, etc. (2 heures)
- ☐ **Validez votre offre *via* 5 à 10 entretiens qualitatifs** en face-à-face ou au téléphone ou via une enquête e-mail. (1 jour)
- ☐ **Modélisez les grandes étapes de votre tunnel de vente et du parcours client.** (0,5 jour)

Semaine 2

Mettez en place votre camp de base

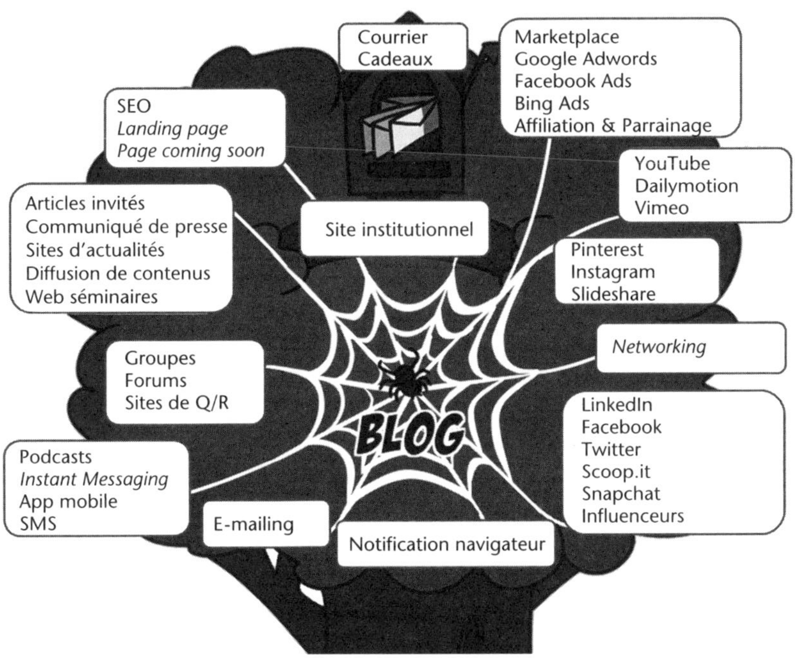

Le briefing

« Le web c'est gratuit... » Voilà ce que pensent les débutants sur le web, car c'est vrai, il y a de belles histoires qui font rêver. Il suffit de penser aux youtubeurs comme Norman, Cyprien, qui ont débuté en réalisant des vidéos dans leur chambre, ou à cette personne qui a créé la MillionDollarHomepage.com sur laquelle elle vendait chaque pixel à 1 $...

Or comme dirait Norman, c'est faux... Il n'y aura qu'une seule Million Dollar Page. De même, il y a des centaines d'individus qui essaient de faire du Norman, mais qui n'y arriveront jamais. Pourquoi ? Tout simplement parce qu'ils seront des *ersatz*, mais avec moins de saveur. D'où l'importance de se différencier (voir semaine 1). Mais le talent et l'idée ce n'est pas tout, il faut communiquer et faire du marketing. Sur le web, c'est comme dans la vraie vie : ce n'est pas si compliqué de monter une boutique dans votre garage, mais qui va venir à part vos voisins et votre mère ? Tout comme dans la vraie vie, il faut avoir un bon emplacement (le SEO), être visible dans les endroits que visitent vos prospects (Facebook), avoir une belle enseigne (un nom de domaine attractif et un beau design), un bon vendeur (une belle fiche produit, un *chat*), une caisse enregistreuse (un tunnel de vente efficace)...

Donc avant de vous lancer, vous devez construire votre camp de base, avec tout ce qu'il faut pour attirer et convaincre vos prospects.

Entraînement 1 : L'équipement de base du Growth Hacker

L'équipement du Growth Hacker est comme celui d'un guérillero : il est léger, transportable et facile à mettre en œuvre.

Voici les meilleurs outils de Growth Hacking à utiliser, à la fois simples et pratiques. Cependant, les outils évoluent très vite, il faut toujours être à l'écoute de nouveaux outils plus performants et moins onéreux (voir cette liste de 150 outils sur https://bit.ly/outilsgh).

L'arsenal indispensable :

- **Un hébergement** évolutif et pas cher, par exemple Ionos.fr, ou OVH à moins de 20 €/mois.
- **Un outil pour créer des sites Internet,** le leader étant Wordpress.org. C'est la solution de création de sites la plus reconnue dans le monde et la plus ouverte. Si vous l'hébergez sur votre propre serveur, elle est gratuite. Pour un design professionnel, achetez pour 50 € un thème sur themeforest.net. Pour des projets plus simples (ex. : une simple *landing page*), des outils très simples comme Webflow (12 $-36 $), Instapage.com, Strikingly.com (8 $-49 $) ou Squarespace.com (12 $-40 $) fonctionnent aussi très bien. Ils permettent de créer rapidement des sites sans avoir besoin de coder avec une bonne gestion du *responsive* et une infinité de possibilités. Pour ceux qui ne veulent pas dépenser un centime, il y a Grapedrop.com. Moins abouti mais gratuit.
- **Une solution d'e-mailing avec des fonctions d'autorépondeur** (c'est-à-dire préprogrammer l'envoi d'e-mails selon une séquence définie), comme Mailchimp (standard : 14,99 $), Mailshake (basic : 39 $/utilisateur) ou Lemlist (gold : 49 $) pour un e-mailing plutôt commercial. Sachant que pour faire du véritable *marketing automation,* vous devrez utiliser des outils comme Active Campaign et Get Response (à partir 49 €/mois).
- **Un outil de réalisation de petits montages graphiques et bannières,** comme Canva.com (freemium) ou Crello.com (freemium) pour les médias sociaux ou bannersnack.com, idéal pour les campagnes Google.
- **Les médias sociaux** pour amplifier votre visibilité avec soit des régies publicitaires, soit des offres premium (Twitter, Facebook, LinkedIn, YouTube, Slideshare.net, Pinterest.com, TikTok, SoundCloud.com, Instagram…).

- **Un outil de *tracking*** des conversions, Google Tag Manager et Google Analytics sont amplement suffisants dans la plupart des cas. Ils peuvent être complétés par Hotjar.com (freemium) ou CrazyEgg.com (24 $/mois) pour « filmer » ce que font les internautes sur votre site.
- **Un *chat*** proactif comme Clickdesk.com (15 $/mois) pour engager la conversation sur votre site, voire un outil de *chatbot* comme Kommunicate.io associé à Dialogflow pour inciter à la conversation.
- **Un outil de montage vidéo et de *screencast*** comme Camtasia (269 €, paiement unique), ScreenFlow sur Mac (129 $). Il existe aussi des solutions en ligne comme Loom.com ou Screencastify.com. Vous avez aussi Lumen5 qui génère des vidéos à partir d'une URL de site.
- **Un outil d'analyse des mots-clés les plus tapés sur Google** comme Google Keyword Tools (Google Ads) et Ubersuggest.com (freemium), ou SEMrush (freemium) pour avoir une liste de mots-clés complémentaires.
- **Un outil de planification de publications de contenus sur les médias sociaux clés en main** comme Buffer.com, Swello.com ou Dlvr.it (gratuits), ou encore Zapier.com qui est un outil bien plus complet.
- **Un outil d'A/B testing** pour tester la meilleure version d'une page, comme Google Optimize (gratuit), ou ABTasty.com (pour les usages plus poussés).
- **Une place de marché pour trouver des prestataires**, comme Malt.com, Fiverr.com ou 5euros.com.
- **Des outils de Growth Hacking pour exploiter à 110 % les réseaux sociaux comme** PhantomBuster & Jarvee.com (30 $), LinkedHelper.com (pour LinkedIn avec éventuellement l'abonnement payant de LinkedIn, LinkedIn Sales Navigator (79,99 $) pour avoir le droit de faire plus de recherches), CaptainData.co (50 €/5 K rows) pour extraire des données de sites web. Vous

pouvez aussi utiliser des outils comme WeConnect (50 €/mois) pour envoyer des séquences de message automatisées avec ajout + message + séquence de relance.

- **Un outil d'enrichissement d'e-mail**, comme Dropcontact.io (128 €/8 000 contacts) ou Snovio.io (69 $/5 000 contacts), voire des outils pour « deviner » les numéros de téléphone comme Lusha.co.

Nous présenterons la plupart de ces outils dans les différents chapitres du livre, et en complément vous trouverez une liste de 150 outils, actualisée régulièrement sur Traficcommando.com.

Astuce de Growth Hacker

Vous pouvez trouver des prestataires *low cost* sur des sites comme Fiverr.com, Freelancer.com, 5euros, Malt.com mais faites attention à la qualité du travail. En effet, souvent *low cost* rime avec *low quality*. Parfois il vaut mieux payer un peu plus cher pour avoir de la proximité, une personne qui parle français et qui comprend votre marché. Dans le doute testez toujours 4 ou 5 prestataires pour une mission simple au départ, et ne sélectionnez que celui qui vous apporte satisfaction.

Entraînement 2 : Le terrassement du camp de base et le tunnel de vente

Votre site est votre camp de base pour vos opérations sur les médias sociaux, pour vos campagnes Google Ads et Facebook Ads, pour améliorer votre référencement, mais vous ne devez pas y aller sans plan de bataille. C'est-à-dire que vous devez avoir une stratégie bien définie : le but n'est pas de créer un site, de faire de la publicité et d'attendre que les prospects arrivent par eux-mêmes.

À NOTER

Il est possible de réussir sur Internet avec simplement une page Facebook ou une chaîne YouTube. Mais il faut ensuite transférer l'audience de ces plateformes vers votre site car d'une part ces espaces ne vous appartiennent pas (ils peuvent être fermés du jour au lendemain, vous n'avez pas la liste des abonnés…) et d'autre part il est difficile de vendre ou de capturer des e-mails depuis ces sites. L'e-mail reste le meilleur moyen de se créer une base de prospects et vendre sur le long terme.

Vous devez définir exactement ce que vous allez proposer, ce que vont faire vos prospects, et les mesures et contre-mesures à prendre en cas de problème.

La structure idéale est d'avoir un site qui comprend un blog pour améliorer le référencement sur le long terme, mais si vous débutez vous pouvez n'avoir au départ qu'une simple page de vente (*landing page*) pour proposer votre produit ou récupérer des coordonnées.

La structure idéale d'un site est la suivante :

- **Une page d'accueil** (qui peut être votre page de vente) qui permet de présenter votre offre et de capturer directement l'e-mail ou vendre, puis de répondre aux questions du visiteur (la présentation de son besoin, en quoi vous y répondez, ce que vous avez en plus, vos coordonnées…).
- **Un blog** avec une adresse du type http://www.NomDuSiteweb.com/blog pour communiquer et améliorer le référencement.
- **Des *landing pages*** (pages d'atterrissage) spécifiques pour des opérations de promotion, avec votre tunnel de vente, c'est-à-dire le scénario pour transformer un prospect en client.

FICHE PRATIQUE

MODÉLISER VOTRE TUNNEL DE VENTE

Pour cela, vous devez répondre aux questions suivantes :

• Quels sont les différents moyens pour obtenir les coordonnées du prospect ? Est-ce qu'il y a des différences dans la manière de vendre ?

• Comment convaincre le prospect d'acheter (voir semaine 1) ? Est-ce que vous voulez offrir un essai gratuit, vendre un petit produit et ensuite vendre des produits plus chers (ex. : un produit à 1 € ou à 7 € sans risque), ou est-ce que vous voulez vendre un produit élitiste à plusieurs milliers d'euros ?

• Que se passe-t-il juste après l'acquisition de ses coordonnées, comment faire pour lui donner confiance, faire naître le besoin et inciter à l'achat ?

• Comment mettre de l'urgence, créer des packs promo, créer un événement qui incite à l'action ?

• Comment faire une vente supplémentaire dans le panier de commande (*order bump*), faire des offres complémentaires après la commande (montée en gamme, offre de repli...) ?

• Comment gérer ceux qui n'achètent pas (offre de repli, cadeaux, etc.) ?

• Comment se passe le processus de commande et de livraison du produit ?

• Quel dispositif de communication pour donner suite à la commande (ex. : vérification de la satisfaction, offre de renouvellement...) ?

Une fois que vous avez ces réponses, il est temps de modéliser le tunnel de vente. Pour caricaturer, il s'agit de guider le prospect comme le ferait un chien de berger pour un mouton.

Étape 0 : quels sont les canaux de capture pour votre tunnel de vente ?

Quel est le canal à la source du prospect (salon, Google Ads, Facebook, SEO, messages sur LinkedIn, etc.), qu'allez-vous promettre (une promotion, un contenu éducatif, etc.), et quelle est la forme ?

Qu'allez-vous présenter comme message, comme première offre irrésistible (un livre blanc, un produit, etc.) ?

Est-il nécessaire de créer un nouveau tunnel (et de nouveaux outils de communication) pour ce nouveau canal ou les tunnels existants sont-ils encore valides ?

À NOTER

Le tunnel de vente est différent du parcours client, dans la mesure où le parcours client gère l'ensemble de la relation client depuis la recherche d'informations jusqu'au SAV, en passant par la vente, alors que le tunnel de vente se concentre sur la partie prise de contact (e-mail, téléphone, jusqu'à la vente du produit avec les éventuelles ventes de produits complémentaires et accessoires).

Étape 1 : la prise de contact et la création d'un lien avec vos prospects

À la suite de la première action (téléchargement du livre blanc, *chat*, appel téléphonique, publicité), qu'allez-vous proposer à vos prospects ? Cela peut être de faire une vente, instaurer de la confiance, contacter par téléphone pour qualifier, identifier les cibles plus réactives.

Vous devez ensuite créer une relation de confiance avec ces prospects, car la vente directe est devenue de plus en plus difficile.

Dans certains cas, vous devrez même aider votre prospect à prendre conscience de la source de ses problèmes. Pour y arriver vous devez penser à votre tunnel comme à un chemin avec des étapes. Par exemple proposer des conseils inédits et originaux, en les présentant comme la partie « émergée de l'iceberg » de tout ce que vous allez pouvoir apporter.

Attention cependant à ne pas trop donner, sinon les prospects se contenteront de vos conseils gratuits. Le but est de convaincre de l'intérêt d'acheter (ex. : donner une partie de la solution, et vendre la méthode complète, clé en main). Par exemple, si vous faites un web séminaire et qu'à la fin les gens vous disent « Merci, c'est super j'ai appris plein de trucs » et qu'ils ne commandent pas, c'est que votre tunnel de vente lors du Web séminaire est mauvais !

Étape 2 : la première offre

Vous avez deux choix : soit proposer une première offre commerciale le plus tôt possible (ex. : offre irrésistible juste après le téléchargement du livre blanc, un code promo en pop-up sur le site...), soit la proposer après deux ou trois messages maximum à la suite du premier contact (c'est-à-dire en moins d'une semaine).

Il est essentiel de savoir que c'est au plus près de la récupération des coordonnées que votre contact est le plus susceptible d'acheter (il est dans une démarche d'achat). Il est donc recommandé de faire une première offre dès le départ. Selon vos compétences, vous pouvez faire de l'e-mail, de la vidéo, de la vente au téléphone, etc.

Vous devez considérer les prospects qui n'ont pas commandé au bout d'un an comme « morts », à moins de proposer une nouvelle offre ou un nouveau produit ou un autre mode de financement...

Étape 2 bis : le traitement du refus de l'offre

C'est l'étape trop souvent négligée... En effet un taux de conversion moyen sur un e-mailing classique est d'environ 2 %, ce qui veut dire que 98 % des autres personnes ne vont pas accepter votre proposition commerciale.

Vous devez donc proposer une alternative, qui peut être un *down-sell* (vendre un produit moins bien et moins cher), ou proposer de nouveaux arguments dans des communications suivantes.

Il est intéressant d'appeler au téléphone (ou de contacter par e-mail) les personnes ayant refusé votre offre (mais qui ont ouvert un message) pour analyser les raisons objectives et subjectives de leur refus dans le cadre de l'amélioration continue de vos offres.

Enfin vous devez prévoir une offre ultime et irrésistible aussi bien sur le fond que sur la forme pour convaincre les réticents.

Étape 3 : la vente de produits complémentaires et supplémentaires

Le meilleur moment pour vendre un accessoire ou un service complémentaire, est juste après la commande. En effet, le prospect est encore dans l'euphorie et ce ne sont pas quelques euros de plus ou de moins qui font la différence. En plus, il est demandeur « d'en avoir pour son argent », ce qui vous permet de vendre des options de coaching, de formation, etc.

L'astuce consiste à proposer cet *upsell* juste après la page de paiement de l'offre principale. Ainsi, même si le client n'accepte pas l'offre, vous aurez déjà gagné l'argent du produit principal.

Étape 3 bis : la livraison du service

Cette livraison peut se faire en face-à-face ou *via* le web. Votre but est d'informer le client afin de réduire son stress post-achat. Car c'est là que le client doit être rassuré d'avoir fait le bon choix.

S'il attend, s'il doute, il peut renoncer, commencer à être mécontent, donc idéalement il faut dès l'achat permettre au prospect d'avoir quelque chose soit de physique, soit de virtuel (ex. : une première leçon pour une formation vidéo, une première action à mettre en place pour un coaching...).

Étape 4 : l'utilisation du service et du produit

C'est aussi une étape souvent négligée dans le tunnel de vente, car de nombreux marketeurs estiment qu'une fois le produit vendu tout est fini, alors qu'au contraire tout commence...

Vous devez aussi livrer un maximum de valeur en un minimum de temps pour offrir immédiatement un maximum de rentabilité. Or s'il est facile de vendre, il est difficile de faire en sorte que la personne soit satisfaite (et donc qu'elle commande à nouveau chez vous), ou qu'elle recommande vos produits à ses contacts. Par exemple vous pouvez prévoir une aide à l'utilisation (prise en main guidée, *onboarding*), une formation pour obtenir immédiatement les premiers résultats, quitte à ne pas utiliser à 100 % votre produit ou votre service, à passer par un modèle…

Par exemple, avec le *chatbot* Météo France, dès les premières secondes, nous proposons aux nouveaux utilisateurs de voir la météo de la ville la plus chaude, et c'est ensuite (une fois qu'il voit les bénéfices apportés) que nous lui proposons d'avoir une météo personnalisée. De même, la solution de *marketing automation* Plezi, propose 5 sessions de formation à distance sur 1 mois pour accompagner ses nouveaux clients et être sûr qu'ils sauront prendre en main l'outil. Cela passe aussi par de la réassurance, par exemple un message vocal préenregistré déposé automatiquement sur le portable de vos nouveaux clients (ex. : spot-hit.fr, vms-online.fr…) rappelant le numéro du support et incitant à déposer un avis client…

De nos jours, les clients ne veulent plus lire des notices de 50 pages, attendre des heures avant de savoir maîtriser un outil. Il faut prévoir dès le départ des résultats rapides pour éviter d'avoir des remboursements immédiats ou une non-utilisation.

Étape 5 : le SAV

Vous devez définir comment les personnes vont vous contacter en cas de problème, comment automatiser ces demandes (FAQ, *chat live*)…

Étape 6 : définir les indicateurs clés

Une fois les différentes étapes mises en place, il s'agit de définir les indicateurs clés à suivre.

Par exemple sur ConseilsMarketing.com je suis le chiffre d'affaire généré. Cet indicateur me permet de vérifier que les performances sont en phase avec les objectifs.

Ainsi, si à la mi-journée, le niveau de nouveaux prospects n'est pas suffisant par rapport aux objectifs, des actions correctives sont mises en place pour les atteindre : relais sur les médias sociaux d'un livre blanc, réactivation d'un ancien contenu, optimisation des publicités Facebook Ads...

Si vous prenez ces bonnes habitudes, vous gagnerez en sérénité dans la gestion de votre activité, et surtout vous serez en phase avec vos objectifs. Cela vous permet de ne pas attendre la fin du mois, ou du trimestre, pour vous rendre compte que votre business va mal et mettre en place d'urgence des actions correctives.

Attention : il est tentant de suivre des indicateurs à chacune des étapes, mais à moins d'être très nombreux dans l'équipe marketing ou d'avoir un logiciel de suivi des conversions, ce n'est pas nécessaire. Mieux vaut se concentrer sur 1 indicateur clé, (et éventuellement 1 ou 2 autres pour compléter ses analyses) afin de prendre des mesures rapidement en cas de dérapage.

Astuce de Growth Hacker

N'oubliez pas de penser aux autres points de contacts avec vos prospects. Par exemple la signature de votre e-mail, vos cartes de visite... Tous ces éléments de communication doivent être en phase avec votre charte graphique et votre *Unique selling proposition*, et inciter à l'action (soit récupérer des coordonnées, soit acheter).

Exemple

Voici un exemple de tunnel de vente mis en place dans le cadre d'une opération pour la formation « La *star marketing academy* » sur une cible Facebook Ads regroupant les Fans d'un des plus gros concurrents sur le web.
Une campagne Facebook Ads a été réalisée en ciblant uniquement les pages des plus gros concurrents (voir le chapitre suivant sur comment capter les clients de ses concurrents).
Ensuite, une première offre irrésistible a été proposée en testant trois offres différentes : une check-list gratuite, une mini-formation vidéo (1 heure) et un programme (série d'e-mails) en 15 jours. Trois *landing pages* ont été créées avec ces offres gratuites, et derrière chaque offre sept e-mails prédéfinis conçus.

• • •

> Dès le troisième e-mail une formation de 4 heures pour 1 € était proposée, (et trois e-mails plus tard le livre *1 mois pour écrire du contenu qui fait rêver* à 7 € aux non-acheteurs). Pour les acheteurs, un *upsell* vers la formation « La *star marketing academy* » à 25 €/mois couplé à une offre de coaching personnalisé de 2 heures par téléphone était soumis.

Entraînement 3 : Construire une *landing page* qui convertit

Chez Germinal, nous avons la chance d'avoir lancé près de 200 businesses pour nos clients ces deux dernières années. Nous avons touché à tous types de secteurs d'activité. Qu'il s'agisse de B2B, de B2C, de services existants ou de services « fake » (tests de concepts) que nous devions tester pour nos clients.

Soyez sûr d'une chose, elle est un passage obligatoire de votre aventure.

C'est quoi une landing page ?

Une *landing page*, que vous pouvez traduire en français par page de destination, est une page web unique, créée spécifiquement pour les besoins d'une campagne de marketing.

Lorsque vous créez une campagne d'*inbound marketing* (articles de blog, SEO, Social media...) ou d'*outbound marketing* (publicités, *cold e-mailing*...) votre objectif est clair, unique, calculé. Vous voulez que votre cible s'abonne à votre newsletter, ou bien qu'elle télécharge votre e-book, ou encore qu'elle demande un devis pour votre service. Eh bien la *landing page* est la page web sur laquelle les visiteurs « atterrissent » après avoir cliqué sur le lien de votre article ou sur votre publicité. Son rôle est d'assurer la transition entre une marque d'intérêt donnée par un internaute (*via* une publicité ou autre) et un objectif de conversion que vous avez prédéfini (obtenir ses coordonnées, générer un achat direct, etc.).

Que contient la landing page ?

Elle n'a qu'un seul but, convaincre le visiteur d'effectuer une action, et vous permettre d'atteindre l'objectif de votre campagne. Vous souhaitez que le visiteur télécharge votre livre blanc ? Votre *landing page* sera entièrement construite dans le but de pousser le visiteur à remplir le formulaire qui permettra d'accéder au téléchargement de votre guide.

Si télécharger un livre blanc n'engage en rien, convaincre les visiteurs de votre *landing page* de donner leurs coordonnées en échange de votre e-book n'est pas si simple. Il va falloir trouver les mots, pour les convaincre que votre livre blanc a suffisamment de valeur à leur apporter pour qu'ils acceptent de remplir votre formulaire.

Votre *landing page* sera votre argumentaire, tout comme le serait un commercial en face-à-face, et il devra être bon.

Site web ou landing page ?

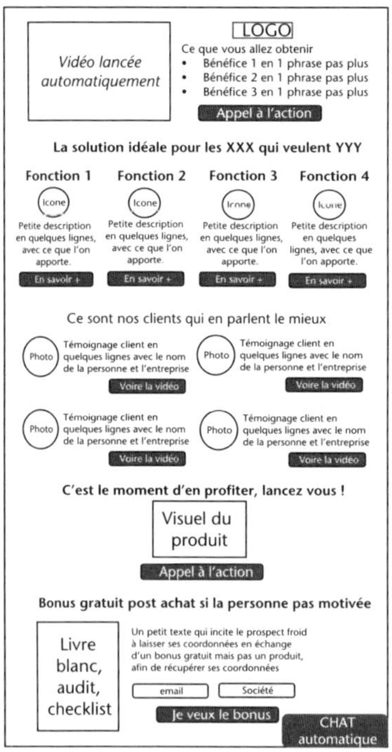

Figure 2.1 – Exemple de *landing page* avec ses principaux éléments

Vous avez désormais compris l'intérêt d'une *landing page* mais vous vous posez probablement la question suivante : quelle différence entre un site web et une page de destination (*landing page*) ? Question classique et pertinente.

Un site web a plusieurs objectifs, et souvent de nombreuses pages : page d'accueil, les offres, produit 1, produit 2, à propos, blog, article 1, article 2… Le visiteur peut se déplacer d'une page à l'autre pour trouver les informations qui l'intéressent. Certains liens mèneront même le visiteur vers d'autres sites. Il n'y a rien de mal à cela.

Cependant, lorsque vous envoyez un visiteur vers une page de votre site dans le cadre d'une campagne marketing, vous voulez qu'il ne réalise qu'une action précise, au plus vite, et surtout pas qu'il ne s'éparpille ou qu'il change d'avis. Pour cela vous devez absolument réduire les choix qui s'offrent à lui. Vous voulez éviter qu'il décide de changer de page, pour se perdre par exemple sur votre blog, où il lirait un article avant de quitter votre site. Vous pensez qu'il reviendra plus tard ? Non, il y a 90 % de chances pour que ce ne soit pas le cas. Vous devez donc supprimer toutes les possibilités pour votre visiteur de quitter votre page. Préférez toujours une *landing page* sans lien externe pour garder votre visiteur sur votre page jusqu'à ce qu'il ait rempli l'objectif de votre campagne marketing.

Voyons à présent comment créer une *landing page*. Sa qualité est importante. C'est elle qui garantira le taux de conversion que vous obtiendrez. À force d'expérience et après avoir créé plusieurs dizaines de *landing pages* ces dernières années, j'ai pu développer une méthodologie simple et terriblement efficace pour obtenir des *landing pages* de qualité, qui convertissent.

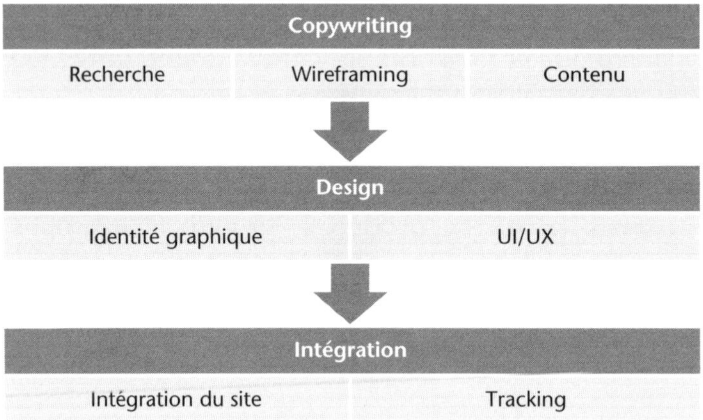

Figure 2.2 – Les 3 grandes étapes de la méthodologie

■ *Copywriting*

Commençons par le *copywriting*, la toute première étape de la création d'une *landing page*.

D'après Valentin Decker, le *copywriting* est « l'art et la science de convaincre avec les mots. » Plus généralement il s'agit de la rédaction de contenu dans le but d'atteindre un objectif commercial. Le *copywriting* va permettre de créer un lien émotionnel avec le lecteur l'incitant à déclencher une réaction. Dans notre cas il s'agit de la rédaction d'une *landing page* dans le but de générer des prospects. L'action à déclencher sera par exemple d'inciter le visiteur à soumettre un formulaire de demande de devis pour un service.

Copywriter est une profession à part entière, tout droit venue des maîtres incontestés du marketing : les États-Unis. Si de nos jours le *copywriter* travaille essentiellement sur le web, les premiers *copywriters* travaillaient sur des pages de vente de magazines et des journaux. Leur mission, extrêmement difficile, était de donner envie aux lecteurs d'acheter l'objet dont ils vantaient les mérites en quelques dizaines de mots.

Cette profession est encore peu connue en France et souvent sous-estimée. Le Growth Hacker se doit d'en maîtriser les bases pour vendre au travers de ses *landing pages*. Après tout, qu'y a-t-il de plus puissant que les mots ?

Quelles sont les qualités d'un *copywriter* ?

1. **L'empathie, il sait se mettre dans la peau d'un autre.** S'il lance un business de location de téléphones portables et doit créer une *landing page* sur le sujet, il lui faudra la capacité de mettre dans la peau de sa cible. Pour comprendre les situations dans lesquelles elle aura besoin du service, quels sont ses interrogations et ses schémas de pensée.
2. **Il a la fibre commerciale.** Si se mettre dans la peau d'un autre permet de comprendre les besoins d'une cible et de savoir y répondre, il devra également savoir transformer un besoin en service, et une solution en proposition de valeur. Le *copywriter* sait que tout se vend.
3. **Il est créatif.** Les idées et phrases lui viennent rapidement, il fonce sans trop se poser de question, quel que soit le sujet.
4. **Il est méthodique.** Bonne nouvelle pour vous ! Si la créativité est un réel plus, le *copywriting* s'apprend. Vous pourrez donc vous aider de méthodologies exploitant la psychologie comportementale, les biais humains et le marketing. Il ne vous reste plus qu'à appliquer rigoureusement ces méthodes.

La méthodologie

Étape 1 : recherche (1 h 30-2 h)

Dans cette première étape l'objectif est de faire de vous un « expert » du sujet en 2 heures. Pour cela, il vous faudra consulter un maximum de contenu sur votre thématique et rassembler tous les éléments pertinents sur lesquels vous tombez. Mon conseil : prenez des notes, même s'il s'agit de copier-coller des paragraphes entiers de sites web dans un fichier Google Document. Voici quelques types de contenus qu'il est important d'avoir consultés avant de se lancer dans la rédaction.

1. Les acteurs du marché. Rendez-vous sur les sites des acteurs principaux du marché, notez les problématiques utilisateurs qu'ils évoquent, les solutions qu'ils apportent, les propositions de valeur.

2. Les avis des clients. Trouvez des avis clients. Vous découvrirez en quelques minutes les points forts et les faiblesses des services actuels.

3. Réflexion business. Avant de passer à l'étape suivante de *wireframing*, assurez-vous que vous pouvez répondre aux questions suivantes :

- Quelle est ma cible ? Dans votre *landing page* vous ne vous adresserez qu'à une cible (votre persona, vu en semaine 1). Si vous en avez plusieurs, choisissez la cible principale.
- Qui est-elle ? Dressez rapidement son profil : sexe, âge, profession, localisation, centres d'intérêt...
- Quel est son besoin (avoué ou inavoué) ? Ex. : faire la comptabilité de son entreprise, ne plus avoir le stress de faire ses déclarations fiscales...
- Quelle est sa problématique ? Ex. : faire sa comptabilité lui prend trop temps, il y a des erreurs.
- Quelle est sa solution actuelle : Ex. : logiciel Excel.
- Pourquoi n'est-elle pas optimale ? Ex. : il y a des erreurs, pas pratique...
- Quels sont les avantages de votre solution comparée à celle des concurrents ? Ex. : plus pratique, plus simple, moins chère...
- Quelles sont mes deux fonctionnalités principales ? Limitez-vous car vous ne pourrez pas mettre en avant plus de deux fonctionnalités.
- Quelle est votre promesse ? Le résultat, un chiffre clé, en combien de temps, l'avant-après, la transformation qui va se produire dans sa vie...
- Pour quel prix ? Avec les notions de prix psychologiques (1 €, 7 €, 9,99 €, 47 €, 97 €, 297 €, 997 €...)

4. Forum et sites spécialisés. Prenez le temps de consulter des sites à la pointe de l'actualité dans votre thème. Appropriez-vous les enjeux, nouveautés, et proposition de valeur du domaine.

Étape 2 : wireframing (30 min)

Vous avez accumulé une grande quantité d'informations sur votre marché et savez à quelles questions votre *landing page* devra répondre pour votre cible. Il faut maintenant organiser et structurer ces informations au sein d'un *wireframe*.

Qu'est-ce qu'un *wireframe* ?

Le *wireframe* est le squelette de votre page web. Il est structuré verticalement en une série de sections. Chaque section a une fonction précise qui peut se résumer en un mot. Chaque section doit pouvoir être justifiée. En relisant rapidement votre *landing page*, l'ordre des sections doit vous paraître logique et suivre le raisonnement du visiteur de votre page. On parle du « fil rouge » de la *landing page*. Au total, elle devra faire entre 7 et 15 sections.

Construire son *wireframe*

Réalisez votre *wireframe* sur une ou deux pages blanches selon la longueur de votre page, sans vous préoccuper des logiciels existants en ligne afin d'éviter le temps de prise en main d'un logiciel. Délimitez vos sections d'un trait, déterminez rapidement l'emplacement des titres, sous-titres, icônes et paragraphes de texte, faites des rectangles pour l'emplacement des visuels. Cet exercice doit vous prendre moins d'une heure puisque la réalisation de votre *wireframe* ne nécessite pas de design ni d'effort sur la création de contenu. Cet exercice doit vous prendre maximum 30 minutes.

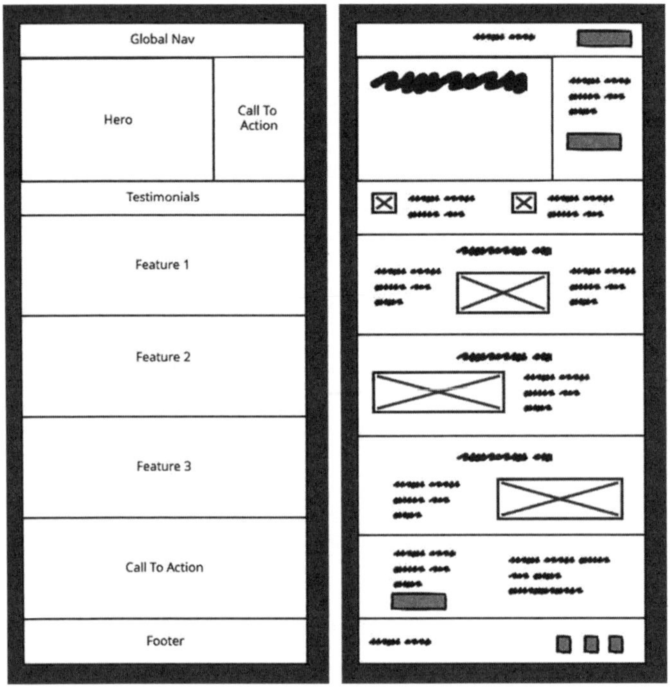

Figure 2.3 – Exemple de *wireframe* de *landing page*

À noter : vous pouvez aussi réaliser un *wireframe* sur des outils en ligne comme Balsamiq, Figma, Axure... ou tout simplement PowerPoint.

FICHE PRATIQUE

COMMENT STRUCTURER SA *LANDING PAGE* ?

Il n'y a pas qu'une seule recette pour structurer sa *landing page*, mais voici une architecture éprouvée qui donne de bons résultats.

Entête : Accroche + USP courte

• Réassurance : mettre en avant ses partenaires ou clients (à inventer dans le cadre d'un faux lancement pour tester son idée de projet).

• • •

- Proposition de valeur : souvent sous forme de cartouches, cette section vise à mettre en avant les points forts de votre service/produit.
- Comment ça marche : l'objectif est de faire en sorte que le client se projette dans l'utilisation de votre service/produit.
- Argument 1, 2, 3 : mettre l'accent sur des bénéfices & fonctions, votre philosophie, l'impact de votre service ou d'autres arguments pour convaincre l'internaute.
- Appel à l'action : une section qui reprend votre USP et met en avant un appel à l'action.
- Pied de page.

Étape 3 : création du contenu (2 h)

Vous avez terminé les étapes de recherche et vous avez ordonné vos grandes idées et sections dans un *wireframe*. Il faut à présent créer le contenu de votre *landing page*. Pour cela il vous suffit de compléter, de détailler par du texte chaque section de votre *wireframe*. Utilisez vos recherches et travaillez la qualité de vos phrases pour un contenu simple et engageant.

Cette étape devrait vous prendre environ 2 heures.

■ Design de la *landing page*

Le Growth Hacker n'est pas un designer. Cela dit l'expérience me permet de vous donner quelques conseils utiles pour optimiser la qualité visuelle de votre *landing page* :

Les polices d'écriture : choisissez deux polices d'écriture maximum, de préférence qui vont bien ensemble. Il existe quelques combinaisons célèbres de polices gratuites :

- **Roboto** & Open Sans (ou Montserrat)
- Montserrat & Courier New
- Source Sans Pro & Open Sans (ou Times New Roman)
- **Helvetica Neue** & Garamond

Ces polices sont gratuites et disponibles sur Google Font.

La palette de couleurs : voici quelques sites qui peuvent vous aider dans la conception de votre accord chromatique : www.coolors.co, https://color.adobe.com/fr/create, ou encore https://paletton.com, qui utilise la roue chromatique de Newton.

Le logo : vous pouvez facilement créer un logo sur canva.com en vous servant des modèles existants, utiliser des générateurs de logo en ligne (voir http://bit.ly/creerunlogo) ou simplement écrire dans une des polices que vous avez choisie. Créez une version de votre logo sur un fond transparent et une version sur un fond de couleur foncée. Reprenez les couleurs de votre palette.

Les visuels de votre site : ils ne sont pas là pour faire joli, ils doivent être utiles et représenter votre cible, élément de votre produit ou une fonctionnalité. Vous pouvez en trouver gratuitement sur des sites comme Unsplash.com et Pexels.com, ou payants sur Shutterstock.com. (par précaution, n'hésitez pas à citer l'auteur original sur votre site).

Les icônes : utilisez les icônes pour représenter les fonctionnalités clés de votre produit. Vous pouvez en trouver sur des sites comme flaticon, iconfinder, iconstore et bien d'autres.

Espace : laissez respirer les sections de votre site, laissez une marge d'environ 80 pixels en haut et en bas de vos sections.

Taille des textes : soyez cohérents dans la hiérarchie de vos tailles de textes. Les titres doivent être gros et gras, les sous-titres plus petits et plus clairs, les paragraphes petits mais lisibles, etc.

■ Intégration de la *landing page*

Vous serez amené à créer plusieurs *landing pages* : pour différentes cibles, différents produits, différents objectifs, différents positionnements. Créer ces *landing pages* va vous prendre du temps. Voilà pourquoi je vous recommande d'utiliser des outils plutôt que de coder la *landing page* en dur (ce qui est chronophage et technique).

Il existe de nombreux outils gratuits de création de *landing pages* :

- Strickingly
- Unbounce
- Webflow

Strickingly et Unbounce sont très simples à prendre en main mais limités. Webflow vous permettra d'atteindre un haut niveau de personnalisation et design de votre *landing page*. Mais ce dernier nécessite des connaissances en HTML et CSS qui vous demanderont environ deux jours de formation. Vous pouvez apprendre le HTML et CSS gratuitement sur le site de Codecademy et vous former à Webflow gratuitement avec leurs cours en ligne sur Webflow university.

Vos sites seront consultés la plupart du temps sur mobile, assurez-vous que votre site soit *responsive*.

Si votre site fonctionne avec Wordpress, en alternative, vous pouvez créer en quelques minutes une *landing page* avec Thrive Themes (19 $/mois). Cet outil simple vous offre des modèles de *landing pages* à personnaliser, ainsi qu'un éditeur visuel qui vous permet de partir d'une feuille blanche (le tout sans devoir être professionnel du design).

Voici deux exemples de *landing page* qui vous permettront de vous approprier la méthode que je vous ai donnée :

- https://landing.libeo.io/
- https://www.livementor.com/formation/marketing-digital/

Optimisez votre landing page

La première version de votre *landing page* ne peut pas être optimale. Il se peut même qu'en analysant votre taux de conversion, vous soyez déçu. Pour remédier à cela et améliorer continuellement les performances de votre *landing page,* il faut absolument passer par l'A/B testing.

Il s'agit de présenter aux utilisateurs deux variantes de votre *landing page* de façon aléatoire et faire une analyse statistique pour déterminer la variante qui donne le meilleur rendement. Le test A/B est ensuite validé si l'objectif fixé est atteint ; le site web ou l'application mobile est modifié en conséquence.

Il peut arriver que l'objectif ne soit pas atteint ; dans ce cas, aucune modification n'a lieu. Le test A/B permet des décisions fondées sur des données, on passe de « nous pensons » à « nous savons ». On évite ainsi de tourner en rond ou de modifier le produit selon ses propres impressions, ce qui peut s'avérer très préjudiciable.

Comment fonctionnent les tests A/B ?

Dans un test A/B pour une *landing page*, vous dupliquez la page web d'origine et vous la modifiez pour créer une deuxième version avec un ou deux éléments différents (généralement il est préférable de modifier un par un les éléments, sinon vous ne saurez pas ce qui a causé la hausse ou la baisse dans votre test). Ce changement peut être aussi basique que la modification d'un titre ou d'un bouton ou concerner un changement plus global, mais facilement identifiable (charte graphique, organisation des sections, etc.)

Ensuite, la moitié de votre trafic affiche la version originale de la page (connue sous le nom de contrôle) et l'autre moitié la version modifiée de la page (la variation). Comme les visiteurs sont dirigés soit vers le contrôle soit vers la variation, leur engagement avec chaque expérience est mesuré et recueilli dans un tableau de bord analytique pour être analysé par un moteur statistique. Vous pouvez alors déterminer si le changement d'expérience a eu un effet positif, négatif ou nul sur le comportement des visiteurs. Il vaut mieux commencer par les zones à fort trafic de votre site ou de votre application, car cela vous permettra de collecter des données plus rapidement. En effet pour comparer deux versions, il faut au moins plusieurs centaines d'affichages.

Par exemple vous pouvez rechercher des pages avec des taux de conversion faibles qui peuvent être améliorés, ou des pages stratégiques comme votre *homepage* ou vos *landing pages*...

Une fois que vous avez identifié un test à effectuer (un bouton, une accroche, un prix, un visuel), vous pouvez commencer à générer des idées de tests et des hypothèses sur la raison pour laquelle vous pensez qu'ils seront meilleurs que la version actuelle. Votre liste d'idées élaborée, il s'agit de les hiérarchiser en termes d'impact attendu et de difficulté de mise en œuvre.

Il reste alors à créer les deux variations et à lancer le test. Vous pouvez le faire avec des logiciels spécialisés d'A/B testing comme Google Optimize (gratuit), Optimizely (49 $ pour 1 000 visiteurs) pour apporter les modifications.

Après quelques jours, il est temps d'analyser les résultats. Votre logiciel présentera les données de l'expérience et vous montrera la différence entre la façon dont les internautes ont réagi face aux deux versions de votre page et s'il existe une différence statistiquement significative. Si votre variante est plus efficace, félicitations ! Voyez si vous pouvez appliquer ce que vous avez appris sur d'autres pages de votre site pour améliorer vos résultats. Si votre expérience génère un résultat négatif ou aucun résultat, ne vous inquiétez pas, utilisez cela comme une expérience d'apprentissage et générez de nouvelles hypothèses à tester.

Quel que soit le résultat de votre expérience, utilisez-la pour informer les futurs tests et continuellement itérer sur l'optimisation de l'expérience de votre application ou du site[1].

Tracking (analyse du comportement)

Si vous voulez mieux comprendre ce qui se passe sur votre page autre que le suivi des événements de votre campagne Facebook, il vous faut mettre en place Google Analytics sur votre *landing page*. Il s'agit uniquement d'un bout de code à insérer dans votre page.

Vous pouvez ensuite suivre à peu près tout ce que font vos utilisateurs sur votre page : clics, temps passé, formulaire rempli, etc.

Sur votre espace Traficcommando (semaine 2) vous trouverez des vidéos à ce sujet.

Sachez qu'il existe aussi des outils comme Hotjar.com et Crazy Egg qui vous permettent d'obtenir une Heat Map, c'est-à-dire voir les clics effectués sur votre *landing page* ainsi qu'un enregistrement vidéo de toutes les actions (les hésitations, les *scrolls*...). Ce sont des informations très pratiques pour jauger la qualité du design que

1 Quelques exemples de *split testing sur* : http://traficcommando.com/category/semaine-2/.

vous avez mis en place. Si vous voyez par exemple, que les prospects essaient de cliquer sur une image non cliquable vous pouvez décider de modifier le rôle attribué à cet élément.

Voilà, votre *landing page* est enfin prête et vous pouvez commencer à travailler la partie concernant l'acquisition de trafic !

Entraînement 4 : Dopez la conversion de votre site web

La conversion est une des clés pour réussir sur Internet (mais aussi dans la prospection, la vente physique), car avec une bonne conversion, même un site à faible trafic peut être rentable.

Par exemple, si vous avez 1 000 visiteurs par jour, et que vous réussissez à obtenir les coordonnées de 1 % des visiteurs, vous aurez une liste de 10 prospects par jour... Or si vous réussissez à convertir 5 % des visiteurs vous allez avoir 5 fois plus de prospects.

Le problème est que 99 % des sites Internet ne sont pas conçus pour convertir : ce sont des sites « plaquettes » qui reprennent sur le web la brochure de présentation de l'entreprise (nos produits, notre historique...). Il faut donc repenser le concept et créer un site qui soit fait pour convaincre le prospect d'acheter ou de laisser ses coordonnées. C'est pourquoi, avant de mettre en place des outils de capture des prospects, commencez par répondre à ces questions :

- **Que recherchent vos clients sur votre site ?** Ce sont ces mots, ces arguments, qui doivent apparaître sur votre page d'accueil, ce que vous apportez au client, les problèmes auxquels vous répondez, les bénéfices de votre solution...
- **Comment allez-vous faire pour les convaincre de donner leurs coordonnées ou d'acheter** ? Est-ce une offre gratuite ? Est-ce un guide d'achat ? Est-ce une présentation de vos meilleures offres ? Est-ce un produit star ? Est-ce une offre gratuite ?

Puis vous pouvez mettre en place les outils incontournables pour améliorer la conversion, sans pour autant surenchérir en pop-up, guides ou autres contenus. La bonne pratique est d'attendre au moins 10 secondes avant de lancer un premier message, voire plutôt 30 secondes afin de laisser au visiteur le temps de voir vos offres.

Le chat proactif

Mettre en place un *chat*, avec un déclenchement automatique au bout de x secondes, est un des meilleurs moyens de faire passer le visiteur à l'action.

En effet, vous pouvez envoyer un message différent selon les pages visitées, et ainsi proposer des offres, des contenus en phase avec ce que recherche l'internaute.

Ensuite, en intégrant votre photo, votre nom dans le chat, vous allez humaniser la relation et donner confiance à l'internaute. Il ne faut pas non plus hésiter à mettre un appel à l'action clair. Dans l'exemple ci-dessous il s'agit d'une bulle « Je peux vous aider ? ».

Figure 2.4 – Le *chat* proactif sur Comparatif-CRM.com avec appel à l'action

Enfin, avec les fonctions de *chat* proactif, la discussion sera lancée, et vous ne discutez avec la personne que si elle répond à votre première accroche. Les solutions de *chat* proactif sont Clickdesk.com, Manychat.com (*chatbot* Messenger), par exemple. Elles coûtent environ 30 €/mois/utilisateur (généralement pour une entreprise, une seule personne sur le site suffit). Vous disposez même d'un outil 100 % gratuit comme tawk.to.

Astuce de Growth Hacker

Si votre site connaît un fort trafic, vous pouvez mettre le *chat* en mode « répondeur », c'est-à-dire que le premier message est envoyé automatiquement, et qu'en cas de réponse de la part de l'internaute, il n'y a pas de conversation *live* enclenchée, mais un e-mail qui vous est envoyé avec la transcription de la demande du client et ses coordonnées. Ainsi vous n'avez pas besoin d'être en ligne, et vous répondez une à deux fois par jour par e-mail, avec une bibliothèque de messages à personnaliser.

Les pop-ups

Les pop-ups sont des petites fenêtres qui apparaissent au bout de x secondes et qui proposent un bonus, une offre, une vidéo...

Elles sont souvent très intrusives et peu appréciées des internautes, mais elles permettent de capturer efficacement les coordonnées des prospects. Elles sont pourtant indispensables pour capturer les prospects indécis avant qu'ils ne partent du site.

Pour rendre les pop-ups plus acceptables, il faut jouer sur deux éléments :

- **L'offre : apporter de la valeur ou de l'information** et ne pas « interrompre » la navigation. Pensez à votre bonus comme à une invitation par un vendeur dans un magasin.
- **Le format d'affichage**, afin de rendre cette publicité plus acceptable. Le but est de ne pas trop perturber la navigation, et éviter de provoquer un réflexe automatique de fermeture de la pop-up.

Pour cela, on peut sélectionner plusieurs formats d'apparition (ex. : un *slide in* quand on scrolle en bas d'une page)[1].

Astuce de Growth Hacker

Pour fixer la durée avant l'affichage de votre pop-up, vous devez utiliser Google Analytics, et regarder la durée moyenne d'une visite d'un internaute sur votre site Internet. Dès lors, trois stratégies sont possibles : l'agressive avec l'affichage pop-up le plus tôt possible pour essayer de capter immédiatement le visiteur (au bout de 5 à 10 secondes), la modérée en l'affichant au bout de 30 à 45 secondes, et enfin la qualitative en affichant le pop-up juste en dessous du temps moyen de visite (afin de s'adresser à un peu plus de la moitié des internautes) ou lorsque l'internaute va quitter la page *via* une détection du mouvement de la souris (Exit pop-up).

L'accès dans Google Analytics se fait depuis Audience > Vue d'ensemble > Durée moyenne des sessions. Dans l'exemple ci-dessous, la moyenne du temps passé sur le site est de 1 minute 17, l'affichage du pop-up peut se faire à 60 secondes.

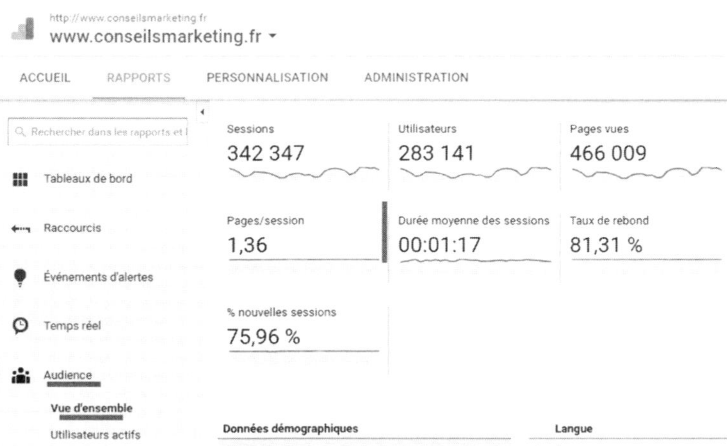

Figure 2.5 – Google Analytics indique le temps moyen passé sur un site

1 Découvrez six astuces simples pour améliorer la conversion dans l'espace privé de la formation sur : http://traficcommando.com/category/semaine-2/

Attention : au bout de quelques essais on a tendance à multiplier les pop-up (chat, pop-up, exit pop-up, etc.). Il faut limiter les animations et les interruptions (ex. : hello bar *au lancement,* slide in *en bas de page,* chat *au bout de x secondes...).*

Les notifications via le navigateur

Safari, Chrome et Mozilla permettent d'envoyer des notifications aux utilisateurs. Ces messages, plus visibles qu'un simple e-mail, offrent un nouveau canal de communication directe durant leur navigation. Ce canal n'est cependant pas un remplaçant de l'e-mail, mais plutôt un outil complémentaire (une personne peut à la fois être abonnée à vos e-mailings et recevoir des notifications *via* le navigateur). Les notifications sont surtout utilisées pour des promotions limitées dans le temps, pour des alertes, pour des messages urgents, et non pas pour des messages « classiques ». Le taux de conversion reste néanmoins relativement faible (comptez 8 % de taux de clic *via* les notifications).

Le message pour recevoir les notifications se configure exactement comme un pop-up classique, avec un déclencheur (au bout de x secondes, lorsque la personne quitte la page, etc.) et une photo.

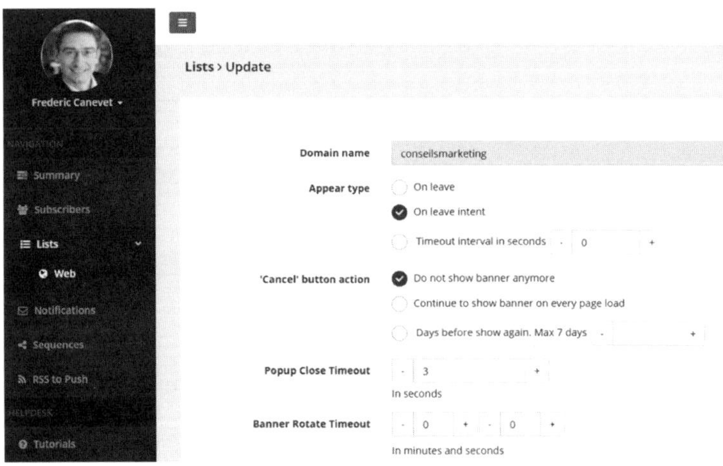

Figure 2.6 – La configuration de la notification *via* le navigateur

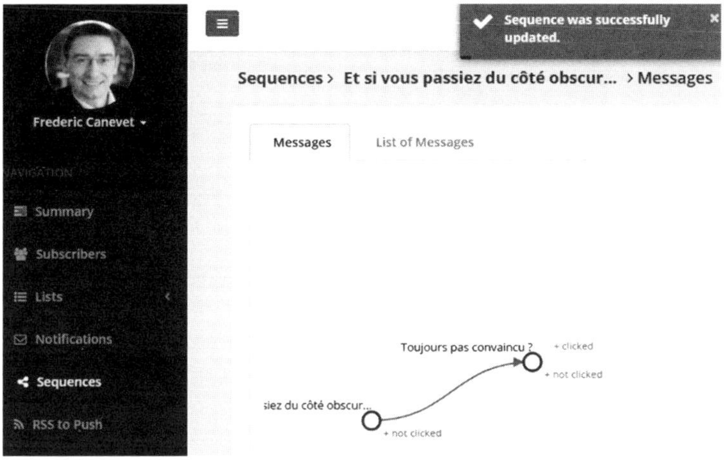

Figure 2.7 – La programmation d'une série de notifications

Il existe de nombreux outils à votre disposition, les plus connus étant :

- **Wonderpush** (https://www.wonderpush.com/) à 1 €/mois jusqu'à 1 000 utilisateurs.
- **Push Engage** (https://www.pushengage.com/) à 29 $/mois pour 5 000 abonnés.

Au bout de plusieurs visites sur votre site Internet, il y a un « aveuglement publicitaire », c'est-à-dire que vos lecteurs réguliers ne verront plus vos publicités. Il faut donc les changer régulièrement afin de les rendre à nouveau visibles.

À NOTER

Il est aussi possible de créer des séquences de messages comme sur un autorépondeur (selon un délai, sur les cliqueurs/non-cliqueurs), mais attention à ne pas saturer vos abonnés.

Attention aux publicités trop intrusives, en particulier sur mobile. Google sanctionne désormais les sites qui mettent trop en avant les pop-ups au détriment de la navigation. Pour cela, vous pouvez paramétrer les solutions de pop-up avec Thrive Themes, Sumo.me, etc.

Entraînement 5 : Le *marketing automation*

Le *marketing automation* consiste à utiliser des logiciels pour réaliser, gérer et automatiser des tâches marketing, en particulier l'envoi d'e-mails ou de SMS en fonction d'une séquence prédéfinie (l'autorépondeur), ou d'une (in)action de l'utilisateur (le *marketing automation* comportemental).

Cependant, avant de vous lancer dans le *marketing automation*, vous devez définir en amont vos objectifs et les prioriser, vous souhaitez :

- convertir les prospects en clients ?
- faire en sorte que vos nouveaux clients utilisent efficacement vos produits et en soient contents ?
- faire de l'*upsell*, du *cross sell* sur votre base clients ?

À NOTER

Pour les commerciaux, il existe des solutions qui permettent de gérer les scénarios de prise de contact et les relances (le *cold mailing*, c'est-à-dire la prise de contact avec des prospects qui n'ont pas un projet immédiat). Ces solutions sont complémentaires aux outils de *marketing automation* car elles permettent au commercial de gérer en autonomie sa prospection. Les outils à sa disposition sont Lemlist.com (29 $/mois), reply.io (300 $/mois pour 3 utilisateurs), prospect.io (79 $/mois), anyleads.com (99 $/mois).

Il faudra définir un scénario de *marketing automation* pour chaque objectif. Pour le mettre en place, vous avez pléthore d'outils, cependant nous vous conseillons :

- **Mailchimp** : le leader de l'emailing orienté marketing (newsletter, campagne marketing, etc.). Parfaitement adapté au e-commerce, dans les services ou les produits physiques. Cet outil suffit pour la plupart des besoins simples.
- **Autopilot** : L'outil incontournable des marketeurs qui souhaitent mettre en place un *flow* d'interaction avec leurs prospects. Autopilot vous permet de mettre en place un enchaînement d'actions

qui se déclenche dans un *timing* précis en fonction des interactions de vos prospects.

- **Get Response** : une solution centrée sur le marketing par e-mail.
- **Active campaign** : la solution de *marketing automation* avec le meilleur rapport fonctionnalités/prix.
- **SG Auto-répondeur** : solution française avec envoi d'e-mails, de SMS et même de courriers papier[1] ! Elle est adaptée si vous êtes allergique à l'anglais.

L'autorépondeur, le marketing automation le plus simple !

Mettre en place un autorépondeur consiste à définir et envoyer une séquence prédéfinie d'e-mails à un contact qui a laissé ses coordonnées sur une page web pour recevoir un produit (ou qui vient d'acheter un service) défini au préalable. C'est l'un des systèmes les plus simples à mettre en place, bien moins complexe qu'une séquence de *marketing automation* comportementale.

En effet, il suffit de préparer des messages qui seront envoyés à intervalles réguliers, sans prendre en compte les actions comportementales de l'internaute sauf lors d'événements majeurs comme l'achat d'un produit, un désabonnement…

C'est une automatisation très simple, mais qui a le mérite de maintenir la relation dans le temps. Pour qu'une séquence fonctionne, il faut créer du relationnel, de la confiance et surtout de l'envie, afin de décider un prospect à commander. Voici un exemple de séquence en B2B :

- J : message de bienvenue avec le lien de téléchargement d'un livre blanc.

1 Si vous ne savez pas lequel choisir, vous pouvez consulter l'espace privé http://traficcommando.com/category/semaine-2/. Vous y trouverez également une formation vidéo gratuite pour apprendre à mettre en place une newsletter avec Mailchimp et lancer une campagne de *marketing automation*.

- J + 2 : explication de la nature du problème et pourquoi il est important d'agir.
- J + 5 : envoi d'un cas client (vidéo, PDF…) dans la même situation avec avant/après.
- J + 9 : proposition d'un rendez-vous/audit/… (promotion non agressive).
- J + 14 : offrir un outil de calcul de ROI.
- J + 20 : mettre en avant le coût de non-décision.
- J + 25 : Vous avez abandonné le projet de XXX.
- Etc.

Une séquence d'*autorépondeur* obéit à la suite de Fibonacci (ou spirale d'Or), figure 2.8 :

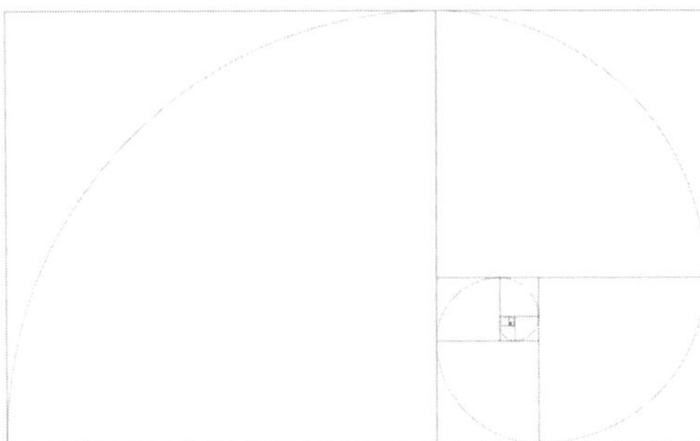

Figure 2.8 – Comme la suite de Fibonacci, beaucoup de messages sont envoyés au départ, puis la fréquence ralentit

Le principe de la suite de Fibonacci consiste à mettre une pression importante au départ de la relation, puis de ralentir mais sans jamais s'arrêter ! Cela vous permet d'établir rapidement un lien avec votre abonné, puis de vous rappeler à lui, de manière naturelle.

En B2C une séquence peut être plus courte avec une pression importante car la personne est en décision d'achat, par exemple un envoi à J 1 + 1 = 2, ensuite 1 + 2 = 3, puis 2 + 3 = 5, puis 3 + 5 = 8, puis 5 + 8 = 13 et enfin un message de réactivation à 30 jours.

Attention cependant à ne pas être trop « agressif » dans vos messages, certaines personnes se sentant vite sursollicitées.

Par exemple, en B2B ne programmez pas plus de 5 à 7 messages dans les 30 premiers jours sinon vous risquez d'avoir des plaintes.

Préférez ⅔ des messages apportant de la valeur pour le prospect et ⅓ de message appelant directement à l'action.

À NOTER

Actuellement de plus en plus de marketeurs choisissent d'envoyer un e-mail tous les jours à leurs prospects. C'est une stratégie qui peut s'avérer payante, à condition d'avoir toujours quelque chose d'intéressant à dire, en mode « conversation » avec une petite astuce et de temps en temps un appel à l'action promotionnel.

Le marketing automation via la segmentation comportementale

La segmentation comportementale adapte les messages selon les actions de l'internaute sur le site, avec vos e-mails...

Par exemple, lorsqu'un utilisateur met des articles dans son panier, sans aller jusqu'au paiement de la commande, vous pouvez vous adresser à lui afin qu'il revienne finaliser au plus vite sa commande (éventuellement avec un bon de réduction). La navigation sur certaines pages du site Internet peut aussi déclencher l'envoi d'un message dédié à un internaute déjà identifié s'il atteint un certain score (ex. : télécharger un livre blanc = 10 points, aller sur la page tarifs = 20 points, visiter une page avec un cas client = 15 points...).

Il est aussi possible de réaliser des scénarios selon les réactions à l'envoi de messages (ex. : si la personne indique dans un e-mail qu'elle est mécontente du produit, un e-mail d'alerte est envoyé au service client et on ne lui proposera pas de produits complémentaires...).

Si l'automatisation peut paraître complexe (on peut réaliser énormément de scénarios), les chiffres parlent d'eux-mêmes : les entreprises qui ont mis en place du *marketing automation* réalisent en moyenne 10 % de ventes en plus. De même les taux d'ouverture passent de 20 à 25 % pour une newsletter à 30 à 35 % pour un *auto-répondeur*, pour bondir à 40 à 45 % pour du *marketing automation* comportemental.

Quand déclencher le marketing automation ?

Le *marketing automation* peut commencer à la suite du remplissage d'un formulaire sur une page Internet donnée, avec un scénario qui déroule un « argumentaire » afin de le faire passer de prospect à client.

Un autre déclencheur bien utilisé dans le monde du marketing est la relance des abandons de paniers. Par exemple, sur Conseils-Marketing.com, si vous allez sur la page de vente, que vous remplissez le bon de commande, mais que vous ne payez pas, vous allez recevoir un e-mail dans les 2 heures avec comme objet « Vous avez eu un problème de commande ? ». De fait, si vous n'agissez pas, vous perdez du chiffre d'affaires.

Amazon utilise aussi ce système : quelques heures après avoir visité des produits sur le site, ceux-ci vous sont proposés par e-mail si vous ne les avez pas acquis. Et cela fonctionne !

Autre élément que l'on peut mettre en place si l'on connaît la date de naissance d'un utilisateur : l'e-mail anniversaire. Le message fait toujours plaisir, notamment si vous proposez une réduction à l'achat à votre client pour le remercier de sa fidélité.

Pour le mode anniversaire, nous préconisons de ne pas se baser sur la date d'anniversaire de votre client, mais sur sa date d'inscription chez vous.

En effet, à sa date anniversaire personnelle, il recevra certainement beaucoup de messages et ne sera pas surpris, ni tenté d'acheter. Alors qu'il aura sans doute oublié la date d'inscription à votre service, le fait de lui rappeler sa fidélité lui donnera un sentiment d'importance. Il y a de nombreux déclencheurs, c'est à vous de trouver celui qui correspond le mieux à votre activité (il peut y en avoir plusieurs).

Attention : le marketing automation ne signifie pas que le destinataire de votre message se rende compte que le message reçu est un message automatisé, qui n'est pas adressé qu'à lui. Pour être efficace, le message doit être personnalisé, authentique et sincère. Rien ne vous empêche de demander plus d'information à votre prospect qu'il ne vous en a donné jusque-là.

Exemple

Un marketeur a récupéré les numéros de téléphone d'internautes qui, initialement, ne lui avaient donné que leur e-mail. En mettant en avant la possibilité de gagner une heure de coaching avec lui, il a pu compléter sa base de données, et envoyer ensuite des SMS ou des messages vocaux automatiquement, aux personnes qui avaient répondu favorablement à sa demande afin de les toucher *via* un nouveau canal.

Important : un prospect est une marchandise périssable, c'est-à-dire que si au bout de trois mois il n'a toujours rien commandé, il y a peu de chances qu'il commande un jour. Dans ce contexte, programmez pour cet abonné un contenu spécifique, du retargeting *sur Facebook ou Google Ads, une offre spéciale, etc.*

FICHE PRATIQUE

EXEMPLE DE SEGMENTATION COMPORTEMENTALE

Pour créer votre séquence vous devez partir de votre persona, et définir son état initial, avec ses besoins, ses peurs, où il en est dans son process d'achat… puis pourquoi il doit vous acheter maintenant, quels sont les éléments et les déclencheurs dont il a besoin pour acheter, comment le faire avancer dans son cycle d'achat, comment nouer une relation de confiance puis de l'urgence…

• • •

Vous devez écrire comment vous allez le convaincre de passer l'action (sans penser aux messages) avec les contenus nécessaires (e-mails, arguments, outils...). Pour vous aider, pensez à votre séquence comme une conversation avec un ami : vous commencez par un contexte et faites résonner vos idées dans son esprit, et ce n'est qu'ensuite que vous proposerez votre solution.

Chaque e-mail de la séquence doit avoir un objectif, et être vraiment indispensable pour faire avancer le prospect dans sa décision. La seule exception est la fin de l'e-mail (généralement un PS) qui peut apporter une autre offre.

Pour le contenu de vos e-mails, si le texte fait moins de 30 lignes, un simple e-mail suffit. Si vous voulez faire passer plus de messages, montrer une vidéo... alors vous devez renvoyer sur un site web.

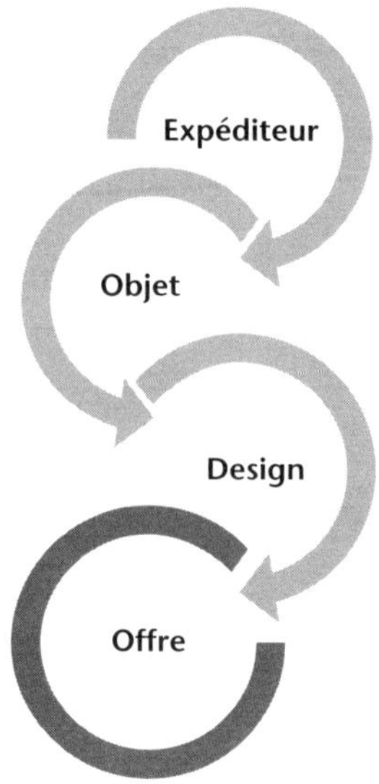

Figure 2.9 – Étapes pour la lecture et la conception d'un e-mail

© ConseilsMarketing.com

Une fois votre message défini, vous pouvez passer à la conception, en travaillant en premier l'expéditeur et l'objet.

Chaque action (ou inaction) du destinataire le fera entrer dans un scénario spécifique. Il n'existe jamais un tunnel unique pour un produit et le prospect reste maître de son tunnel de conversion. Les marketeurs ne peuvent qu'espérer influer sur ce dernier en proposant le bon contenu, au bon moment et à la bonne personne.

Attention cependant à ne pas trop multiplier les différents scénarios et branches. En effet vous allez complexifier votre travail et parfois ne cibler que quelques dizaines de personnes...

Astuce de Growth Hacker

Récupérer facilement des témoignages clients

Le principe est simple : ajoutez dans vos messages de *marketing automation* un e-mail où vous demandez aux clients de donner leur avis sur votre produit en répondant à une question simple « Êtes-vous content du produit », et selon le bouton cliqué (oui ou non) vous pourrez soit programmer un e-mail d'alerte pour vous, soit lui proposer de remplir une enquête de satisfaction pour avoir un témoignage client *via* Google Forms (ou proposer d'aller remplir un avis sur Google My Business)

Pour avoir l'autorisation de publier un avis client, ajoutez à la fin de votre questionnaire la question « Est-ce que nous pouvons publier votre commentaire sur notre site ? » (Oui/Non). Ainsi vous allez récupérer automatiquement des dizaines de témoignages de clients contents pour votre site Internet !

Si vous êtes dans le B2B, intégrez aussi dans vos CGV le droit d'utiliser le logo de l'entreprise sur votre site.

Astuce de Growth Hacker

Si vous vendez du consulting, ne donnez pas de trop de conseils à valeur ajoutée gratuitement, sinon vos lecteurs vont s'en contenter... Vous devez apporter uniquement une partie de la solution ou une astuce originale, pour ensuite vendre la méthode complète. Le but est de vendre une « transformation ». Vous devez aider le client à prendre conscience de son problème, et pourquoi il est important de changer (et ainsi nouer une relation de confiance), pour ensuite proposer votre solution.

Vous ne savez pas par où commencer ? Utilisez le *mind mapping*[1].

1 Voir sur : Traficcommando.com/category/semaine-2/.

FICHE PRATIQUE

CRÉER UN AUTO RÉPONDEUR SUR GET RESPONSE

Retrouvez dans Traficcommando.com (semaine 2), un tutoriel de 10 minutes sur la manière de mettre en place votre premier *auto-répondeur* avec Get Reponse.

Astuces de Growth Hacker

Voici quelques astuces pour améliorer les taux de retours de vos e-mailings :

- Mettez « Re » au début de l'objet, afin de faire croire que l'on répond à un e-mail. La plupart des outils proposent cette fonctionnalité directement entre les différents mails de votre séquence.
- Renvoyez un e-mail à des non-ouvreurs, en indiquant comme excuse un lien brisé dans le message précédent ou parlez d'un problème technique lors de l'envoi, pour justifier l'envoi d'un e-mail de relance… ou tout simplement renvoyez-le en ne changeant que l'expéditeur et l'objet.
- Choisissez comme expéditeur des personnes (sans mentionner le nom de l'entreprise), et choisissez des expéditeurs variés selon le type de message (DG, commercial, etc.) pour mettre plus d'humain et passer au travers des filtres anti-spam.
- Utilisez les fonctions de « perfect timing » qui permettent d'envoyer vos e-mails aux moments où vos lecteurs ont l'habitude d'ouvrir vos e-mails.
- Ajoutez le prénom de votre contact dans l'objet de l'e-mail.
- Achetez un nom de domaine proche (ex. : Conseils-Marketing.com pour ConseilsMarketing.com), pour l'utiliser avec une IP dédiée sur une solution d'e-mailing comme Sendinblue.com pour faire des envois avec une « nouvelle identité » encore totalement vierge (à noter : n'envoyez pas directement 50 000 e-mails… faites « chauffer » votre IP en envoyant des paquets de 5 000 e-mails sur plusieurs jours et avec une liste d'abonnés de qualité).

• • •

• Faites un test sur une partie de vos prospects avec l'envoi d'un e-mail tous les jours (oui tous les jours !) avec un conseil et régulièrement une offre commerciale. Vous serez étonné des résultats. En effet à force d'envoyer des messages pertinents (il faut absolument apporter de la valeur), vous allez créer une relation forte avec vos lecteurs (même s'ils ne liront pas tout), et faire décoller vos ventes.
• Enlevez de votre solution de *marketing automation* les non-ouvreurs, non-cliqueurs... depuis x mois pour les transférer dans une solution d'e-mailing *low cost* (ex. : Sendinblue.com) afin de ne pas payer pour des abonnés inactifs.

L'optimisation des messages

En tant que Growth Hacker, vous devez analyser vos messages et optimiser la conversion. Cela veut dire analyser le taux d'ouverture des messages, les clics et tester des variations de messages (A/B testing) pour voir ce qui fonctionne le mieux.

Pour cela, il suffit d'utiliser les fonctions déjà disponibles dans Mailchimp, Get Response... qui permettent de tester deux messages différents sur une petite partie de la cible, puis de sélectionner celui qui fonctionne le mieux.

À NOTER
Pour être significatif, un test A/B doit comprendre au moins 400 ouvreurs de votre e-mail. Si vous avez 10 000 abonnés, et que votre taux d'ouverture est de 25 %, cela veut dire envoyer l'e-mail à 1 700 abonnés.

PLAN D'ACTION **Votre mission pour la semaine 2**

Les actions de la deuxième semaine vont vous prendre trois jours complets :

- ☐ **Mettez en place un site** avec un design qui donne une bonne image de vos produits et services, ainsi qu'une bonne conversion. Pour cela rendez-vous sur ThemeForest et Theme Thrives. (1,5 jour)
- ☐ **Réalisez votre première *landing page*.** (3 heures)
- ☐ **Faites un premier test A/B** sur votre *landing page* avec Google Analytics. (2 heures)
- ☐ **Installez le *chat* et les pop-ups** pour améliorer la conversion de votre site web. (0,5 heure)
- ☐ **Mettez en place votre première séquence de *marketing automation*,** avec trois e-mails. (3 heures)

Semaine 3

Recrutez rapidement vos premiers prospects

Le briefing

Le référencement naturel, la base e-mails de vos contacts, les fans sur les médias sociaux... vont vous permettre d'assurer le succès de votre entreprise sur le long terme.

Le problème, c'est qu'il vous faudra du temps pour acquérir vos premiers prospects *via* ces techniques. C'est pourquoi vous devez vous concentrer sur les moyens d'acquisition *outbound* pour obtenir vos premiers prospects, que cela soit en payant (publicité), on en identifiant des carrefours d'audience de vos prospects pour les contacter directement. En faisant cela, vous allez « alimenter la pompe » pour amorcer votre business, tester la conversion de vos offres. Durant cette troisième semaine, nous allons nous concentrer sur les outils payants de génération de trafic : Adwords, Facebook, Bing, l'affiliation... Ces outils vous permettront également de tester votre offre, votre *landing page* et avoir suffisamment de volume pour que vos tests de conversion donnent des résultats concrets.

Cette étape est donc indispensable à la fois pour attirer des prospects, mais aussi pour affûter votre discours marketing. En revanche, il est important de savoir que ces outils nécessitent chacun plusieurs heures (voir semaines) de formation. Nous vous donnons des petites astuces pour mieux les exploiter, et obtenir rapidement vos premiers prospects sans dépenser une fortune. Mais pas de panique, vous trouverez facilement en fouillant sur le Net d'autres ressources pour apprendre les fondamentaux de ces différents outils.

Entraînement 1 : Comment construire une campagne Google Ads rentable ?

En créant Google en 1998, Larry Page et Sergey Brin ne pensaient pas encore à monétiser leur trouvaille. Ce n'est qu'à partir d'octobre 2000 que Google lance sa régie publicitaire appelée

Google Adwords (rebaptisée Google Ads en 2018) avec un slogan très simple : « Vous avez 5 minutes et une carte de crédit devant vous ? Annoncez sur Google dès maintenant ! »

Google est le moteur de recherche le plus utilisé en France et dans le monde. Cette régie permet aux annonceurs de diffuser des campagnes de pub sur le web.

Pour comprendre le fonctionnement de la régie, il est important de différencier les liens organiques (dits « naturels » ou « SEO » *Search engine optimization*) des liens sponsorisés (dits « payants » ou « SEA » *Search engine advertising*).

Les liens organiques sont des sites considérés par Google comme les plus pertinents lorsque l'on recherche une expression dans le moteur de recherche. Leur positionnement (c'est-à-dire le classement d'apparition de ces sites dans Google) dépend des différents critères de l'algorithme de Google (pertinence du texte, présence du mot-clé, liens qui pointent vers la page du site, le temps de lecture...) qui jugent la pertinence du site en fonction de la recherche effectuée par l'internaute.

Les liens sponsorisés sont localisés au-dessus des liens naturels dans la page de résultats.

Si l'on peut résumer ainsi, le SEO se mérite car Google estime que votre contenu est pertinent pour une recherche donnée, tandis que le SEA s'achète car vous payez pour apparaître dans les premiers sur une sélection d'expressions.

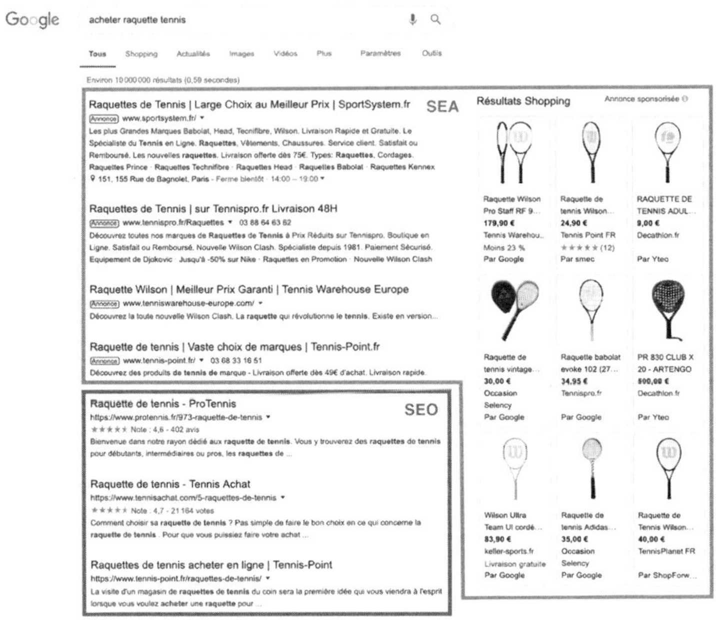

Figure 3.1 – Résultats d'une recherche Google

Pourquoi faire de la pub sur Google Ads ?

1. Bénéficier d'un positionnement qui donne de la visibilité rapidement. Les liens provenant des campagnes Google Ads sur le réseau de recherche seront toujours devant les liens provenant du SEO. Cela permet d'avoir de la visibilité rapidement (la création d'une campagne Google Ads ne prend que quelques minutes), sans devoir réaliser le travail de long terme nécessaire en SEO ni avoir besoin d'une grande notoriété.

2. Pouvoir cibler de manière très précise. Les Google Ads permettent un ciblage très pertinent *via* le remarketing (recibler les personnes ayant visité votre site), les mots-clés, le ciblage géographique, les audiences. C'est la régie qui offre la plus grande précision pour définir quelle cible verra votre publicité.

3. Touchez une cible « préqualifiée ». Lorsqu'on annonce sur Google Ads, on capte les internautes au moment où ils recherchent un service, un produit ou une information. La cible est donc déjà « préqualifiée », ce qui n'est pas le cas sur des régies comme Facebook ou LinkedIn où les gens sont là pour se distraire sans réel but.

Conseil 1 : bien choisir le type de campagne qui sert vos objectifs

Lors de la mise en place d'une campagne Google Ads, le premier choix concerne le type de campagne. La question à se poser est « Quel est mon objectif ? ». Il définira directement quel type de campagne utiliser.

Tableau 3.1 – Type de campagne en fonction de l'objectif

Objectif	Type de campagne
Faire de l'acquisition client Générer des leads en B2B	Réseau de recherche uniquement
Générer des appels téléphoniques	Campagne avec extension d'appel
Visibilité Notoriété de marque Élargir son audience	Réseau display uniquement
Convertir les visiteurs ou anciens clients de l'entreprise	Remarketing
Faire de la vente de produit *via* un e-commerce (B2C)	Réseau de recherche ou Google Shopping

■ Le réseau de recherche

Le réseau de recherche (le moteur de recherche de Google) comprend l'ensemble des annonces diffusées sous forme de lien au sein des pages de résultats du moteur de recherche de Google selon les expressions tapées par l'internaute. Le réseau de recherche permet donc d'atteindre des personnes à la recherche de quelque chose de plus ou moins précis. D'autres outils de la suite Google (Maps et Google Shopping, etc.) ainsi que des sites partenaires font également partie du réseau de recherche.

1 Campagne

↳ 1 ou plusieurs groupes d'annonces

↳ Plusieurs annonces pour chaque groupe d'annonces

↳ Des mots-clés sur lesquels on place des enchères

Figure 3.2 – L'architecture des campagnes sur le réseau de recherche

■ Google Shopping

Google Shopping est une partie de la régie Google dédiée aux e-commerçants pour promouvoir leurs produits.

Lorsqu'un internaute fait une recherche Google, les vignettes produits qui apparaissent dans les résultats de recherche sont les résultats des campagnes Google Shopping. L'objectif principal de ces campagnes est de faire de la vente directement *via* un service d'e-commerce B2C.

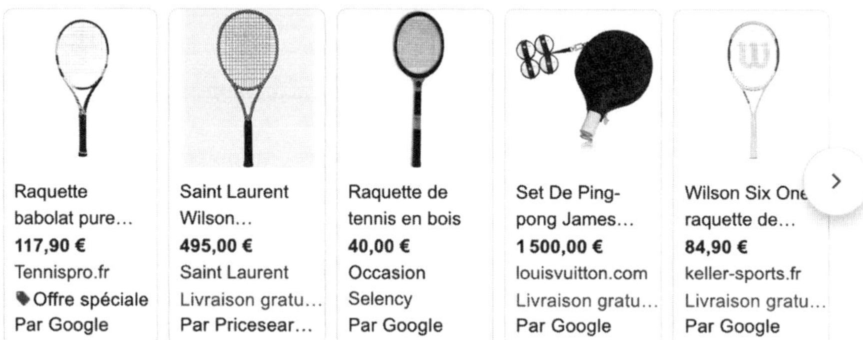

Figure 3.3 – Raquettes de tennis sur Google Shopping

■ Le réseau display (les sites partenaires qui affichent les publicités Google)

Le réseau display de Google comprend plus d'un million de sites web populaires, d'applications pour smartphone, de blogs et encore d'autres emplacements en ligne qui affichent des publicités. C'est une opportunité unique de toucher plus de 80 % des internautes du monde entier.

Il est possible de créer des bannières de différents formats en ciblant des sites web par thème afin de pouvoir cibler une audience correspondant à notre persona.

C'est un type de campagne très intéressant lorsque l'on souhaite faire de la notoriété (faire connaître sa marque ou son site).

Cependant, il faut faire très attention, car la fraude au clic est très fréquente sur le réseau display (les propriétaires des sites placent les publicités près de boutons, en pleine navigation...) pour vous faire cliquer par erreur sur les publicités. C'est donc un réseau plus technique à exploiter, le plus souvent une fois que vous maîtrisez le réseau de recherches et que vous voulez augmenter votre visibilité.

Le coût au clic est bien moindre que sur le réseau de recherches, car les internautes ne sont pas à la recherche de quelque chose, mais ils sont en train de surfer sur un site thématique, et Google va afficher la publicité selon le texte écrit dans le blog, le forum...

■ YouTube & campagnes vidéo display

Les campagnes vidéo sont diffusées sur YouTube et sur le réseau display et permettent de toucher plus d'un milliard d'utilisateurs dans plus de 70 pays et 60 langues. Ce type de campagne à 2 avantages majeurs :

- il permet de toucher des audiences très spécifiques *via* un large éventail de méthodes de ciblage ;
- il permet d'exploiter au mieux le format vidéo. Un format qui a prouvé sa capacité à retenir l'attention d'une audience.

Voici les différents types de ciblages autorisés par ce type de campagne :

- l'identité des utilisateurs : données démographiques détaillées ;
- les centres d'intérêt et habitudes des utilisateurs ;
- les achats que les utilisateurs ont prévu de faire ;
- les interactions avec votre entreprise (*remarketing*) ;

- la position géographique ;
- par mots-clés de recherche (sur un format similaire à celui des campagnes de *search*) ;
- par emplacement (il permet notamment de cibler des emplacements des chaînes YouTube, des sites web du réseau display ou des applications).

Je vous recommande d'utiliser les campagnes vidéo en complément de campagnes sur le moteur de recherche de Google. Pour que ces campagnes se montrent efficaces il est important d'avoir en stock du contenu vidéo de qualité, et d'être capable de déterminer le type de contenu que consomme votre cible. Sinon, les résultats seront mauvais, voire très mauvais.

Conseil 2 : bien paramétrer ses campagnes de search

La première étape lors de la création d'une campagne est la sélection des paramètres généraux

Figure 3.4 – Paramètres de campagne Google Search

■ Réseaux

Pour optimiser ses campagnes de *search*, il est conseillé de désactiver le réseau display. En effet les campagnes de display et de *search* ne répondent pas au même objectif (notoriété *vs* conversion). Il n'est donc pas pertinent de combiner ces 2 types de campagnes !

■ Ciblage

L'étape suivante consiste à choisir une zone géographique pour diffuser les pubs. Google propose différentes échelles de ciblage (pays, ville, région, etc.). Pour obtenir un ciblage plus précis, il est également possible d'exclure des zones.

Exemple : Pour un réseau d'agence immobilière en Île-de-France, si le réseau n'est pas présent dans le Val-de-Marne, le ciblage peut exclure cette zone.

Il vous faudra ensuite choisir un ciblage linguistique. Il est recommandé de cibler la langue dans laquelle l'annonce est rédigée. En effet, Google ne traduit pas les annonces. Cependant, il ne faut pas hésiter à diffuser les annonces en anglais ou en espagnol afin de pouvoir toucher les personnes polyglottes qui sont susceptibles de faire leur recherche dans plusieurs langues. Il est important de comprendre que Google tente de diffuser la meilleure annonce possible. Dans cette démarche l'algorithme arbitrera si vos annonces méritent d'être affichées à votre cible. Notamment en fonction des paramètres utilisateurs ou de la langue utilisée pour la requête.

■ Audiences

Une fois votre ciblage établi, il vous faut déterminer une audience. Le ciblage définit dans les grandes lignes la zone géographique et la langue des personnes touchées par vos publicités, les audiences elles déterminent les catégories d'utilisateurs les plus susceptibles d'être attirées par vos annonces. Cette étape n'est pas capitale dans les campagnes de *search* mais l'est pour tous les autres types de campagnes.

On peut prendre l'exemple d'un entrepreneur qui dispose de 3 boutiques vendant des produits de jardinage. Il est très intéressant pour cet entrepreneur de cibler une audience qui recherche activement des produits de « maison et jardinage » et d'effectuer un ajustement des enchères auprès de cette même audience.

■ Enchères et objectifs de conversion

Cette partie du paramétrage est capitale. Elle influe grandement sur les performances de vos campagnes. Pour choisir sa stratégie d'enchères et ses objectifs de conversion, 2 éléments sont à prendre en compte : l'objectif de la campagne et les données déjà accumulées lors de précédentes campagnes.

On peut catégoriser les enchères en deux types :

- Les enchères automatiques.
- Les enchères manuelles.

Les enchères automatiques constituent un ensemble de stratégies qui utilisent le *machine learning* (apprentissage automatique) afin d'optimiser les conversions ou la valeur des conversions à chacune des enchères publicitaires.

Voici les 4 types d'enchères automatiques.

1. **CPA Cible :** Cette stratégie permet de cibler un coût par action spécifique et laisser Google faire son maximum pour atteindre ce coût.
2. **ROAS Cible (pour les e-commerces) :** Cette stratégie n'a de sens que si vous avez au préalable défini la valeur de vos conversions. Elle n'est pertinente que si vous avez différentes conversions de valeur à optimiser pour un retour sur investissement optimal.
3. **Maximiser les conversions :** Ce type d'enchère automatique se base sur l'historique de votre campagne afin de définir automatiquement les enchères qui permettront à votre campagne de générer le plus grand nombre de conversions à partir du budget défini.
4. **CPC optimisé :** Cette fonctionnalité est à utiliser après avoir défini une campagne avec des enchères manuelles et adapté vos

enchères selon le contexte (navigateur, zone géographique et l'heure de la journée).

Les enchères manuelles : elles permettent de définir le montant de l'enchère que l'on souhaite payer par clic. Cette stratégie permet donc de gérer vous-mêmes vos campagnes. Dans les cas où vous constatez que certains mots-clés ou emplacements sont plus rentables, vous pouvez ajuster le montant de l'enchère.

Lors de la création d'une campagne, il vaut mieux favoriser une stratégie d'enchère manuelle ou de CPC optimisé. Ces stratégies sont les plus efficaces lorsque l'on n'a pas de données en stock pour « nourrir » les algorithmes de Google. Les autres types d'enchères commencent à être efficaces à partir de 30 conversions sur les 30 derniers jours. Mais comment définir vos CPC ?

Le calcul du coût par clic (CPC), c'est-à-dire le prix payé à chaque fois qu'un prospect clique, est une des difficultés de Google Ads. S'il est trop faible, vous n'arriverez pas à avoir suffisamment de trafic, s'il est trop important vous paierez trop cher et vous dépenserez votre budget trop rapidement. Il existe donc quatre règles :

- Pour lancer un nouveau mot-clé important, fixez un montant juste au-dessus du montant suggéré par Google afin d'obtenir des clics rapidement et de tester la rentabilité du mot-clé. Vous verrez la conversion et vous pourrez diminuer au fur et à mesure le CPC.
- Pour les mots-clés standards, calculez votre CPC maximum à 1 % ou 1,5 % de votre marge nette. En effet le taux de conversion moyen d'une page étant proche de 1 %, vous pouvez accepter de payer 1 % de votre marge pour atteindre le seuil de rentabilité. Par exemple votre marge sur le produit A est de 60 €, vous pouvez payer au maximum 0,60 € le CPC au départ (là encore le but est de diminuer ou augmenter le CPC selon la conversion).
- Utilisez surtout des expressions exactes et le BMM (*Broad match modified* ou Requête large modifiée) pour éviter d'enchérir sur des mots-clés qui n'ont rien à voir avec votre activité (pas de panique vous trouverez plus d'infos sur les mots-clés dans la suite de cette

partie, ou dans la formation gratuite de Google sur Google Ads sur http://bit.ly/formationsurGoogleads).

■ Le contenu d'une annonce

Dans une campagne sur le réseau de recherche, les internautes verront nos annonces s'afficher. Ce sont donc elles qui doivent pousser à la conversion. Il est donc primordial de les rédiger avec précaution.

Une annonce est composée de 3 titres (30 caractères maximum) et de 2 descriptions (90 caractères maximum). Une des bonnes pratiques consiste à tout faire pour s'approcher du nombre maximum de caractères lors de la rédaction. L'objectif ? Mettre un maximum de mots-clés en avant et avoir une annonce qui prend le plus de place possible.

Voici une annonce ainsi que les différents éléments qui la composent :

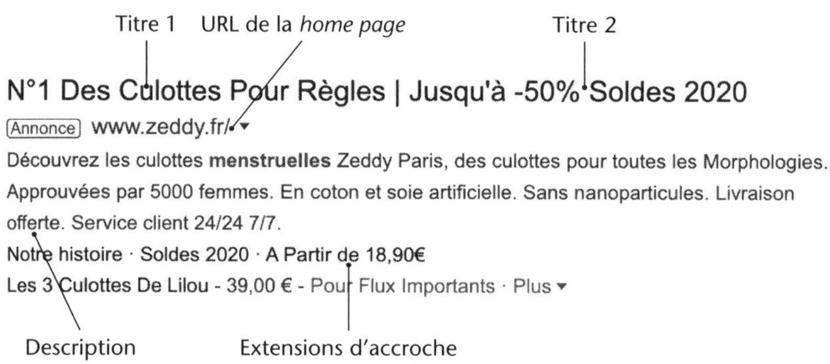

Figure 3.5 – Annonce Search Google Ads

Conseil 3 : bien choisir ses mots-clés

Les mots-clés (*keywords* en anglais) sont des mots ou des expressions de votre choix qui déterminent pour quelles recherches des internautes vos annonces apparaîtront.

Les mots-clés sur lesquels vous allez mettre une enchère sont à choisir en fonction de votre produit et service bien évidemment, mais aussi de votre stratégie.

Il y a 3 stratégies « classiques » qui nécessitent des choix de mots-clés à part entière :

- le positionnement sur sa propre activité ;
- le positionnement sur le trafic de ses concurrents ;
- le positionnement sur des acteurs/produits/services de l'éco-système.

Exemple

Il faut cependant garder en tête que Google fait tout pour afficher le contenu le plus pertinent possible. Il vous faudra donc réussir à générer un bon taux de clic avec des annonces qui ne répondent pas à la recherche initiale de l'utilisateur ce qui est loin d'être systématique. Surveillez donc votre CTR (taux de clic, *Click through rate*) et votre part de clics lors de la mise en place de ces stratégies.

Lorsque que vous cherchez des mots-clés, il vous faut toujours garder en tête l'équilibre entre :

- **le volume de recherches** : s'il est trop faible, vos annonces apparaîtront peu et ne vous permettent pas d'atteindre vos objectifs. Favoriser les mots-clés ayant un volume de recherche minimum de 300-500 requêtes par mois ;
- **la concurrence** : si elle est trop importante, vos enchères vont devoir être élevées, et votre CPC sera important. Je vous déconseille par exemple de vouloir la première position lors de lancement de votre projet sur un mot-clé très concurrentiel comme « tee-shirt » ;
- **la précision du mot-clé :** les mots-clés spécifiques ont toujours les meilleures performances. Logique ! Ils déclenchent vos annonces lorsque les internautes formulent des requêtes précises qui correspondent à vos annonces.

Tableau 3.2 – Les différents principes de ciblage

Type de correspondance	Syntaxe	Exemple	Affichage sur	Requêtes affichées	Requêtes pas affichées
Large		Growth Hacking	Toutes les recherches avec Growth Hacking ou des synonymes	**Growth Hacking** Formation **Growth hacking** Définition **Growth hacking** **Growth Hacking** forum Pirater sa croissance	Marketing Générer des prospects Scraping
Modificateur de requête large	**+ motclé**	Growth + Hacking	Contient le terme et ses variantes et mots proches mais pas les synonymes	**Growth Hacking** **Growth Hacking** formation **Growth Hacker** **Growth** marketing **Growth Hacker** salaire	Marketing Générer des prospects Scraping
Expression exacte	**« mot-clé »**	« Growth Hacking »	Expression dans une phrase ou très proche de l'expression	**Growth Hacking** **Growth Hacking** exemple **Growth Hacking** forum **Growth Hacking** outils **Growth Hacking** Paris	Growth **stratégie** Growth **marketing** **Hacking** facebook

• • •

Type de correspondance	Syntaxe	Exemple	Affichage sur	Requêtes affichées	Requêtes pas affichées
Mot clé exact	**[mot-clé]**	[Growth Hacking]	Expression exacte de cette expression (et très légères variations)	**Growth Hacking** **Growth Hacking** PDF **Growth Hacking** livre **Growth Hacking** formation **Growth Hacking** formation gratuite	Growth **Hacker** **Hacking** facebook Outils de Growth **Hacker**
Exclusion de mot clé	**-[mot-clé]**	[Growth Hacking] – gratuit	Expression sélectionnée moins le mot clé sélectionné	**Growth Hacking** **Growth Hacking** PDF **Growth Hacking** livre **Growth Hacking** formation	Formation Growth Hacking **gratuite** Livre Growth Hacking **gratuit** Outil Growth Hacking **gratuit**

Source : ConseilsMarketing.com

Pour trouver des idées de mots-clés, il existe des outils payants (ex. : SEMRush) et d'autres gratuits. Le plus simple est d'utiliser l'outil Keyword Planner de Google accessible *via* « outils et paramètres » → « outil de planification des mots-clés ». Vous pourrez alors saisir des expressions qui contiennent tous vos mots-clés (ou des variantes de ces mots-clés) dans n'importe quel ordre. Des mots supplémentaires peuvent apparaître avant, après ou entre les termes. C'est le compromis le plus efficace pour commencer.

FICHE PRATIQUE

PRÉPARER SA CAMPAGNE GOOGLE

• **Définir son type de campagne** : pour cela, il vous faut répondre aux questions : où se trouve votre cible ? quels types de contenus consulte-t-elle sur Internet ? quel est le moment important pour entrer en contact avec elle ? quel est l'objectif de ma campagne ?

• **Choisir son objectif de conversion** : soyez clair sur ce que vous voulez pousser vos prospects à faire : remplir un formulaire sur votre site ? vous appeler directement pour résoudre leur problème ? acheter un de vos produits ? Mais prenez aussi le temps de jauger la donnée que vous avez déjà en stock. Comme sur Facebook, on ne donne pas à Google un objectif que personne n'a jamais réalisé sur son site (ex. : si personne n'a jamais cliqué sur votre bouton d'appel à l'action depuis la mise en place de votre *tracking*, ne donnez pas à votre campagne un objectif de clic sur votre bouton).

• **Réfléchir à ses mots-clés** : prenez le temps de creuser ce point. Il est important de comprendre les recherches que peuvent faire les internautes en lien avec votre business et jauger la pertinence d'un positionnement sur les mots-clés des concurrents. Regroupez ensuite les mots-clés qui partagent une logique commune dans les mêmes groupes d'annonce.

Conseil 4 : optimisez vos campagnes pour booster vos performances

Il est important de mettre toutes les chances de son côté lorsqu'on lance ses campagnes, mais ce n'est pas suffisant pour obtenir de bonnes performances. Lorsque vous aurez validé l'intérêt de la régie Google Ads pour votre projet, vous chercherez naturellement à optimiser vos performances avant d'augmenter vos budgets. Pour cela plusieurs méthodes doivent être mises en place :

- l'interprétation des mots-clés ;
- l'exclusion des mots-clés ;
- l'adéquation entre l'annonce et la *landing page ;*

■ Petit point métriques (les indicateurs clés)

Les métriques de base

- Impression (nombre de fois où vos annonces apparaissent sur un résultat de recherche), clic, coût et conversion (nombre de fois ou votre événement de conversion se produit) et coût/conversions.
- CPC (coût par clic moyen) : il traduit le coût que Google Ads vous facture pour chaque clic sur vos annonces.
- CTR (*Click through rate*) : il définit le nombre de clics que vos publicités ont obtenu par rapport au nombre d'impressions que Google leur a accordé (CTR = clic/impression).

Les métriques à suivre

- **Niveau de qualité** : le niveau de qualité est une estimation du niveau de pertinence de vos annonces, mots-clés et pages de destination pour un utilisateur visualisant votre annonce. De manière générale, plus le niveau de qualité est élevé, plus les coûts sont réduits et plus la position de l'annonce est bonne.
- **Part de clic** : La part de clics correspond au nombre de clics générés sur le réseau de recherche divisé par l'estimation du nombre de clics maximum que vous auriez pu enregistrer. Cette métrique

vous aide à comprendre si votre annonce sait tirer parti de ses impressions. Si cette métrique est faible, retravaillez vos annonces ou augmentez la valeur de vos enchères. Il se peut aussi que vous ayez mal défini votre cible.

- **Taux d'impression sur réseau de recherche** : cette statistique correspond au nombre d'impressions enregistrées par vos annonces sur le réseau de recherche, divisé par le nombre estimé d'impressions qu'elles étaient susceptibles d'enregistrer dans les mêmes conditions. Cette métrique est souvent liée au niveau de qualité. Il permet de savoir si Google considère vos annonces comme légitimes lorsqu'un résultat de recherche leur correspond. Si cette métrique est trop faible, c'est que vous avez mal choisi vos mots-clés ou que le contenu vers lequel votre annonce dirige n'est pas assez proche de la promesse faite dans votre annonce.

Ces différentes métriques sont à la base de vos prises de décisions. Elles vous permettent de déterminer la pertinence de votre stratégie. Lorsque vous tentez par exemple de vous positionner comme l'un de vos concurrents, vous pouvez avoir un niveau de qualité, et un taux d'impression très faible. Cela induira sans doute un CPC élevé et un CTR faible. Si tous ces signaux sont là, abandonnez cette stratégie.

Pensez à exclure les mots-clés qui ne vous intéressent pas ou qui ne sont pas rentables. Dans l'onglet « mots-clés » → « résultats de recherche » apparaissent toutes les recherches qui ont déclenché vos mots-clés. Il vous faut exclure celles qui ne correspondent pas à votre activité.

Exemple

Gaiago, une entreprise qui vend des produits agricoles innovants a créé une campagne Google dans le but de toucher les agriculteurs. Dans leurs mots-clés se trouvaient « agricoles » et « produit ». Leurs annonces sont apparues sur des requêtes concernant le Crédit agricole, banque française qui génère beaucoup de trafic. Il leur a fallu exclure ce type de requête pour éviter de dépenser leur budget sur des recherches qui ne leur correspondent pas.

• • •

• • •

Enfin, une fois que vous aurez identifié les mots-clés et groupes d'annonce qui fonctionnent, pensez à adapter vos *landing pages*. Cela améliorera votre taux de conversion et donc la qualité de vos annonces. Google aura tendance à automatiquement booster leurs performances.

Conseil 5 : reliez Google Ads à Google Analytics

Il est très important de relier votre compte Google Ads à Google Analytics. Cela permet d'obtenir plus de finesse et de précision dans l'analyse des données de vos campagnes, mais pas seulement.

La liaison avec Analytics va vous permettre d'importer des objectifs de conversion (c'est-à-dire de vérifier que les personnes qui ont cliqué sur votre annonce ont acheté après... ou pas !). Ce sont ces fameux objectifs qui vous permettront après avoir collecté un peu de données, d'optimiser vos campagnes sur les conversions.

Google Analytics vous permet aussi d'importer des listes de *remarketing* (fichier d'adresses e-mail par exemple). Cette pratique vous permet de cibler des personnes ayant déjà interagi avec votre entreprise et de leur proposer des annonces pour les pousser à passer à l'acte ou les réactiver s'ils ne lisent plus vos e-mails. C'est particulièrement intéressant si vous avez récolté une grosse liste d'e-mails, mais que vous avez un taux d'ouverture bas ou que votre newsletter n'est plus lue.

Pour cela, faites une extraction des non-ouvreurs de vos dernières newsletters, et importez-les dans Google Ads *via* le menu « Outils et paramètres », « Bibliothèque partagée », puis « Gestion des audiences ». Ensuite cliquez sur le « + » pour ajouter une liste et sélectionnez le type adéquat.

Exemple

Webdental vend des formations en ligne pour les dentistes. Leurs publicités redirigent vers leur site. Leur objectif à travers la régie Google est de vendre leurs formations directement *via* le formulaire de leur site. Ils veulent donc optimiser leur campagne

• • •

• • • sur cet objectif, non pas uniquement sur le nombre de personnes ayant cliqué sur leurs annonces ou visité leur site. Ayant déjà vendu plusieurs centaines de formation *via* leur site Internet, ils ont assez de données pour optimiser leur campagne sur un objectif de conversion correspondant à l'achat d'une de leurs formations. Cet objectif préalablement configuré sur leur compte Google Analytics leur permettra de grandement améliorer l'efficacité de leur campagne. En effet Google ne cherchera plus à afficher leur annonce aux personnes susceptibles de cliquer, mais à celles susceptibles d'acheter leur formation !

Conseil 6 : utilisez Google Ads Editor pour gagner du temps !

Ce logiciel gratuit est proposé par Google afin de simplifier des tâches longues comme l'ajout de mots-clés, la duplication des campagnes, etc. Vous gagnerez ainsi beaucoup de temps dans la gestion de vos campagnes en apprenant à maîtriser cet outil.

Il est disponible sur https://ads.Google.com/intl/fr_fr/home/tools/ads-editor/.

Conseil 7 : quelques trucs et astuces de Growth Hacker !

Faites attention aux heures d'affichage de vos publicités (dans Campagnes > Paramètres > Calendrier de diffusion des annonces). Par exemple en B2B haut de gamme, cela ne sert à rien d'afficher des publicités après 19 heures, ou le week-end, vous ne toucherez que des particuliers ou des freelances (ou des Canadiens), mais pas de PME françaises. Vous devez donc désactiver l'affichage le soir et le week-end (sauf si votre cible est étudiante, freelance, etc.).

Si vous êtes dans une grande entreprise, supprimez vos adresses IP pour la diffusion, cela évitera que vos salariés ne cliquent sur vos propres publicités comme on le voit trop souvent (et à 3 € le clic, le coût augmente vite…). Pour cela, rendez-vous dans Paramètres > Paramètres avancés > Exclusion d'adresse IP. Si vous avez également des concurrents très agressifs, vous pouvez indiquer leurs adresses IP afin d'éviter qu'ils ne cliquent sur vos publicités pour vous nuire.

Faites la chasse aux bons de réductions Google Ads pour les nouvelles campagnes. Facebook Ads est devenu un concurrent de taille à la régie Google Ads, par conséquent, Google est de plus en plus à la recherche de nouveaux clients et offre des bons de réduction à tous ceux qui ouvrent un nouveau compte Google Ads.

Entraînement 2 : Réaliser une étude de marché et générer des leads grâce à Facebook Ads

Facebook Ads est, avec Google Ads, la régie incontournable pour générer rapidement du trafic. Sur Facebook Ads, vous pourrez toucher à peu près n'importe quelle cible en fonction de son âge, de son sexe, de ses habitudes ou encore de ses centres d'intérêt grâce à un système de ciblage rendu unique par la quantité de données que Facebook possède. La différence entre Facebook et Google Ads, c'est que Facebook permet de cibler un « stock » de prospects selon un ciblage précis (100 000 fans de golf), alors que Google Ads affiche principalement vos annonces aux personnes qui effectuent des recherches (vous ciblez un flux continu de prospects qui rechercheront tous les jours dans Google « club de golf »).

C'est pourquoi, il ne faut pas conserver la même logique entre les deux régies. Sur Google Ads les internautes ont un problème et cherchent une solution *via* le moteur de recherche Google. Il y a donc un besoin. Alors que sur Facebook les internautes sont là pour se distraire. Votre publicité doit capter leur attention et les inciter à interagir avec votre contenu.

L'objectif de cet entraînement est de vous apprendre à lancer une campagne Facebook Ads vous permettant de tester votre marché et de générer vos premiers prospects (les leads). Une fois votre campagne Facebook Ads terminée, vous devez être capable de répondre aux questions suivantes :

- Le marché est-il réceptif à mon offre ?
- Si oui, quels segments d'audience sont les plus réceptifs à mon offre ?
- Au sein de ces segments, quelles publicités génèrent le plus d'intérêt autour de mon offre ?

Préparez le terrain pour votre campagne Facebook Ads

Ne vous lancez pas dans une campagne de publicité Facebook sans préparer votre tunnel de vente (funnel de conversion).

Votre campagne ne pourra être efficace que si vous avez défini un objectif clair et mis en place les différentes briques qui vous permettront de l'atteindre. Voici la séquence idéale pour optimiser vos conversions et avoir la possibilité d'adapter rapidement vos contenus :

Publicité Facebook → *landing page* → Conversion.

La publicité vous servira à capter l'attention des internautes. Il vous faut donc éveiller l'intérêt de l'internaute pour le pousser à interagir avec votre contenu. La *landing page*, elle, doit convaincre comme vous l'avez vu pendant la semaine 2. Après avoir cliqué sur un des CTA (bouton d'appel à l'action, *Call to action*), vos prospects entrent dans la phase de conversion. Il peut s'agir d'une phase de paiement, du remplissage d'un formulaire ou de l'appel d'un de vos commerciaux, peu importe ! L'ensemble de ces éléments forme votre funnel de conversion. Vous découvrirez à la fin de ce livre dans la partie AARRR comment optimiser ce funnel.

Quelle architecture pour votre compte publicitaire Facebook ?

Pour construire une campagne Facebook Ads efficace, il faut comprendre l'architecture d'un compte Facebook. Cette architecture est divisée en 3 niveaux :

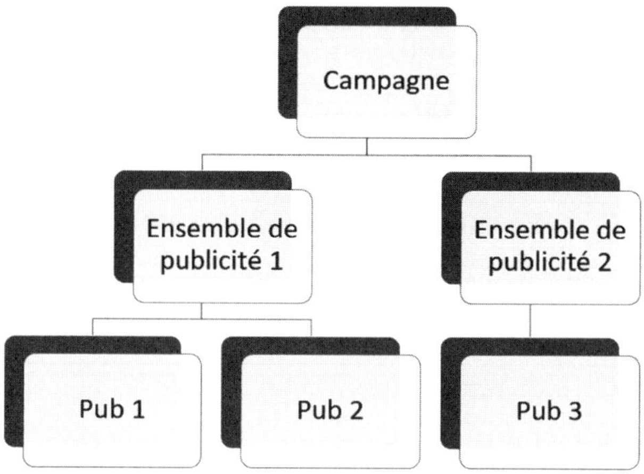

Figure 3.6 – Les niveaux de l'architecture de Facebook

À chaque niveau se définissent différents paramètres et éléments de vos publicités. Pour avoir les meilleures performances, il faut respecter au moins 2 règles :

- chaque campagne doit viser un seul objectif (vue de pages, achat, etc.) ;
- chaque ensemble de publicités regroupe les publicités ciblant une même audience.

Quel paramétrage pour votre compte Facebook ?

Facebook Ads ne pratique pas la magie. Étonnant hein ? La régie Facebook a besoin de son pixel pour :

- être capable de cibler avec précision vos audiences ;

- s'enrichir du trafic généré par vos publicités ;
- vous offrir toutes les fonctionnalités de ciblage qui font sa force.

Un pixel, quésaco ? C'est un morceau de code à installer sur votre site et qui permet à Facebook de suivre ce qui s'y passe une fois que vos prospects ont cliqué sur l'une de vos pubs. Pour faire simple, dès qu'une personne va sur un site où est installé le pixel Facebook, un traqueur l'identifie comme ayant visité votre site... Il est ainsi « identifié » sans le savoir comme ayant été intéressé par une offre... Vous pouvez ainsi installer un pixel Facebook sur tout votre site, ou mieux sur uniquement vos pages de vente afin de savoir exactement qui visite quoi... afin de vous rappeler à son bon souvenir s'il n'a pas commandé tout de suite (comme le rasoir Gillette à deux lames).

Il est capital de mettre en place ce pixel avant le lancement de vos publicités. Sans cela, vos performances seront fortement dégradées. Vous ne comprenez pas encore vraiment pourquoi ? Faites-moi confiance, vous serez convaincus dans quelques pages.

Figure 3.7 – Exemple de rapport pour un pixel Facebook

Vous trouverez une vidéo sur la mise en place de votre pixel sur Traficcommando.com (semaine 3).

Une fois ce pixel installé, il faut créer les conversions personnalisées qui correspondent à votre funnel. Prenons l'exemple d'un funnel de génération de prospect : Pub → *landing page* → Click sur un CTA → Ouverture d'un formulaire avec Typeform → Envoi des informations du formulaire dans votre CRM/solution de *marketing automation*.

Il vous faudra créer une conversion personnalisée qui vous permettra de mesurer chaque étape de votre funnel. Pour cela, les plus courageux apprendront à maîtriser Google Tag Manager. Pour les autres rendez-vous dans l'onglet conversion personnalisée de Facebook.

Vous pourrez créer 2 types de conversions dans Facebook : par URL (la page visitée) et sur votre principal bouton d'appel à l'action (main CTA). Cette technique pour débutants a ses limites car elle ne permet pas de suivre les événements autres que les clics sur votre main CTA qui ont lieu sur la même URL. Elle reste bien pratique car en étant un peu malin, elle vous permettra de mesurer presque tous vos événements.

Dans notre cas, créez une conversion personnalisée sur le bouton qui mène à votre formulaire puis une autre sur la page de remerciements affichée après le remplissage afin de pouvoir vérifier quels visiteurs ont effectivement rempli votre formulaire et envoyé leurs réponses (2 questions obligatoires pour accéder à votre page de remerciements).

Vous avez compris la logique ? On essaye de mesurer le passage de nos prospects dans les différentes étapes du funnel !

Configurez votre première campagne de publicité !

La première chose à faire est de bien choisir votre objectif de campagne. Ce dernier indiquera à Facebook vers quoi il doit optimiser les impressions de vos publicités. En effet, Facebook sait identifier quels sous-segments au sein des audiences sont les plus à même de répondre aux différents objectifs (conversion, trafic, interactions...).

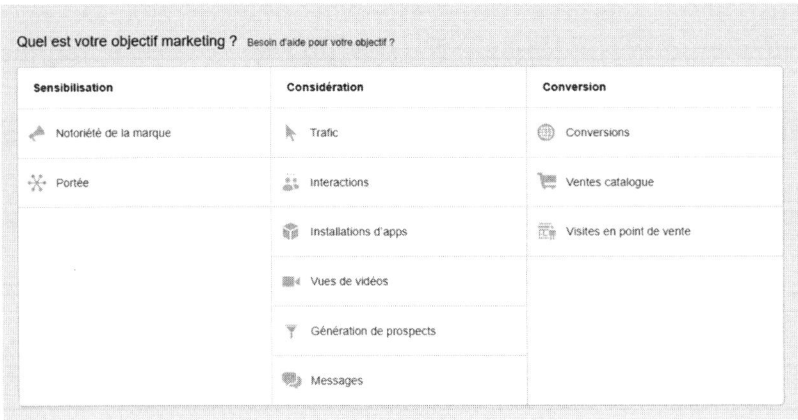

Figure 3.8 – Objectif marketing Facebook

Pour plus de détails sur les objectifs marketing, consultez la documentation de Facebook : https://bit.ly/guidedoj.

Il vous faudra aussi choisir la méthode de répartition de votre budget. Si vous souhaitez faire une étude de marché et avoir une répartition équitable du budget sur vos audiences, décochez l'optimisation au niveau de la campagne. Si vous voulez convertir un maximum de prospects, activez-la.

Création des ensembles de publicités : quelles audiences pour votre campagne ?

Une fois votre objectif déterminé et vos conversions configurées, vous allez pouvoir créer les audiences que vous souhaitez cibler.

Sachez qu'il existe trois types d'audiences :

- **Les audiences personnalisées** permettent de cibler des personnes à partir de bases de données vous appartenant comme le trafic de votre site web (*via* le fameux pixel Facebook qui permet le *retargeting*), votre base d'e-mail de prospects ou clients, les personnes ayant liké votre page Facebook ou vous suivant sur Instagram...

- **Les audiences similaires** permettent de cibler un pourcentage (1 à 10 %) de la population ressemblant aux personnes qui constituent vos audiences personnalisées ou qui ont réalisé des actions stockées dans votre pixel (visite de votre site, clic sur un bouton, etc.). Il vous faut au minimum 100 personnes dans votre base de données pour créer une audience similaire, pensez à exploiter ces audiences, et couplez-les aux audiences sauvegardées que nous allons découvrir maintenant.
- **Les audiences sauvegardées** exploitent les données que Facebook possède sur tous ses utilisateurs : âge, sexe, localisation, centres d'intérêt, statut relationnel, langue... Amusez-vous à jouer avec l'interface pour être au plus proche de votre cible.

■ Quels critères pour nos audiences sauvegardées ?

L'objectif d'une étude de marché est de créer un certain nombre d'audiences suffisamment larges pour être exploitables lorsque la conversion est bonne mais également suffisamment petites pour correspondre à un réel segment de la population. Nous recommandons de créer 3 à 6 audiences d'une taille allant de 50 000 à 500 000 personnes.

Il est important de vérifier que vos audiences ne se chevauchent pas (sinon vous allez enchérir contre vous-même et payer plus cher vos pubs). Rendez-vous dans « Audiences » dans la colonne « Ressources » que vous trouverez en cliquant sur le *burger menu* pour créer vos audiences. Découvrez ensuite le chevauchement entre elles en les sélectionnant puis en cliquant sur « Afficher le chevauchement d'audience » à droite de « Supprimer ». Tâchez d'obtenir des chevauchements inférieurs à 5 %.

Astuce : vous pouvez exclure des intérêts (c'est-à-dire des options de ciblage) dans une audience pour faire en sorte qu'elles soient toutes uniques. Vous pouvez également affiner vos audiences (intérêt 1 et *intérêt 2) pour les rendre plus précises. Car attention, lorsque vous sélectionnez deux intérêts à la suite, Facebook vous crée des audiences de personnes correspondant à l'intérêt 1* ou *l'intérêt 2.*

Gardez en tête au moment de la création de vos audiences que votre objectif est d'identifier quels segments sont les plus réceptifs à votre offre. Pour ce faire, il vous faudra comparer les différentes performances une fois votre campagne terminée. Veillez donc à n'inclure qu'une seule variable dans ce que vous souhaitez comparer : âge, pays/ville, intérêts...

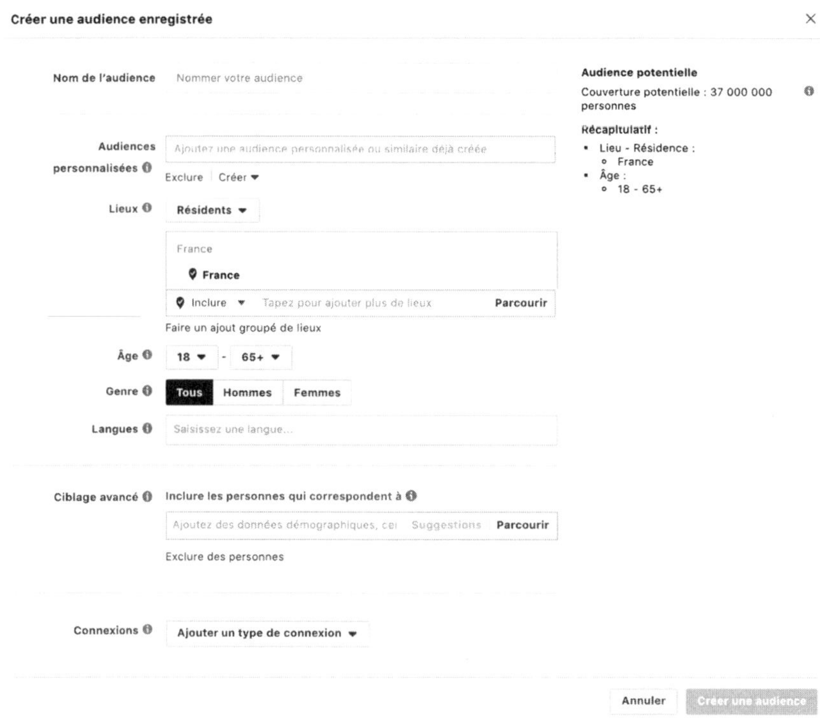

Figure 3.9 – Créer une audience enregistrée

Placements, budget et calendrier

Facebook vous permet de diffuser vos publicités sur un grand nombre d'emplacements différents : fil d'actualité Facebook et Instagram, Facebook Marketplace, Explorer d'Instagram, stories Facebook, Instagram et Messenger... Bien que tous ces emplacements puissent être pertinents en fonction de votre produit et format de pubs, nous recommandons de tester votre offre uniquement sur les fils d'actualités Facebook et Instagram. Dans 90 % des cas, ce sont les emplacements les plus performants.

Pour que vos tests soient efficaces, nous recommandons un budget moyen de 150 € par audience. Une impression coûtant en moyenne 1 à 2 centimes, cela permet de cibler plus ou moins 10 000 personnes et d'avoir suffisamment de données pour tirer des leçons de votre campagne. Vous pouvez ainsi tester un produit pour environ 600 €. Répartissez votre budget sur 7 jours pour laisser à Facebook le temps de bien faire tourner vos publicités.

Objectif et optimisation de la diffusion

Le choix de l'objectif et de l'optimisation de diffusion a un impact majeur sur les performances de vos publicités. Facebook optimise son ciblage en fonction de ces 2 paramètres. Si vous choisissez un objectif de vue de page et diffusion optimisées pour des clics sur les liens, Facebook orientera vos publicités vers une audience qui clique sur vos publicités plus que les autres et est dans les meilleures conditions pour que le clic aboutisse sur une vue de page (connexion, support, etc.). Intéressant au premier abord, cet objectif ne prend néanmoins pas en compte la qualité du trafic. *Quid* d'une audience qui génère beaucoup de clics mais peu de conversions. Cela peut être intéressant dans un premier temps, mais le vrai objectif, vendre, ne sera pas optimisé.

Vos objectifs doivent être construits en 2 temps :

1. **Générer du trafic pour alimenter votre pixel.** Si votre compte Facebook est récent et que vous n'avez pas beaucoup de données à disposition, commencez toujours avec l'objectif de conversion « Vues de page » et une optimisation de diffusion sur les clics pour générer un maximum de trafic sur votre page et enrichir votre pixel.
2. **Obtenir le plus de vente.** Une fois que vous aurez amassé un peu de données, définissez votre objectif sur la conversion personnalisée

la plus en amont du funnel et votre optimisation de diffusion sur « Conversion ». Déplacez ensuite pas à pas votre objectif vers la dernière étape de votre funnel. Pensez à conserver une cohérence entre votre objectif et l'optimisation de votre diffusion.

Le trafic sur la page de votre site entraînera forcément des remplissages de votre formulaire Typeform.com (le clic sur le bouton) qui seront enregistrés dans le pixel. Facebook enregistrera le profil des gens qui cliquent sur le formulaire et qui sont encore plus « chauds » que les visiteurs qui ont visité votre page en remplissant (ou pas) le formulaire. Après une cinquantaine de formulaires remplis, Facebook aura assez de données pour optimiser votre campagne sur ce nouvel objectif. Vous pourrez basculer votre objectif sur le clic sur le bouton du Typeform. Enfin, répétez ce principe sur la page de remerciement à la fin du remplissage du formulaire.

Il est temps de créer vos publicités : déterminez vos angles d'attaque

Vous savez maintenant comment créer des audiences pour tester quelle est votre cible. Il ne vous reste plus qu'à comprendre comment expérimenter votre message. Pour cela, il vous faut savoir quels angles sont les plus en mesure de générer de l'intérêt pour votre offre. Concrètement, qu'est-ce que votre produit va apporter à vos clients ? Et lequel de ces bénéfices faut-il mettre en avant pour vendre ?

Dans le cas de plats végétariens bios à réchauffer en 2 minutes au micro-ondes, faut-il mettre en avant le bio ? Le fait que l'on puisse se préparer à manger rapidement ? Le prix ? L'impact environnemental ? Les bienfaits des plats pour la santé ? Voilà déjà 5 angles à tester.

Déterminez 4 à 6 angles et écrivez vos publicités en suivant ces approches marketing de votre produit. Vous obtiendrez finalement une campagne avec 4 à 6 ensembles de publicités. Chacun de ces ensembles de publicité correspondra à une audience particulière ce qui vous permettra de distinguer les performances de chaque audience. Au sein de chacun de ses ensembles de publicité il y aura x pubs articulées suivant 4 à 6 angles, ce qui vous permettra de déterminer quel message parle le plus à chaque audience.

La structure est donc la suivante :

- Campagne marketing produit A
  - Ensemble de pub audience 1
    - Publicité angle 1
    - Publicité angle 2
    - …
  - Ensemble de pub audience 2
  - …

Si vous avez le temps de le faire, n'hésitez pas à dupliquer vos *landing page*s pour chaque angle que vous souhaitez tester en modifiant uniquement le contenu texte. Faites en sorte que le trafic généré par les publicités orientées vers l'angle « A » redirigent vers la variante qui correspond à ce même angle. Si vous testez un concept de produit ou de service qui n'existe pas encore, n'oubliez pas de créer le tunnel d'acquisition le plus proche de ce que serait réellement le parcours client. Si vous souhaitez vendre un produit en ligne, ne vous contentez pas de demander une adresse mail dans un formulaire. Vous devez au moins tester votre capacité à recueillir un paiement. Une fois que le taux de conversion sera bon, il n'y aura plus qu'à concevoir le produit tel qu'il a été décrit dans la *landing page*. Et que faire pour les clients qui achèteraient alors que vous n'avez pas (encore) le produit ? Il suffit d'annuler la commande (en prétextant que vous avez du retard dans la production, que la sortie du produit a été repoussée…) et de proposer soit :

- un remboursement intégral ;
- d'être averti de la date de sortie du produit ;
- d'appeler directement le client pour discuter avec lui et avoir des retours sur l'offre.

Exemple

La start-up Loha voulait faire de la mise en relation entre les artistes amateurs et les organisateurs d'événements. Elle a mis en place quatre *landing page*s différentes qui présentaient le service :

- une pour les danseurs de hip-hop ;
- une pour les photographes ;
- une pour les DJ ;
- une pour les musiciens.

Grâce à Facebook Ads, des publicités ont été envoyées à des danseurs sur la première *landing page,* des photographes sur la deuxième, etc., en adaptant le message et l'image à chaque fois. Bilan : toutes les pages ont converti à moins de 10 % sauf celle pour les danseurs de hip-hop qui a converti à 55 %. La start-up a su que cette population était très demandeuse de son service (qui n'était pas encore mis en place) et a construit son produit pour eux.

La structure d'une publicité

Une publicité possède un texte principal, un titre, un lien d'affichage, un appel à l'action (CTA), un visuel et une description.

Les titre, texte principal et visuel doivent être alignés sur un seul et même angle déterminé. L'objectif est de maintenir un alignement entre les différents éléments sur l'angle choisi pour pouvoir évaluer la performance des angles à travers celle des publicités. Nous ne nous attarderons pas sur l'art du *copywriting* des publicités, il existe de nombreux ouvrages sur le sujet.

Néanmoins voici quelques règles de base :

- Ne pas multiplier les promesses ou bénéfices dans un titre. Votre titre ne doit comprendre qu'un bénéfice (ex. : *8 semaines pour doubler le nombre de vos prospects* et pas *8 semaines pour doubler le nombre de vos prospects et augmenter vos ventes*).
- Penser à la raison majeure pour laquelle les prospects devraient agir (listez simplement les raisons d'acheter et la solution à mettre en place) et concentrez vos efforts pour la résumer en 1 phrase (ex. : Devenez un pro des médias sociaux), sans survendre ou utiliser des superlatifs.

- Adressez-vous à votre cible. Ex. : Vous êtes photographe ?...
- Utilisez des smileys.
- Cherchez toujours à en dire le plus possible en en écrivant le moins !

Le lien affiché dans la publicité n'est pas forcément celui vers lequel vous allez rediriger votre cible. Il doit être vu comme un élément de réassurance qui indique la destination d'un clic. Par exemple si votre pub redirige vers Nike.com/Baskets/Homme, vous pouvez simplement choisir d'afficher Nike.com.

Le CTA doit être en phase avec votre objectif. Facebook vous propose de choisir parmi 17 CTA. Par défaut, choisissez « En savoir plus », un CTA « fourre-tout » qui a fait ses preuves.

Attention à ce que vos titres ne dépassent pas une cinquantaine de caractères. Ils risquent d'être tronqués sur Facebook notamment sur les mobiles.

Astuce de Growth Hacker

Comment créer des visuels sans faire appel à un designer ?

Comme beaucoup d'apprentis marketers, vous manquez probablement de ressources et n'avez pas les moyens d'engager un designer pour réaliser les visuels de vos rêves.

Sachez que sans notions particulières de design, il est possible de bien s'en sortir. Canva.com vous permet de choisir des *templates* pour créer des visuels plus que corrects. Cet outil est très simple d'utilisation avec un éditeur visuel qui donne la possibilité de glisser-déposer des photos et éléments dans votre page, des filtres et textes... N'hésitez pas à vous balader sur Pinterest pour trouver l'inspiration et à exploiter des sites comme Flaticon.com pour récupérer des pictogrammes. Le format des publicités de fil d'actualité de Facebook et Instagram est carré. Je vous conseille de les créer au format 1080 x 1080 pixels pour une qualité optimale.

En ce qui concerne les photos, piochez dans une bibliothèque de photos libres de droits commerciaux en ligne dans laquelle vous trouverez forcément votre bonheur.

Faire des campagnes c'est bien, savoir en analyser les résultats, c'est mieux

■ Analyser la performance publicitaire

Une fois votre campagne terminée, il est temps de la faire parler.

Petit point lexique

Avant de commencer, il est très important de maîtriser le lexique des indicateurs de performance d'une campagne pour bien lire nos fameux KPIs (*Key performance indicators*, les indicateurs clés de performance).

Les métriques de base

- **Couverture** : le nombre de personnes touchées par nos publicités.
- **Impressions** : le nombre de fois que nos publicités ont été affichées par Facebook (une personne peut en effet être touchée plusieurs fois par la même publicité. Le nombre moyen de diffusion d'une publicité par personne peut être connu grâce au taux de répétition : impression/couverture).
- **CTR** : Le pourcentage de personnes qui ont cliqué sur nos publicités après les avoir vues.
- **CPC** : Le prix par clic sur nos publicités. Le CPC prend également en compte les autres annonceurs dans son équation. En effet, si beaucoup d'annonceurs en même temps ciblent les mêmes audiences, Facebook facture logiquement plus cher l'affichage d'une annonce.

Les métriques à suivre

- **Résultats** : cette colonne comptabilise le nombre de fois où l'objectif de votre campagne a été atteint. Il peut s'agir d'achats sur le site web, de vues de page ou autre. Tout dépend de l'objectif de conversion que vous avez fixé dans vos ensembles de publicités.
- **Qualité** : un classement de la qualité perçue de votre pub. La qualité est mesurée par les avis partagés sur vos publicités et l'expérience post-clic. Votre pub est classée par rapport aux pubs en concurrence pour la même audience.
- **Coûts par résultats** : cette colonne permet d'avoir rapidement accès aux dépenses effectuées pour l'obtention d'un résultat.

Globalement, un CTR inférieur à 0,5 % indique que l'audience n'est pas réceptive à la proposition de valeur de la publicité.

Soit l'audience n'est pas adaptée, soit c'est l'angle qu'il faut retravailler.

Un CTR entre 0,5 et 1 % est un CTR dans la norme.

Un CTR entre 1 et 2 % est un bon CTR.

Un CTR > 2 % indique un fort intérêt de l'audience pour ce message.

Analyser la performance de votre *landing page*

Maintenant que vous connaissez votre performance publicitaire et que vous savez quels angles et quelles audiences fonctionnent le mieux pour votre offre, il s'agit d'aller plus loin et de calculer le taux de conversion des visiteurs de vos *landing pages*.

Dans le cas d'un objectif de clic sur votre CTA (appel à l'action/ offre), il est intéressant de connaître le pourcentage de visiteurs de votre site qui cliquent sur votre CTA ou ceux qui effectuent un ajout au panier ? Vous pouvez également calculer le prix moyen d'une telle action et déterminer si vous êtes en phase avec vos objectifs.

Une fois ces résultats calculés, déterminez ce sur quoi vous devez travailler pour aller plus loin.

Par exemple vous avez :

- Une bonne performance publicitaire mais un mauvais taux de conversion sur votre site, travaillez votre *landing page*.
- Un CTR bas mais des taux élevés de conversion sur votre *landing page*, voyez si vous ne pouvez pas clarifier votre offre au niveau de vos publicités pour attirer une cible un peu plus large !

Astuces et points de vigilance

- **Rappelez-vous que c'est l'émotion** qui incite à l'action, et que les informations factuelles servent à justifier l'achat.
- **Pour vos publicités, testez toujours des visuels très différents**. Souvent il s'avère qu'un certain type de visuel se montre bien plus performant pour vendre un type de produit (illustration, photo de personne, photo du produit, mise en situation du produit, etc.) Pensez à intégrer plusieurs types de visuels dans vos campagnes et testez un maximum de variantes de visuels.

- **Pour valider qu'une publicité fonctionne ou pas, vous devez toujours surveiller que le nombre d'impressions obtenues est suffisant pour se faire une idée des performances.** Une publicité qui n'a pas généré de résultat car le budget qui lui a été alloué était trop faible ne peut pas être définitivement écartée.
- **Si vous testez des audiences similaires à votre site, utilisez toujours des filtres pour réduire la population ciblée.** Par exemple si vous ciblez une audience similaire à votre site web, filtrez pour n'avoir que les gens entre 30 et 45 ans et ainsi toucher une audience plus précise, que ceux qui sont allés sur la page de commande (voire uniquement la page de confirmation de commande...).
- **Les internautes sur Facebook ne sont pas là pour acheter, donc vous devez les convaincre que vous avez quelque chose pour eux.** Ce quelque chose doit être utile tout de suite et apporter immédiatement de la valeur (ex. : un modèle de document, une checklist, un guide d'achat, un audit). Ou alors, à l'inverse, cela peut être distrayant (ex. : un quiz, une vidéo). N'oubliez pas de jouer sur les émotions, en particulier la peur (ex. : fini le stress de...) qui offre souvent plus de résultats qu'une émotion positive (en n'allant pas trop loin non plus, car Facebook n'aime pas les publicités qui utilisent trop la peur).
- **Attention aux règles de Facebook qui sont assez contraignantes** (pas d'image de personnes dénudées, pas de publicités sur les sites de rencontres, 20 % de texte sur les images, etc.). Si votre pub est refusée, soumettez-la à nouveau après 20 heures le soir car c'est souvent une équipe différente de validateurs qui la regardera.
- **Au départ ne cherchez pas à faire des choses compliquées** (ex. : des vidéos, des carrousels). Commencez par faire simple avec des publicités dans le flux d'actualités.
- **Concernant le ciblage, n'oubliez pas les ciblages indirects** (ex. : les passions, les artistes, les villes, les produits utilisés, les marques). Un autre ciblage B2B intéressant est celui des professions (ex. : directeur marketing). Les ciblages par centres d'intérêts

trop simples sont souvent surexploités, vous devrez apprendre à être créatifs pour ne pas taper sur les mêmes cibles que vos concurrents ou d'autres acteurs. Ainsi, dans le marketing, cibler les Fans pages de ses concurrents, le centre d'intérêt « marketing »... donne souvent des résultats moyens car ces cibles subissent une forte pression publicitaire.

- **Si vous êtes en B2C**, vous pouvez utiliser l'option « formulaire » afin de générer des prospects ciblés. En effet, cela évite à la personne de remplir un formulaire, Facebook l'auto-remplit.
- **Il est possible de faire un ciblage publicitaire à partir de votre liste d'e-mails** voire directement à partir de votre solution d'e-mailing. Par exemple Mailchimp vous permet de recibler sur Facebook les ouvreurs, non-ouvreurs... d'une newsletter.

Entraînement 3 : LinkedIn, Twitter, Snapchat... des challengers à tester !

Soyons clairs, ces challengers sont à tester uniquement si vous maîtrisez déjà la conversion de vos annonces Facebook et Google Ads, et que vous recherchez à augmenter votre visibilité car vous avez épuisé vos cibles sur Google et Facebook Ads.

LinkedIn Ads

Très proche de la régie Facebook dans son fonctionnement, la régie publicitaire de LinkedIn permet à quelques exceptions/variantes près de mettre en place le même type de campagne que la régie Facebook Ads.

La grosse différence entre les deux régies est le coût. LinkedIn Advertiser est bien plus cher et plus difficile à rentabiliser. C'est une régie très intéressante mais qui doit être utilisée pour vendre des produits ou offres qui valent cher (ayant une marge d'au moins 50 à 100 €). Dans le cas contraire vous risquez d'avoir des coûts de conversions plus élevés que votre marge.

Il vous faudra aussi prendre en compte que même si LinkedIn se démocratise, ce réseau social est majoritairement utilisé par des professionnels (consultants, commerciaux, des recruteurs, marketeurs, dirigeants, cadres, etc.).

LinkedIn Ads n'est donc une priorité que si vous avez une marge importante, que vous ciblez des profils B2B ou que vous vendez à des CSP +.

Microsoft Advertising

Microsoft Advertising vous permet d'être présent sur le moteur de Microsoft (Bing), ainsi que sur tout son réseau de sites (Outlook.com, MSN, Yahoo...) et ses partenaires (Ecosia.org, Qwant...). La part de marché de Microsoft Ads est de 5 à 10 %, il ne faut donc pas vous attendre à des performances exceptionnelles.

L'intérêt de Microsoft Advertising est d'importer en quelques clics l'intégralité (ou une partie) de vos campagnes Adwords. Ainsi, avec un petit effort et avec un petit budget, vous pourrez générer jusqu'à 5 % de prospects en plus.

Pour exporter des campagnes Google Ads, utilisez simplement Google Ads Editor, et dans le menu « Compte » sélectionnez « Exporter », puis tout votre compte ou uniquement une campagne.

Ensuite, ouvrez un compte Microsoft Ads et importez votre campagne Google Ads.

Twitter Ads

Twitter s'est imposé comme un des réseaux sociaux « influenceurs » et « geeks » (technophiles, activistes...) les plus utilisés.

La régie Twitter possède ses propres spécificités mais les grands principes présentés pour Google et Facebook restent valables sur cette plateforme.

Vous pourrez sur Twitter cibler vos audiences par :

- Critères démographiques : âge, sexe, localisation, langue, technologie utilisée.
- Intérêts (comme dans Facebook) : événements, comportement, intérêts, sujets de discussion.
- Mots-clés : cibler les utilisateurs en fonction du contenu de leurs tweets et de leurs recherches, ou les exclure.
- Abonnés similaires : cibler les abonnés de comptes précis (ex. : @Urssaff pour les freelances, langages de programmation pour les développeurs, etc.

Ce dernier critère de ciblage (par abonnés similaires) est une des spécificités très intéressantes de Twitter Ads. Lorsque vous lancez un business sans base de données client, il vous permet de reconstituer des audiences pertinentes à partir de centres d'intérêt précis. Grâce à la fonctionnalité de recommandation de compte similaire, vous pourrez facilement partir d'un compte niche centré sur votre cible pour identifier des comptes suivis par le même type de profil et ainsi vous construire un bassin d'audience sur mesure.

Contrairement à LinkedIn, les coûts des campagnes Twitter Ads ne sont pas très élevés. Si vos compagnes sont bien configurées et que votre cible est sensible à votre offre/produit, vous pourrez aisément atteindre de bons CTR (> 1 %) et des CPC assez faibles (< 1 €).

Tester Twitter Ads n'est donc pas une priorité, mais la régie ne doit pas être écartée et peut se révéler être une belle surprise.

Snapchat Ads

Vous utilisez Snapchat ? Alors vous avez sûrement constaté quelques changements majeurs d'UI/UX (interface utilisateur) ces dernières années. Snapchat s'est clairement donné les moyens de développer sa régie publicitaire en adaptant l'architecture de l'application et la visibilité des contenus sponsorisés.

Snapchat Ads n'est pas encore aussi abouti que Facebook Ads, LinkedIn Ads ou Google Ads, mais la régie offre déjà de nombreuses fonctionnalités qui en font un canal à tester notamment sur les cibles assez jeunes (18-25 ans).

Autre aspect intéressant de la régie, son positionnement mobile-first. Snapchat n'est disponible que sur les stores. Vos contenus connaîtront donc un trafic 100 % mobile. Cela pouvait être vu comme un défaut il y a quelques années mais avec l'évolution des smartphones, c'est aujourd'hui une spécificité très intéressante pour des business comme les applications mobiles.

Certes la plupart des régies permettent de choisir les périphériques concernés par vos publicités mais le positionnement de Snapchat vous permet d'être sûr de toucher une cible adepte de son smartphone.

Tout comme Twitter Ads, les coûts d'acquisition des campagnes Snapchat sont raisonnables et le ROAS (rentabilité de l'investissement publicitaire) peut être intéressant même pour des produits à marge « réduite »…

Taboola & Outbrain

Ces 2 réseaux offrent des solutions de *native advertising*, c'est-à-dire d'affichage de contenus publicitaires sous la forme d'articles, d'actualités… similaires au design du site qui les héberge.

Ces « publicités » sont généralement affichées sur des sites de contenus (des sites d'actualités comme Lemonde.fr, LeFigaro.com…) avec des articles aux titres accrocheurs. Ils ressemblent à des suggestions d'articles à lire, alors que ce sont des publicités.

Tout comme la publicité Facebook ou sur le réseau de contenu de Google (Adsense), vous ne vous adressez pas à des personnes qui recherchent une solution à un problème. La publicité doit donc être spécialement conçue pour attirer l'œil.

L'IP tracking en B2B

Un des avantages de vendre à des professionnels (le B2B) est qu'il est légal d'identifier l'adresse IP des visiteurs de son site web, pour ensuite retrouver l'entreprise à l'origine de la visite, et donc de la contacter pour valider un besoin même si personne n'a rempli de formulaire.

Pour retrouver l'adresse IP des visiteurs de votre site Internet, plusieurs outils existent.

- Il suffit d'indiquer les pages « chaudes » de votre site.
- Installer le script du logiciel de *tracking* d'IP dans le *footer* de votre site ou uniquement sur les pages clés.
- Vous obtenez une liste des entreprises ayant visité votre site avec une suggestion des contacts à appeler *via* une recherche LinkedIn.

Voici une liste des outils les plus connus sur le marché :

- http://www.leadforensics.com/ (mini 100 €/mois)
- https://salespanel.io/ (99 $/mois)
- https://www.whoisvisiting.com (50 $/mois)
- http://www.getquanty.com/ (250 €/mois pour 200 prospects – outil français)
- visitorqueue.com (23 $ pour 100 prospects/mois)
- https://www.visiblee.io/ (199 €/mois)

Important : si sur le papier, cette option peut être intéressante, dans la vraie vie, c'est plus complexe...

En effet, identifier des entreprises *via* l'adresse IP c'est bien, mais vous n'avez pas l'identité de la personne qui a visité votre site. C'est uniquement une « supposition » proposée par le logiciel... Cela peut être aussi bien un stagiaire qui fait une recherche, qu'un véritable acheteur potentiel... Il y a donc, d'une part un taux d'incertitude fort sur le besoin et la personne, et d'autre part un énorme travail pour contacter la bonne personne dans l'entreprise. Il faut donc un commercial « chasseur » dans votre équipe pour faire ce travail, et surtout qu'il soit pugnace...

De même, ce système ne fonctionne qu'avec les grandes entreprises ayant un serveur dédié (avec une IP spécifique), cela ne fonctionne pas avec les PME.

L'achat de leads, ces prospects qui n'attendent que vous !

Lorsque vous lancez des actions marketing, la plupart ne vont pas vous apporter immédiatement des prospects chauds et prêts à acheter directement (ils seront pour la plupart dans une démarche d'information).

Il va falloir être patient pour obtenir les premiers formulaires de prospects, et faire encore des efforts pour distinguer les prospects froids des prospects chauds. D'où l'intérêt de faire appel à des *leads brokers*, c'est-à-dire des vendeurs de prospects qualifiés.

Ces vendeurs de prospects sont particulièrement utiles en B2B, ou lorsque vous souhaitez vous implanter dans un autre pays, car ils font tout le travail pour générer du trafic (Google Ads, Facebook, SEO, etc.), et qualifier les prospects ainsi générés.

En revanche, comme ils font tout le travail de génération de trafic et de qualification, le prix des *leads* est cher (entre 20 € et 600 € selon le marché et le type de produits), et ils sont le plus souvent mutualisés entre plusieurs fournisseurs.

Voici quelques vendeurs de *leads* français en B2B :

- Companeo (tous secteurs PME & TPE) ;
- Effiliation (B2B) ;
- Leadeo (IT).

À NOTER
Nous verrons durant la semaine 5 comment mettre en place votre propre programme d'affiliation et trouver vos distributeurs.

Vous avez le même type d'acteurs en B2C : Awin.com, Cj.com...

L'avantage est de gagner du temps au lancement de l'entreprise *via* l'accès à un réseau de « distribution » clés en main, et d'obtenir rapidement des prospects ciblés (et pouvoir dans la plupart des cas refuser les prospects sans projet).

Cependant, faites très attention à la qualité des prospects générés et à la conversion.

Entraînement 4 : Le SEO hyperciblé

Comme indiqué en introduction, le SEO prend du temps (vous allez d'ailleurs le voir en semaine 4). Cependant, il est possible de mettre en place des actions simples et rapides qui donneront des résultats concrets.

L'objectif est de construire du contenu spécialement pour les acheteurs « chauds » en plein dans l'acte d'achat (guide d'achat, comparatif produits, sélection d'offres...), afin de les attirer vers un contenu qui va les décider à passer à l'action.

L'astuce est de se baser sur les profils psychologiques des prospects, et chercher à séduire uniquement les 10 % de prospects chauds pour lesquels la vente est à finaliser, et non les 90 % qui sont encore dans une démarche de réflexion.

Voici dans l'ordre, les quatre principaux profils psychologiques à séduire, avec les différents arguments et contenus qu'il faut produire :

- **Les personnes qui recherchent la meilleure affaire**. Ces personnes cherchent sur Google des informations sur un produit en particulier. Ce sont des acheteurs qui attendent un « bon coup », avec une promotion et une méthode simple. Il faut donc leur dire que vous avez le bon produit, et qu'ils vont avoir la meilleure promotion du web sur ce produit (*via* un bonus en plus, des services, etc.). Il s'agit de créer des pages avec des tests en détail sur une solution – et non plusieurs, sinon cet acheteur repartira dans sa quête du meilleur produit (ex. : la meilleure solution pour XXX, le meilleur XXX pour

XXX...), des avis sur un produit (cela peut être des avis négatifs si vous voulez capter un trafic, par exemple 10 raisons de ne pas acheter XXX, mon avis sur XXX, pourquoi choisir XYZ et pas ABC), une notion d'urgence (XXX disponible, XXX moins cher, XXX en stock, acheter XXX à Paris, bon de réduction XXX...). Comme il s'agit d'inciter à commander, n'oubliez pas d'ajouter une notion de réassurance (satisfait ou remboursé, support technique, avis clients).

- **Les personnes qui ont un problème et qui savent comment le résoudre, mais qui hésitent sur le choix du produit à acheter.** Elles attendent la personne qui va leur dire « c'est celui-là qu'il te faut », avec des justifications rationnelles et irrationnelles (ex. : elles ont du surpoids, mais toutes les méthodes sont soit trop complexes, soit trop contraignantes, soit elles n'apportent pas des résultats concrets, soit elles sont trop chères). Ces personnes recherchent des guides d'achat, des aides au choix, des comparatifs de produits. Elles attendent le « coup de pouce » avec par exemple un comparatif entre deux solutions et les raisons de choisir l'une. Elles attendent un test personnalisé en ligne, une explication sur les raisons qui font que toutes les autres solutions ne sont pas bonnes et qu'il faut n'en choisir qu'une seule, elles attendent une promotion spéciale à durée limitée. La motivation de ces acheteurs passe aussi par la mise en lumière des motivations sous-jacentes (ex. : pour le surpoids, parler de trouver la fille de ses rêves, de ne plus être dévisagé dans la rue...). Si vous n'arrivez pas à les convaincre qu'ils ont fait le bon choix, alors ils partiront se remettre à la recherche du produit idéal (et cela peut durer !). Il faut donc créer des pages d'aide à la décision : « la meilleure solution pour XXX », « guide d'achat »... Attention cependant à ne pas faire un comparatif entre 20 solutions, avec des cases à cocher partout... Cela fera fuir cet acheteur qui au contraire recherche des certitudes. Si vous faites un comparatif, expliquez pourquoi la solution que vous proposez est la bonne. Pour cela, vous pouvez par exemple poser 4 à 10 questions filtre, et proposer ensuite la solution. Pour éviter de semer le doute, ne nommez pas les concurrents, contentez-vous de dire en quoi votre solution est meilleure que toutes les autres du marché.

- **Les personnes qui recherchent le meilleur produit, mais qui hésitent entre plusieurs produits à acheter** car elles veulent être sûres et certaines de faire le bon investissement (ex. : elles ont du surpoids et ont vu les régimes Paléo, Dukan, sans sucre, mais elles hésitent). Ces personnes savent déjà quel est le produit qu'il leur faut, mais elles ont un encore un petit doute. À force, elles deviennent des spécialistes du produit (en lisant des articles, en passant des soirées sur les forums). Ces acheteurs attendent un « coup de main » pour légitimer leur décision sur un produit. Ils doivent être rassurés par le fait qu'ils vont faire le bon choix *via* un argumentaire précis et concret sur un produit, par des témoignages, par des démonstrations. Le contenu à créer doit aller dans les détails sur un produit, montrer les fonctions inédites, les petits plus… Il ne faut surtout pas leur parler des concurrents, sinon dans le doute ils partiront.
- **Les personnes qui savent qu'elles ont un problème, mais qui ne savent pas comment le résoudre** (ex. : elles ont du surpoids mais ne savent pas si elles doivent faire du sport, manger mieux, etc.). Elles cherchent des solutions à leur problème en faisant des recherches dans Google. Elles sont prêtes à croire celui qui propose une solution crédible et abordable. Il faut appuyer et exagérer leur problème actuel. Ces acheteurs attendent un « coup de pouce » pour enfin agir en leur montrant que vous avez bien compris leur problème et que vous avez la solution. Il faut écrire un contenu sur une question qu'ils se posent afin qu'ils se reconnaissent, puis expliquer quelle est la solution qu'ils doivent mettre en œuvre. Le contenu à créer parle avant tout du problème jusqu'à le rendre totalement intolérable (*via* du storytelling, des images chocs), et proposer ensuite une solution concrète pour y arriver, avec les bénéfices sous-jacents. Cela peut être aussi des tests, des quiz, etc.

Il existe d'autres profils de prospects (ex. : le prospect qui a un problème mais pour qui ce n'est pas urgent de le résoudre, le prospect qui n'a pas les moyens), mais dans un premier temps il n'est pas intéressant de créer du contenu pour eux (nous le verrons lors de l'entraînement sur le *content hacking*).

Votre objectif est simple : créer des pages sur votre site ou sur votre blog afin de les attirer.

De nombreuses entreprises américaines utilisent ce système avec des contenus spécialement conçus pour aller capter ces acheteurs en phase de décision *via* de la publicité comparative (alternatives à XXX, XYZ ou ABC...).

Exemple **par Frédéric**

Lorsque j'ai travaillé chez un éditeur de solution de CRM, mon premier réflexe a été de créer des pages spécifiques pour attirer les personnes qui ont un ERP (logiciel de gestion et de comptabilité pour les PME) et qui voulaient un CRM. En effet, un des critères de sélection d'un CRM est la compatibilité avec l'ERP. J'ai donc créé une dizaine de pages « CRM pour marque ERP1 »/« CRM pour marque ERP2 », etc. Comme ce sont des requêtes peu concurrentielles, ces pages ont été rapidement sources de trafic.
Ensuite, j'ai créé des pages spécifiques par métier « CRM pour PME »/« CRM assurances »/« CRM industrie ».
Puis des pages « meilleur CRM »/« comparatif des solutions de CRM »/« liste des CRM les plus vendus ».
Ce travail, qui m'a pris moins de deux journées, m'a permis d'avoir dans le mois des résultats concrets *via* des personnes recherchant un CRM compatible avec les ERP les plus vendus du marché.

Entraînement 5 : Basez votre succès sur vos collaborateurs et leurs contacts

Avec le pouvoir viral des médias sociaux, un petit groupe de personnes peut créer un effet levier important. Le principe est double : d'une part augmenter votre visibilité grâce au réseau de vos contacts proches, et d'autre part jouer sur les algorithmes qui mettent en avant les contenus les plus partagés sur les médias sociaux. Cet amorçage se fait en demandant au départ un partage de vos contenus à votre cercle proche (famille, amis, premiers salariés), puis élargi (anciens collègues, camarades d'école...), puis lointain (les contacts de vos contacts).

Le but n'est pas simplement de demander à trois ou quatre personnes de partager, mais bien à tout le monde de faire un effort et d'envoyer un e-mail ou un message Facebook à l'ensemble de ses contacts, et demander à ces contacts de le partager eux aussi.

Pour que cela fonctionne, n'hésitez pas à mettre en place un concours, et si vous n'avez pas de gros moyens, vous pouvez offrir des cadeaux symboliques (ex. : des chocolats, un dîner, une box cadeau, un restaurant). L'autre point important est de systématiser cette pratique, afin de ne pas avoir à toujours relancer vos collaborateurs. Dlvr.it et Zapier sont de bons outils pour automatiser la publication de contenus sur vos réseaux sociaux à chaque parution d'articles de blog. Cela permet de diffuser automatiquement les articles de votre blog (*via* les flux RSS qui reprennent tous les nouveaux articles) et votre compte Twitter.

Vous pouvez aussi utiliser LinkedIn afin de voir quels sont les contacts directs ou indirects que vous pouvez exploiter pour avoir une introduction auprès de décideurs d'une entreprise.

Exemple **par Frédéric**

J'ai travaillé dans une start-up qui comptait déjà de nombreux salariés, mais j'ai remarqué que le taux de partage des contenus du blog était très faible, car même le fondateur « n'avait pas le temps pour ça ».
J'ai donc mis en place une formation groupée au *social selling* (1 heure), en expliquant en quoi le partage sur les médias sociaux était important (avec des cas pratiques).
À la suite de cela, j'ai fait une session photo avec l'ensemble des salariés, afin de leur donner une photo professionnelle pour leur compte LinkedIn, accompagnée de quelques conseils d'optimisation (bannière de profil aux couleurs de l'entreprise, mise en avant des contenus de l'entreprise).
Ensuite, j'ai mis en place un e-mailing hebdomadaire où je listais les meilleurs contenus à partager. J'ai constaté que le taux de partage était en très nette augmentation.

• • •

• • •

Mais je suis allé plus loin : j'ai automatisé le relais des contenus du blog sur les comptes des managers et des commerciaux. Grâce à Dlvrit.com et Zapier, tous les nouveaux articles de blog étaient relayés sur leurs comptes Twitter et LinkedIn. Immédiatement, le trafic venant de LinkedIn a décollé, avec des prospects à la clé. Attention à ne pas faire que du partage automatique de contenus. Demandez aussi à vos contacts de partager du contenu d'autres blogs, sinon leurs comptes passeront pour des comptes de robots… Il est indispensable de publier des informations « non automatiques », et surtout de limiter la publication automatique : par exemple, 1 contenu/jour sur LinkedIn, 4 tweets, 1 partage Facebook par semaine sur un compte personnel.

PLAN D'ACTION

Votre mission pour la semaine 3

Cette semaine doit être consacrée à attirer les premiers visiteurs afin de tester en grandeur nature votre concept et votre offre (*landing page*), et voir ce qui fonctionne (ou pas) afin de passer ensuite à la vitesse supérieure avec une offre optimisée.

Voici vos actions de la semaine :

- [ ] **Créez vos 10 pages de contenus SEO** spécialement conçues pour attirer les prospects chauds. (1 jour complet, comptez 45 minutes par article)
- [ ] **Optimisez votre campagne Google Ads.** (0,5 jour)
- [ ] **Rencontrez votre marché** grâce à votre première campagne Facebook Ads ciblée. (1 jour)
- [ ] **Demandez à vos collaborateurs et associés** d'utiliser leur réseau pour relayer vos contenus. (0,5 jour)

Semaine 4

Faites de la Blitzkrieg grâce au *content hacking*

LA GUERRE ÉCLAIR *VIA* LE CONTENT HACKING

Le briefing

Google est l'outil numéro 1 lorsqu'une personne recherche une solution à un problème ou une information… Il est donc essentiel d'être visible sur le moteur de recherche pour construire sa croissance dans la durée.

Cependant, n'écoutez pas ceux qui disent « faites du contenu intéressant et vous allez attirer vos lecteurs » ou « publiez des articles tous les jours et Google vous mettra dans les premières positions… » Tout cela est faux !

En effet, produire du contenu (le content marketing) c'est bien, mais devant la masse de contenus actuels, il faut revoir sa manière de produire du contenu à la fois sur le fond et la forme pour sortir du lot et émerger de la masse. En somme, il faut faire une blitzkrieg : aller vite, déborder ses ennemis, les prendre par surprise et combiner les actions sur différents canaux pour maximiser son impact !

Cette bataille ne se déroulera pas sur quelques jours, plutôt sur quelques semaines (voir quelques mois), mais cela permettra de construire les bases solides de votre futur empire sur le web.

Cette semaine, vous apprendrez à prendre vos concurrents de vitesse avec des articles de blog, des podcasts, des vidéos et comment en faire la promotion. C'est ce que l'on appelle le content hacking.

Ce chapitre vous intéressera particulièrement si :

- vous avez un blog, mais que vous n'avez pas eu les résultats escomptés ;
- vous souhaitez améliorer votre référencement naturel.

Entraînement 1 : Produire du contenu pour plaire à Google et à vos prospects

La principale raison de l'echec d'une stratégie de content marketing est que le contenu est produit sans savoir pourquoi ni pour qui, mais surtout artisanalement (sans scalabilité) et sans optimisation pour une visibilité optimale sur Google.

En effet, produire du contenu, ce n'est pas écrire pour se faire plaisir, il faut écrire pour plaire à Google et à ses prospects, soit en vous positionnant sur des mots-clés tapés dans Google (voir semaine 3), soit en produisant du contenu qui va les attirer ou les intriguer, les amuser, les étonner ou les énerver.

La production de contenu, c'est donc deux aspects très distincts :

- écrire des pages sur ce qui est exactement recherché par les internautes pour toucher les bonnes personnes ;
- produire du contenu qui va générer de l'émotion chez vos prospects et les influenceurs pour avoir de la viralité.

Analyser les mots-clés les plus recherchés

Le but est d'être présent dans les premières positions de Google lorsqu'un internaute tape un mot-clé lié à votre problématique dans le moteur de recherches.

Heureusement, il existe des outils pour savoir quels sont les mots-clés les plus recherchés par les internautes afin de savoir exactement quels sont les mots-clés attractifs et avec quel volume de recherches par mois afin de concentrer vos efforts.

Pour obtenir cette liste, utilisez les outils à votre disposition :

- L'outil de planification des mots dans Google Ads https://www.google.com/adwords/ qui permet de voir, pour une expression donnée, le volume de recherches par mois, mais aussi de trouver des expressions similaires tapées par les internautes.
- SEMrush https://fr.semrush.com : pour obtenir des idées de mots-clés supplémentaires mais aussi identifier les mots-clés qui génèrent le plus de trafic chez vos concurrents.
- UberSuggest https://neilpatel.com/fr/ubersuggest/ pour obtenir des mots-clés alternatifs supplémentaires encore plus ciblés (une liste d'expressions complémentaires à une expression principale).

Exemple

Une entreprise qui vend des formations sur LinkedIn utilisera l'outil de planification des mots-clés de Google Ads pour obtenir la liste des mots-clés similaires les plus tapés :

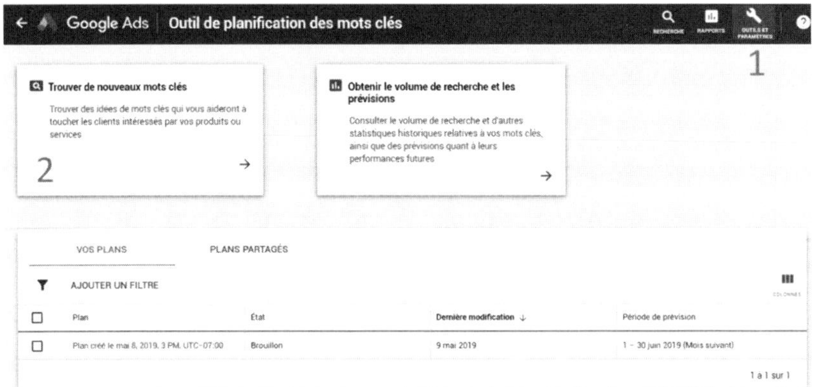

Figure 4.1 – Sélectionnez l'outil pour trouver de nouveaux mots-clés

Figure 4.2 – Saisissez l'expression recherchée par vos prospects

• • •

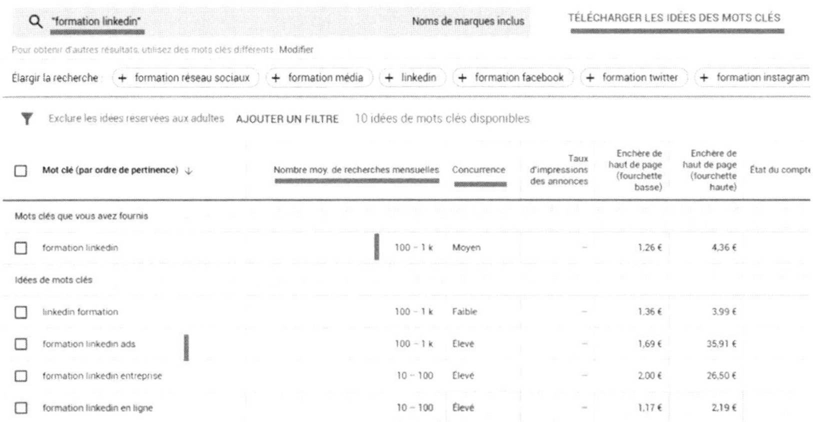

Figure 4.3 – Vous obtenez la liste des expressions similaires les plus recherchées

Grâce à cet outil, on peut voir que le volume de recherches pour « formation LinkedIn » se situe entre 100 et 1 000 par mois.
On peut voir qu'en plus de « formation LinkedIn », « formation LinkedIn Ads » est aussi une expression recherchée, avec un volume de recherches similaire. Il y a donc un potentiel pour cette nouvelle expression.
Avec des outils comme SEMrush.com, les résultats sont plus précis (590 recherches/mois) avec des mots-clés connexes plus nombreux (ex. : cours sur LinkedIn) :

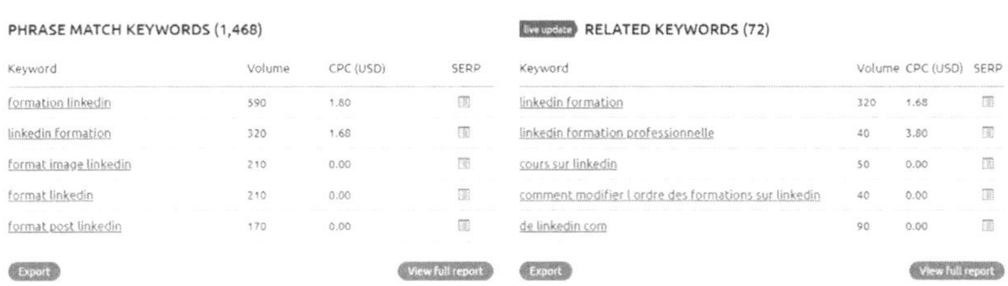

Figure 4.4 – SEMrush permet d'avoir des résultats plus précis pour identifier les mots-clés avec un volume important et une concurrence faible

Ce premier travail permet de concentrer les efforts sur les recherches Google, mais pas forcément sur les problèmes, les attentes, les besoins des clients. Dans l'exemple, les problèmes du client comme « comment trouver des clients sur LinkedIn », « social selling », qui sont pourtant des recherches possibles, ne ressortent pas.

La liste doit donc être complétée avec les mots-clés qu'utilisent vraiment les prospects et clients pour trouver vos produits. Cet enrichissement se fait *via* votre propre expérience et les discussions avec les commerciaux. De plus, Google ne liste pas les expressions à faible volume très ciblées, mais que vous estimez pertinentes pour attirer les prospects en amont de l'acte d'achat[1].

FICHE PRATIQUE

L'ESSENTIEL DU RÉFÉRENCEMENT NATUREL (SEO)

Voici un rappel rapide des deux règles fondamentales du SEO (*Search engine optimization*), le référencement dans Google :

- **Écrire une page par mot-clé sur votre site Internet.** Par exemple si vous voulez apparaître dans Google sur le mot-clé « acheter une voiture à Paris », vous devez créer une page sur votre site avec comme titre et sujet « Acheter une voiture à Paris » – et ce, pour toutes les expressions que vous jugez importantes, sachant qu'il ne suffit pas d'écrire trois lignes de texte, mais qu'il faut du contenu « intéressant », c'est-à-dire une image ou une vidéo et au minimum 500 mots. Pourquoi 500 mots ? Parce qu'il est difficile d'écrire un contenu pertinent qui aborde en détail une thématique en moins de 500 mots. Avec 250 mots, votre contenu sera souvent très superficiel, et les internautes ne resteront pas longtemps à lire votre contenu. De fait Google vous classera comme moins pertinent qu'une personne qui a écrit 1 000 mots sur le sujet, ou plus encore. Par exemple dans le domaine du marketing qui est très concurrentiel, il faut au moins 2 500 mots pour être visible sur la plupart des mots car le volume de contenus produits est très élevé.
- **Les liens qui pointent vers une page en déterminent sa popularité** (c'est-à-dire sa pertinence aux yeux de Google). Donc plus il y aura de liens internes depuis une page de votre site Web vers une autre, ou mieux encore depuis d'autres sites, meilleur sera le classement de cette page. En effet, Google pense que si des pages de votre site et d'autres sites Web font une référence vers une page particulière, c'est que celle-ci est de bonne qualité.

1 Vous trouverez un modèle de liste sur : http://traficcommando.com/choix-mots-cles.

Prioriser les mots-clés sur lesquels se positionner

Une fois que vous avez votre liste de mots-clés, vous devez prioriser vos efforts sur un petit nombre de mots-clés stratégiques. Le but est d'être présent sur ces expressions le plus rapidement possible, en sachant que plus l'expression sera concurrentielle, plus il sera dur de vous positionner. Google jugera comme peu pertinent un seul article très court, par rapport à un article très long avec des liens depuis de nombreuses autres pages.

Dans ce contexte, vous devrez mettre en place deux stratégies en parallèle :

- Rédiger du contenu « SEO » c'est-à-dire de qualité moyenne car spécialement conçu pour être positionné sur des mots clés. Le but est d'être rapidement présent sur une expression, la qualité étant moins importante. C'est une stratégie de volume.
- Rédiger du contenu valorisant pour être reconnu comme un expert dans votre domaine, et obtenir des liens, des partages externes, un temps de lecture important. C'est une stratégie de valeur, qui nécessite au moins deux heures pour produire un bon contenu.

Astuce de Growth Hacker

Le titre de la page, le mot-clé, la structure de l'URL ne doivent pas être choisis au hasard même si ce n'est pas grammaticalement correct.

Par exemple, pour un article sur le marketing numérique qui est aussi appelé marketing digital, le choix doit être guidé par ce que tape l'internaute.

Grâce à SEMrush on voit que « transformation numérique » est recherché 1 300 fois par mois, alors que « transformation digitale » 4 400 fois. Pourtant la langue française voudrait que cela soit numérique qui soit utilisé. Il faut donc retenir que c'est le client qui a raison (et qu'il faut se positionner sur les 2 expressions).

• • •

Figure 4.5 – SEMrush vous aide à décider du meilleur mot-clé à utiliser pour vos titres et contenus

À NOTER

Pour être guidé dans l'optimisation de vos contenus pour le référencement, installez le plugin Wordpress Yoast SEO ou Rank Math SEO afin d'avoir des conseils d'optimisation.

Faire un audit des contenus existants

Produire du contenu est long. Comptez au minimum 30 minutes à 1 heure pour écrire un article, le relire, le mettre en forme.

Pour aller plus vite et vous positionner rapidement sur des mots-clés, vous devez trouver dans l'entreprise des contenus qui ne sont pas encore publiés sur Google (c'est très important, sinon Google va les considérer comme des contenus déjà existants), et qui pourront être réutilisés pour améliorer votre référencement.

Généralement, vous pouvez réutiliser les textes des documents suivants :

- Les fiches produits PDF.
- Les plaquettes commerciales.
- Les offres commerciales.
- Les argumentaires.
- Les documentations produits (manuels, etc.), à reprendre partiellement.
- Les documents de travail internes (checklists, procédures, etc.).
- Les anciennes newsletters non publiées sur le Web.

À NOTER

Les documents papier peuvent aussi servir. Il suffit de les scanner, puis de les transformer par PDF to Word pour récupérer le texte *via* un logiciel qui permet de transformer un texte scanné (PDF, scan d'une brochure) en fichier texte (OCR en ligne comme SodaPDF.com). Et si l'entreprise a racheté des sociétés, il y a souvent une masse de contenus à récupérer !

Ensuite, vous pouvez éventuellement reprendre les contenus multimédias :

- Les vidéos tournées dans l'entreprise et transcrire les textes (salons, interviews, etc.).
- Les démonstrations produits.

À NOTER

Vous pouvez faire transcrire vos vidéos *via* des rédacteurs professionnels sur Fiverr.com, TextBroker.fr, TextMaster.fr.

Enfin, vous pouvez « réutiliser » un contenu déjà publié sur Internet, mais sous une autre forme. Si vous avez des articles de presse, vous pouvez les scanner les mettre en ligne sur Slideshare et créer une page en intégrant l'article de presse avec une synthèse.

L'objectif est de reprendre ces contenus « de marque » dans Word, et de remplacer l'expression de la marque par celle sur laquelle vous voulez vous positionner.

Par exemple, si dans la plaquette produit, le texte est « Le 4 x 4 Toyota est un véhicule avec 4 roues motrices », il doit être modifié pour devenir « Un 4 x 4 est un véhicule avec 4 roues motrices », comme si c'était un article écrit pour présenter ce qu'est un 4 x 4 de manière générique et orienté information pour les prospects.

Il est important d'optimiser le texte pour qu'il soit cohérent et agréable à lire, puis d'ajouter les outils de capture de prospects (ex. : livre blanc, demande d'audit, pop-up, comme indiqué en semaine 2).

À NOTER

Si vous avez un site qui a beaucoup évolué, vous pouvez aussi rechercher des anciens contenus sur Archive.org en tapant l'URL de votre site. Ce contenu a déjà été identifié par Google, donc il ne donnera pas de super résultats SEO. Cependant, parfois votre ancien contenu vous permet de récupérer des textes que vous pourrez rapidement et à peu de frais mettre à jour pour en faire un contenu nouveau.

Exemple **par Frédéric**

> Dans le cadre de mes fonctions de Web marketeur chez Efficy.com, j'ai procédé à un audit des contenus existants en français.
> Cela a été un vrai travail d'archéologie car j'ai dû rechercher dans le CRM les anciens documents commerciaux, les plaquettes produits, les conférences données par les fondateurs...
> Je suis aussi allé sur Archive.org récupérer les anciennes versions du site principal et des sociétés rachetées par l'entreprise.
> Au final, j'ai récupéré de la matière pour faire plus de 60 articles remis en lumière avec un article de blog tous les jours sur une expression ou une sous-expression stratégique.

Important : ce contenu « récupéré » fonctionne toujours dans certains secteurs peu concurrentiels, mais on voit désormais ses limites :

- Sans liens (maillage interne, *backlinks*, relais médias sociaux) vers ces articles, ceux-ci peinent à être bien positionnés : vous aurez beau faire des dizaines de ces articles « low cost », vous ne ferez jamais mieux que des articles à forte valeur ajoutée qui sont reconnus par les internautes (et Google) comme des « références ». En plus des contenus, il faut attirer des liens, et cela se fait soit en payant (ex : achat de liens), soit en les méritant (ex : *guest posting*, articles de très grande qualité).
- Les partages sur les médias sociaux de ces contenus (automatiques ou manuels) ne doivent pas être trop mis en avant : ce contenu « de faible qualité » donne une mauvaise image de l'entreprise en mettant en avant un contenu « fade » et peu intéressant.
- Si vous êtes dans un secteur concurrentiel, le contenu « low cost » (l'article de 500 mots) ne suffit plus. Si vous avez plusieurs marques concurrentes qui soit sont connues, soit attirent naturellement des liens, ou produisent du contenu à forte valeur ajoutée, alors vous aurez du mal à être sur la première page de Google, même en créant des dizaines de pages de contenu SEO.

Il existe donc des astuces pour rendre ce contenu SEO (c'est-à-dire du contenu fait plus pour Google que pour les prospects) plus « digeste » comme :

- Publier les articles SEO à une date antérieure à la date du jour (ex : 3 mois avant), afin de ne pas les rendre trop visibles pour les prospects tout en leur donnant quand même de la visibilité aux yeux de Google. Ces contenus sont relayés sur des comptes Twitter secondaires pour ne pas nuire à votre e-réputation.
- Écrire des pages dans votre site WordPress (et non pas des articles de blog), afin de ne pas leur donner trop de visibilité. En effet, les pages peuvent être « détachées » de toute structure du site ce qui les rend invisibles pour un internaute.

Produire du contenu original de qualité

L'audit de contenu est surtout pertinent si l'entreprise a un historique… Si vous êtes une start-up ou un créateur d'entreprise, la récupération de contenus sera forcément limitée.

Dans ce contexte, vous devez produire du nouveau contenu, pour Google, mais surtout pour vos lecteurs. Le but est d'apporter de la valeur ajoutée, dans le cadre de la décision d'achat (en amont de l'acte d'achat), en récupérant si possible les coordonnées du prospect *via* un « bonus irrésistible ».

Astuce de Growth Hacker

Vous pouvez aller plus vite en traduisant les meilleurs articles anglais sur votre thématique, avec bien entendu l'autorisation de la source. Pour cela, vous pouvez soit taper vos mots-clés en anglais dans Google, et identifier les sujets qui fonctionnent le mieux, soit utiliser Twitter et BuzzSumo.com pour identifier les sujets les plus partagés dans votre secteur d'activité.

Pour en savoir plus sur BuzzSumo rendez-vous sur TraficCommando.com, semaine 4.

FICHE PRATIQUE

COMMENT ÊTRE SÛR D'ÉCRIRE UN BON CONTENU ?

Pour couvrir un sujet, et rédiger un bon article qui va générer des partages sur les médias sociaux, celui-ci doit répondre aux dix questions suivantes :

- Qui ?
- Quoi ?
- Où ?
- Pourquoi ?
- Avec qui ?
- Comment ?
- À quel prix ?
- Quelles sont les principales étapes à suivre ?
- Quelles sont les astuces ?
- Quelles sont les erreurs à ne pas commettre ?

Et comme vous n'avez pas le monopole des bonnes idées, et que vous devez écrire un article de référence, vous devez compléter vos idées en tapant dans Google vos mots-clés (en anglais de préférence car les contenus sont plus riches) avec un filtre sur les contenus publiés depuis 1 an (pour avoir des contenus frais). Ce travail de recherche documentaire va vous aider à avoir un article exceptionnellement complet.

En suivant ce canevas, vous produirez facilement un plan pour vos articles de blog, enregistrements vidéo, etc., en étant sûr de couvrir tout le sujet pour en faire un article de référence dans votre domaine.

Entraînement 2 : Créez du bon contenu sans vous prendre la tête

Avec la bonne méthode, produire du contenu de manière simple, rapide et efficace, est possible. Cela peut même devenir un plaisir et non plus une contrainte.

S'enregistrer et retranscrire

Faire des enregistrements audio avec son smartphone, puis les faire retranscrire par un rédacteur externe est l'une des techniques les plus simples pour produire du texte pour son référencement naturel, écrire des livres blancs, etc. En effet, il est plus rapide de parler au micro que de taper du texte.

Le principe est simple :

- Listez les sujets sur lesquels vous souhaitez vous positionner.
- Notez sur Evernote, One Note ou le bloc-notes de votre smartphone les idées clés à faire passer.
- Identifiez des plages de temps libre dans votre semaine (ex : dans les transports), ou réservez du temps dans votre agenda pour produire la partie audio.
- Prenez votre smartphone et utilisez votre dictaphone pour enregistrer votre discours.
- Faites retranscrire le texte par un rédacteur professionnel pour obtenir un texte prêt à l'emploi.
- Récupérez le texte et modifiez-le pour en faire un texte plus « écrit », tout en ajoutant quelques idées en plus et des illustrations tirées de Pixabay.com

Exemple **par Frédéric**

La transcription de mes enregistrements audio est l'un des moyens qui permet d'obtenir très rapidement du contenu. Désormais j'utilise aussi cette technique avec les web séminaires que j'anime. Je demande à un de mes rédacteurs de faire un résumé de 60 à 80 % du contenu du web séminaire, sans faire de mot à mot. Il est crucial de ne pas demander une transcription exacte de votre enregistrement sinon vous allez vous retrouver avec un texte « oral » qui sera lourd et pénible à lire. Vous devez demander à votre rédacteur de faire une synthèse des idées et d'éliminer les informations peu intéressantes, les répétitions... Pour que cela soit rentable, vous devez trouver un rédacteur qui puisse transcrire le texte à un prix raisonnable et avec une bonne qualité. Par exemple en *off-shore via* Fiverr.com, 5euros.com, Upwork.com, Freelancer.com, ou les sites de rédacteurs comme Redacteur.com, Freelance.com... Désormais chez Eloquant.com, juste après un web séminaire je fais transcrire la vidéo que nous utilisons pour un article de blog synthétique, puis nous le réexploitons sous la forme d'un livre blanc qui est agrémenté d'un avis d'expert, de chiffres d'études... afin de le rendre plus complet.

Important :

- *Évitez les tics du langage parlé (ex : « ça » au lieu de « cela ») sinon cela donne plus de travail d'adaptation à l'écrit.*
- *Vous devez retravailler les textes transcrits. En plus des corrections de forme, des éléments ont pu être oubliés. C'est le moment d'ajouter des exemples, des idées… pour enrichir le texte.*
- *Si vous n'êtes pas l'expert du sujet dans votre entreprise, demandez à un expert (ex : commercial, avant vente) de réaliser l'enregistrement audio. Pour être sûr qu'il produit bien le contenu attendu, faites toujours un premier enregistrement ensemble.*

Astuce de Growth Hacker

Les outils de reconnaissance vocale (Trint.com, Dragon Naturally Speaking, Office 365, Google Docs et Word, vous permettent d'obtenir un texte à partir de vos paroles, à la condition que votre texte ne soit pas trop technique et que vous parliez lentement. N'hésitez pas à faire le test, y compris avec votre smartphone.

Par exemple pour y accéder dans Google Docs, rendez-vous dans le menu « Outils » puis « Saisie vocale ».

Réutiliser du contenu sur les carrefours d'audience

Quand on a rédigé un contenu de qualité, il est dommage de se limiter à un seul support, car les internautes sont désormais sur Google, mais aussi sur YouTube, Facebook, LinkedIn… Par exemple, si vous avez un article de blog dont vous êtes fier, capitalisez sur ce contenu et mettez-le en valeur sur d'autres médias.

En effet, il est important de savoir que Google est en train de perdre son hégémonie sur le trafic Internet. Désormais, plusieurs plateformes avec leurs propres sources de trafic existent : Facebook avec ses milliards de membres, Amazon avec sa place de marché, LinkedIn avec son réseau social B2B. Il faut donc capitaliser sur ces univers, et réutiliser son contenu sur ces différents supports, sans pour autant y passer des heures.

Exemple **par Frédéric**

Lorsque je rédige un article de blog de qualité (qui me demande entre 2 heures et 4 heures, afin d'explorer le sujet de fond en comble), je vais ensuite faire un *screencast* de cet article. C'est-à-dire que je me filme tout en enregistrant ma voix qui dicte l'article. Ainsi l'article de blog est « transformé » en vidéo ou *podcast*, sans que cela ne me prenne plus de temps que l'enregistrement vidéo d'un article que je connais déjà par cœur. Bien entendu, je publie cette vidéo sur YouTube, Vimeo, Facebook Videos, LinkedIn.
Pour capitaliser encore sur mon contenu, j'extrais le son de la vidéo et mets en ligne un *podcast* sur iTunes, AudioBoom.com, SoundCloud.com. Je copie également le début de ce contenu sur LinkedIn Articles (la plateforme de blogs interne à LinkedIn) pour avoir plus de visibilité et inciter les lecteurs à venir voir la suite sur mon blog. Si nécessaire, je peux en faire un Powerpoint publié sur Slideshare ou une série d'images. Ainsi pour un article de blog rédigé, je multiplie quasiment par deux ma visibilité :

- Un article sur mon blog génère 1 000 vues.
- Le même article transformé en vidéo sur YouTube, Dailymotion et Vimeo, c'est 250 vues.
- Un podcast sur SoundCloud et Audioboom.com, c'est 700 lectures.
- ...

LE MATÉRIEL NÉCESSAIRE POUR DES *SCREENCASTS* ET DES *PODCASTS*

À noter : les logiciels de *screencast* permettent de filmer son écran, mais aussi de faire du montage vidéo élaboré et d'extraire le son pour créer des *podcasts*.
Nous vous recommandons Camtasia de Techsmith (PC) à environ 200 € TTC et Screenflow (MAC) à 99 € ou des solutions 100 % en ligne comme Loom.com (freemium) ou Screencastify.com (30 €/an).

Vous pouvez enfin transformer vos meilleurs articles en images, citations...

Événementialiser le contenu

Créer du contenu c'est bien, mais cela ne suffit plus… Il faut désormais créer l'événement afin d'inciter au partage de vos contenus. En effet, créer un bel article avec des conseils et des astuces inédits n'aura pas d'effet si vous ne créez pas l'événement pour inciter à le partager (voire tout simplement à le lire). Une astuce simple est de compiler ses meilleurs articles sous la forme d'un livre blanc, d'envoyer un SMS à vos contacts influenceurs afin de leur demander de partager votre super contenu.

Vous voulez aller plus loin ? Découvrez les bases du *newsjacking* dans l'espace privé du livre. Le *newsjacking*, c'est détourner la visibilité et le trafic d'un événement, d'une actualité, à son profit afin d'avoir plus de visites, plus de clients, de se faire connaître.

Suivez la méthode sur http://traficcommando.com/category/semaine-4/.

Entraînement 3 : Le contenu qui attire du trafic

Certains types de contenus apportent quasi systématiquement des liens, des visites et de la notoriété. Il s'agit le plus souvent de jouer sur l'ego des influenceurs et des marques. Si l'on s'y prend bien, ces contenus permettent de gagner en visibilité sur une thématique, mais aussi d'attirer des prospects qualifiés.

Les interviews d'influenceurs

Les interviews d'influenceurs permettent de gagner immédiatement de la crédibilité, et au minimum d'obtenir un relais sur les médias sociaux, parfois même des liens depuis leurs sites et blogs.

C'est donc à la fois bon pour l'image et pour votre référencement, et cela peut vous amener quelques prospects. Quant à l'interviewé, même si cela lui prend du temps, son ego est flatté, surtout si la demande d'interview est construite sous la forme : « *Je lis régulièrement vos nouvelles, j'ai d'ailleurs vraiment bien aimé votre article sur XXX. C'est pourquoi je voudrais savoir si vous accepteriez de répondre à une courte interview, afin de partager votre expertise à mes lecteurs. En échange, je ferai bien entendu un lien vers votre site et un relais maximum de votre interview. Je serais honoré si vous acceptiez ma proposition* ».

Pour trouver un influenceur, rien de plus simple :

- Regardez dans Google les blogs et sites qui sortent en premier sur votre thématique.
- Utilisez BuzzSumo (freemium) pour identifier les individus qui sont les plus influents dans votre thématique.
- Utilisez SocialBearing.com ou directement Twitter pour voir quels sont les comptes les plus retweetés.

L'essentiel est de trouver des individus ou des marques avec une communauté active (cela ne sert à rien d'interviewer un expert qui n'a pas de relais communautaire important). Cependant, ne vous attendez pas à un geyser de trafic, cette technique est de moins en moins efficace.

Pour avoir un relais maximum :

- Votre interview doit être intéressante et valoriser l'interviewé (sur le fond comme sur la forme, soignez par exemple les illustrations).
- Engagez l'interviewé auprès de sa communauté (en complément de son propre relais). Pour cela, une fois l'interview réalisée, demandez-lui directement s'il peut relayer l'information (par exemple en lui demandant de vous mentionner sur Twitter LinkedIn, Instagram lorsqu'il fera le relais). Une autre astuce est de le taguer sur Twitter et Facebook avec une image de l'interview ou une photo.

Astuce de Growth Hacker

Il est toujours mieux de réaliser une interview vidéo, mais cela réclame du temps et de la disponibilité. D'où l'astuce de faire une interview écrite en posant cinq questions par e-mail et en demandant des réponses uniquement par e-mail. C'est très rapide à faire pour l'interviewé, et pour vous c'est un texte rapide à produire. Il faut aussi orienter l'interview pour éviter les digressions ou l'auto-promotion, et la rendre intéressante (par exemple en demandant d'évoquer X conseils/erreurs).

Vous pouvez vous inspirer du canevas suivant :

- Pourriez-vous vous présenter en quelques mots ?

En 3 ou 4 lignes, décrivez votre parcours et présentez votre entreprise :

- Qu'est-ce qui a changé dans XXX depuis les X derniers XXX ?

Indiquez ce qui a changé depuis cinq ans, par exemple ceci ou cela.

- Quelles sont vos 5 astuces pour XXX ?

Si possible donnez quelques exemples que vous connaissez.

- Quelles sont les 5 erreurs à ne surtout pas commettre pour XXX ?

Si vous aviez un débutant en face de vous, quelles sont les erreurs que vous lui diriez d'éviter.

- Quelles sont les futures évolutions dans la thématique de XXX ?

C'est-à-dire ce qu'il faut surveiller et mettre en place l'année prochaine.

Attention cependant, ce genre de mini-interview fera que l'interviewé sera moins impliqué, et donc il peut bâcler ses réponses ou ne pas se sentir concerné par certaines questions. Dans ce contexte, il faut parfois proposer des questions alternatives, ou donner des exemples d'interviews très complètes déjà publiées.

En alternative, vous pouvez faire une interview vidéo par internet, en utilisant un système de visioconférence professionnel comme Skype (gratuit), Join.me (payant), Zoom.us (freemium), Gotomeeting (payant), qui permet un enregistrement de la session.

L'inconvénient est que vous devez faire une transcription de l'interview car une vidéo seule (et longue) est généralement peu regardée (sauf encore une fois à interviewer une star de votre secteur, qui la relaiera sur sa communauté).

Important : tenez à jour un fichier Excel avec la liste des personnes à qui vous avez envoyé un e-mail, afin de savoir où vous en êtes.

Exemple **par Frédéric**

Pour Efficy CRM, j'ai interviewé 17 influenceurs dans le domaine de la relation client, et ainsi généré plusieurs centaines de vues en quelques semaines.
Ce qui a fait la différence, c'est l'ajout de citations sur les photos des influenceurs. Cette action prend 5 minutes de plus, mais montre que vous vous intéressez vraiment aux influenceurs.
Grâce à ces images, j'ai pu taguer et mentionner sur Twitter, Facebook, LinkedIn, les influenceurs et gagner de la visibilité.

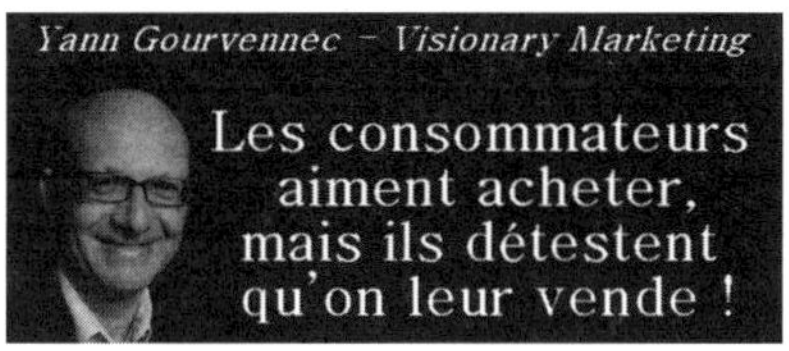

Figure 4.6 – Exemple de valorisation d'un expert avec citation et photo

J'ai aussi réalisé un livre blanc regroupant ces 17 interviews, et ainsi récolté plusieurs centaines de *leads* qualifiés.

Astuce de Growth Hacker

Vous pouvez profiter de cette interview pour vous aussi répondre à une interview. Par exemple, vous pouvez proposer de donner votre point de vue en miroir de la réponse de l'influenceur. Cela fonctionne particulièrement bien avec des blogueurs lors d'interviews vidéo.
Par exemple, lors de conférences ou soirées, vous pouvez aller voir une personne influente afin de l'interviewer, et si cela se passe bien, vous lui proposez soit d'écrire un article sur son site (ex. : « Je serai vraiment honoré si tu me laissais écrire un article, que tu validerais bien entendu, sur ton blog. »), soit de réaliser une interview croisée sur un sujet, chacun répondant sur son domaine d'expertise, et citant l'interview de l'autre (en insistant sur la complémentarité des points de vue).

Les livres blancs collaboratifs

Écrire un livre blanc n'est pas compliqué, surtout lorsque l'on compile ses propres articles. Le problème est surtout d'avoir de la visibilité pour cet ouvrage, car tout comme un article de blog, le challenge n'est pas de créer un bon contenu, mais d'en faire la promotion. D'où l'intérêt de réaliser un livre blanc (ou un guide) collaboratif.

FICHE PRATIQUE

LA RÉALISATION D'UN LIVRE BLANC COLLABORATIF

- Sélectionnez une vingtaine d'influenceurs avec une communauté importante et active dans votre thématique (en tapant vos mots-clés dans Google, en faisant une recherche sur Twitter).
- Proposez-leur de participer à un livre blanc en écrivant un texte de 250 à 500 mots environ sur un sujet précis, en indiquant une échéance précise (généralement 3 semaines à 1 mois). Par exemple : 7 conseils pour réussir en tant que débutant, 7 astuces pour bien choisir... Le but est d'avoir un article avec de la valeur ajoutée (et pas de l'autopromotion ou des lapalissades).
- Rédigez une introduction et une conclusion, ainsi qu'un point de vue.
- Relancez les retardataires une semaine avant la date de bouclage des textes.
- Rassemblez le tout dans un fichier Word et mettez-le en forme avec une jolie couverture.
- Faites valider le livre blanc par les co-auteurs. Une bonne astuce est de mettre en ligne un fichier sur Google Docs afin que tout le monde puisse le consulter.
- Rédigez la page de capture sur votre blog, avec le formulaire, l'e-mail de remerciement, les messages du tunnel de vente.
- Publiez la page et demandez aux influenceurs de relayer.
- Diffusez une seconde fois en les taguant sur les médias sociaux ou en publiant des extraits.

Attention :

- *Avant d'envoyer un e-mail aux 20 influenceurs, assurez-vous d'avoir déjà l'accord d'une ou deux personnes connues, afin d'inciter les autres à répondre (ex. : « Frédéric Canevet a déjà accepté de répondre aux questions, et j'aimerais aussi t'associer à ce projet... »)*
- *Cadrez bien votre demande, sur le fond et la forme. Par exemple indiquez un nombre minimum et maximum de mots, l'angle à adopter, sinon vous allez avoir des réponses très disparates, ce qui risque de dévaloriser les petits écrits.*
- *Si nécessaire, posez des questions différentes selon les personnes, pour éviter les redondances. Parfois il vaut mieux interroger des personnes avec des expertises variées afin d'avoir des points de vue complémentaires.*
- *Soignez la couverture, car c'est ce que vont voir en premier les internautes. Par exemple, en mettant la photo des participants afin de les valoriser encore plus.*
- *Faites une relecture et une mise en forme des textes, car souvent les influenceurs auront écrit directement dans l'e-mail. Corrigez les fautes.*

Cas pratique

J'ai participé à un livre blanc collaboratif réalisé par Julien Bréal (https://julien-breal.fr/). Le principe était simple, Julien a interviewé par téléphone six influenceurs sur des thématiques proches mais complémentaires (Web marketing, blogging, community management). Chaque interview comprenait quatre questions. La couverture était simple et soignée, avec un relais important de la part des influenceurs sur leurs communautés.

Figure 4.7 – Ce livre a été quasi exclusivement réalisé à partir d'interviews d'influenceurs

Astuce de Growth Hacker

Parfois vous aurez du mal à obtenir un texte original et de bonne qualité car certains influenceurs sont fortement sollicités. Dans ce contexte, la solution est de sélectionner sur leur blog un très bon article déjà écrit, et à proposer à l'influenceur de le reprendre dans votre livre blanc. En effet cela permet d'obtenir immédiatement et sans effort un contenu à forte valeur ajoutée. Au niveau référencement c'est aussi indolore, à condition de ne publier le contenu que dans le livre blanc. L'autre astuce consiste à discuter *via* Facebook, Messenger, Skype ou Twitter avec les personnes en leur posant directement les questions, et à reprendre ensuite le texte.

Les Web séminaires en direct et Facebook Live

Dans un monde qui va de plus en plus vite, le temps et l'attention sont devenus des ressources rares et précieuses.

Or le Web séminaire (conférence en ligne *via* des outils comme GoToMeeting, Learnybox, LiveStorm, Google Hangout, Facebook Live...) permet d'obtenir l'attention de vos contacts, et en contrepartie de leur offrir l'accès à ce que vous avez de plus précieux : votre expertise et votre temps. Le challenge est de trouver un sujet qui va les intéresser, et surtout qu'ils vont pouvoir relier à leurs problématiques actuelles.

Quand on fait du live, il est important de répondre aux commentaires, d'avoir de l'interaction, et ne pas simplement donner un cours magistral. Il est aussi essentiel d'apporter suffisamment de valeur pour intéresser et faire rester vos auditeurs, tout en parlant de leur cas particulier à chacun *via* leurs demandes, un chat ou un questionnaire en amont. C'est pourquoi, il est essentiel de préparer votre script et votre plan. C'est encore plus vrai lorsque l'on est en interview avec une ou plusieurs personnes.

Si vous faites des interviews, n'hésitez pas à interrompre vos interlocuteurs et apporter vos propres astuces pour donner du rythme (sans trop en abuser bien sûr).

Prévoyez dans votre script des moments pour interagir avec les auditeurs, demandez toujours si tout est clair, posez des questions sur ce qu'ils veulent savoir en plus… Et comme c'est du live, vous pouvez aussi arrêter votre script, afin de répondre aux commentaires et questions. L'interactivité donne un contenu qui n'est pas trop didactique et théorique, et présente l'intérêt de faire passer de l'émotion, de l'énergie. Cela vous distinguera des autres. Car c'est ce que recherchent les internautes : avoir du live, pouvoir poser leurs questions sur leurs problèmes…

En ce qui concerne la diffusion technique, plusieurs solutions existent :

- **Facebook Live** : parfait lorsque vous avez une communauté active sur Facebook, ou qu'un des coanimateurs est connu. C'est aussi un moyen de faire de l'événementiel lors d'un salon, une soirée… Vérifiez cependant que vous avez une connexion Internet suffisante sur mobile ou sur PC. Vous pouvez utiliser une solution de diffusion « pro » comme https://obsproject.com/ et belive.tv pour améliorer le rendu de vos conférences.
- **Les solutions de webconférences privées comme Zoom.us, LiveStorm, Join.me ou GoToMeeting.com** qui permettent d'organiser des sessions privées avec capture des e-mails des participants, et surtout l'utilisation de téléphone fixe pour la partie audio (la voix *via* l'ordinateur étant très souvent hachée, de mauvaise qualité…).
- **Google Hangout** : cette solution a l'avantage de publier les vidéos sur YouTube, mais elle souffre de nombreux défauts (pas de téléphone, pas de formulaire…). À utiliser si vous n'avez pas de budget.

FICHE PRATIQUE

LA CONSTRUCTION D'UN WEB SÉMINAIRE

- J – 30 Définissez la thématique du Web séminaire, les raisons pour lesquelles il est intéressant d'y assister et l'offre qui sera faite à la fin (offre exclusive réservée aux participants).
- J – 20 Envoyez l'invitation par e-mail avec un formulaire d'enregistrement pour relancer les personnes inscrites.
- Lancez des campagnes de teasers (vidéo de présentation, images, sommaire détaillé, article de blog...) sur votre site, vos communautés et par e-mail.
- J – 2 Entraînez-vous, testez le son, la connexion Wifi, et si vous êtes à deux, vérifiez que tout est techniquement correct.
- J – 1 Envoyez un rappel avec le mode d'emploi (se connecter et résoudre les problèmes les plus courants) par e-mail, SMS, *chatbot* Messenger...
- Jour J Connectez-vous 20 minutes avant le début du séminaire et testez le son et l'image.
- 5 minutes avant, discutez avec les personnes présentes et demandez-leur ce qu'elles aimeraient apprendre, quelle est leur activité, leur problème principal... Cela vous permettra de personnaliser le Web séminaire.
- Débutez à l'heure, mais en faisant une introduction assez courte sur le sommaire, ce que l'on va apprendre.
- Durant le web séminaire interagissez avec les participants (posez des questions, demandez-leur de participer sur le *chat* pour avoir des conseils bonus...). Et à la fin, proposez votre offre exceptionnelle réservée uniquement aux participants. Ne négligez pas la session de questions/réponses, c'est elle qui permet de lever les derniers doutes.
- Montez la vidéo le jour même ou le lendemain.
- J +1 ou J +2 Envoyez par e-mail le replay aux absents et aux présents avec un code promo (une offre moins intéressante que celle proposée aux participants) le jour J.

Exemple **Un programme de teasing sur les médias sociaux**

- J – 21 : réaliser un visuel de promo sur Canva.com et créer le formulaire d'inscription sur Get Reponse ou Mailchimp. Envoi d'une annonce sur le web séminaire par e-mail, *chatbot*, inmail LinkedIn, direct message Twitter, notification *via* le navigateur, SMS… bref sur toutes vos bases de données, plus un message personnalisé par e-mail ou SMS à vos contacts pros et influenceurs. Si vous n'avez pas encore tout le contenu, ce n'est pas grave faites déjà un « teaser » qui résume ce que vous allez dire. Vous pouvez aussi créer un événement sur Facebook ou LinkedIn avec un lien vers une inscription par e-mail.
- J – 15 : rédiger un article sur votre blog
- J – 10 : mettre en ligne une illustration, une photo, sur le sujet
- J – 7 : rappeler sur les réseaux sociaux la date et le contenu du Web séminaire
- J – 6 : publier un teaser en vidéo (live ou pas)
- J – 5 : publier un rappel du sommaire
- J – 4 : publier une image teaser
- J – 3 : réaliser une vidéo teaser
- J – 2 : diffuser une information fun (image humoristique…)
- J – 1 : relancer *via* vos e-mails, SMS… les non-inscrits et les inscrits avec les informations de connexion.
- H – 2 heures : donner des informations sur le « off du live » (photo de votre matériel, photo des locaux…)
- H – 1 heure : Publiez sur les réseaux sociaux un statut pour donner RDV dans une heure
- H – 5 minutes : test interne
- H – 5 minutes : début du live pour commencer à attirer du monde
- H : indiquer que le séminaire vient de commencer
- H + 5 minutes : programmer des tweets pour indiquer que votre Live est en cours et durant le Web séminaire la publication de quelques citations tirées du *live* (que vous aurez bien entendu anticipé).

• • •

Voici un exemple de visuel teaser réalisé avec Canva.com pour annoncer un Web séminaire :

Figure 4.8 – Mettez de l'humain et expliquez pourquoi il est essentiel d'assister au Web séminaire

Attention :

- *Respectez les délais pour la présentation (de début et de fin de la présentation). En revanche, vous pouvez rester autant que nécessaire pour répondre aux questions. Cela vous permettra d'augmenter le taux de conversion. S'il n'y a pas de questions, c'est que votre Web séminaire n'a pas été bon (vous devrez alors revoir la forme, le fond, l'offre…). Vous ne devez pas non plus donner tous vos conseils, vous devez rappeler pourquoi il y a ce problème et pourquoi il est important, puis donner le début de la solution et ensuite proposer vos produits et services pour passer à l'action en étant guidé.*
- *Utilisez le téléphone pour le son, c'est une des clés pour réaliser un bon Web séminaire. Car autant un problème d'image peut être acceptable temporairement, autant un mauvais son ne pardonne pas.*
- *Dans votre e-mail d'information ou l'article de blog, proposez aux personnes qui ne peuvent pas être présentes de recevoir le replay, en précisant qu'il n'y aura pas les questions-réponses (afin de préserver l'intérêt d'être présent lors du direct).*

Astuce de Growth Hacker

Il est parfois compliqué d'organiser régulièrement des Web séminaires (ex. : trouver des sujets, préparer des invitations...). Dans ce contexte, des solutions comme https://everwebinar.com peuvent être intéressantes. Elles permettent de faire du « faux live », c'est-à-dire que vous planifiez automatiquement des sessions (ex. : 3 fois par semaine), et c'est un replay qui est joué comme du live. Vous n'êtes éventuellement présent que pour la fin avec la séance de questions-réponses. En alternative, vous pouvez enregistrer une vidéo avec une solution de screen cast, et la jouer en « faux live » en lançant le replay. Attention néanmoins à ne pas le faire pour des « gros événements » (car avec l'habitude, cela se détecte rapidement quand c'est un « faux live »), ce type d'enregistrement doit être réservé à des Web séminaires avec peu d'inscrits.

Pour les Web séminaires, comme pour toutes les autres techniques, la clé reste l'audience. Si vous n'avez pas plusieurs centaines ou milliers de contacts fidèles, vous aurez très peu de présents (comptez 30 % à 50 % de présents maximum), et donc peu de ventes. D'où l'intérêt d'inviter des influenceurs en interview ou en conférence. Pour que cela fonctionne, il faut que l'influenceur relaie l'information et que le contenu soit pertinent.

Vous pouvez aussi utiliser des plateformes avec une audience importante et ciblée (ex. : Webikeo.fr), mais ces solutions sont le plus souvent payantes et orientées B2B.

Les images et dessins

Dans un monde qui est de plus en plus rapide, orienté sur la distraction, proposer des petits contenus rapides et simples est devenu essentiel. C'est ce qu'on appelle le snack content (ou contenu fast-food : vite consommé, vite partagé). C'est un des piliers pour réussir sur les réseaux sociaux comme Twitter, Facebook, LinkedIn, où il est essentiel d'être visible et d'attirer l'œil *via* une belle image.

La clé pour obtenir de la viralité est d'y mettre de l'émotion ou des conseils pratiques dans lesquels les personnes peuvent se retrouver. En revanche, il ne faut pas penser qu'une seule image permettra d'avoir suffisamment de résultats. Vous devez au minimum réaliser une dizaine d'illustrations que vous mettrez en avant au fil de l'eau.

Si vous savez dessiner, cela peut être un gros avantage, car souvent un visuel vaut 1 000 mots. Pour les autres, rien n'est perdu, vous pouvez sous-traiter ce travail à des freelances (en France ou à l'étranger).

FICHE PRATIQUE

RÉALISER ET DIFFUSER DES IMAGES ET DES DESSINS

- Listez une série de conseils pratiques, d'astuces et de situations qui sont ou pourraient être vécues par vos prospects. Vous pouvez aussi reprendre un bon article de blog et le découper en une dizaine de conseils.
- Définissez un sujet par image (ex. : Conseil N° 1, Situation N° 1…) pour créer une série d'une dizaine d'images.
- Écrivez un court texte avec le conseil, l'astuce ou la situation choisie. Ce texte sera affiché en bas de l'image.
- Rédigez un mini-scénario sur la situation (ex. : un homme est au téléphone…), et éventuellement des paroles à intégrer dans des bulles type BD. Plus votre scénario sera précis et détaillé, plus vous aurez un résultat conforme à vos attentes.
- Envoyez brief à un illustrateur (ex. : Fiverr.com, Freelancer.com, Freelance.com…) et laissez-le interpréter votre demande. Faites attention aux droits d'utilisation, car le plus souvent les illustrateurs ont des niveaux de licence (pas d'usage commercial, diffusion en basse résolution…).
- Validez le travail avec vos éventuelles retouches.
- Ajoutez le copyright de votre site Internet dans l'image.
- Publiez l'image sur les réseaux sociaux, articles de blog, Pinterest.com, etc.
- Programmez une nouvelle diffusion quelques jours plus tard.
- Rassemblez toutes vos images dans un Powerpoint et enregistrez-le en PDF, puis diffusez-le sur vos réseaux sociaux en tant que mini-guide gratuit (ou transformez-les en infographie).

Exemple **par Frédéric**

Pour mettre en avant un article dédié au service client, j'ai fait réaliser plus de 70 images (sur un an) qui reprenaient chacun un conseil de l'article et renvoyaient à l'article de blog.
Pour cela j'ai fait appel à un illustrateur sur Fiverr.com (coût par image : environ 20 $), en lui soumettant un brief en anglais.

Picture to draw : *Draw a 2 sides cartoon, 2000 and 2017, with a customer with a fixed phone, a camera, an ipod, a desktop... and in 2017 he only have a smartphone (all in phone). The title : «Customer Experience must now be thought mobile first»*
Text under : *Mobile Web traffic is increasing, you have to think mobile friendly your customer services actions like emailings, click to call on Web site, responsive forms...*

Et voici le résultat :

Figure 4.9 – Une image vaut 1 000 articles de blog sur Twitter, Facebook, LinkedIn, etc.

Astuce de Growth Hacker

Si vous manquez d'inspiration, tapez dans Google « votre thematique tips » (exemple « marketing tips »). Vous devriez obtenir une liste d'astuces que vous pourrez facilement adapter selon votre propre expérience, vos conseils, vos idées… et ainsi transformer en série d'images.

Les infographies et animations vidéo

Les infographies ont pour objectif de simplifier la compréhension des informations grâce à l'image : elles rendent visuel un concept.

Il existe deux types d'infographies :

- **Les infographies avec des chiffres** : généralement ces infographies reprennent sous le format graphique des grands chiffres d'études ou d'enquêtes.
- **Les infographies de texte** : ce sont plus des schémas, avec des étapes, des cheminements. Elles peuvent être réalisées à partir d'un article de blog (ex : 10 étapes pour...).

Voici l'exemple d'une infographie que j'ai réalisée avec Powerpoint à partir d'une interview. Celle-ci m'a également permis de remettre en avant l'article.

Figure 4.10 – Exemple d'infographie réalisée avec PowerPoint pour un article sur les start-ups

Vous pouvez aussi utiliser des logiciels comme Vyond.com ou Powtoon.com pour réaliser des mini-animations avec des chiffres clés, c'est souvent plus ludique qu'une infographie texte.

FICHE PRATIQUE

RÉALISER UNE NOUVELLE INFOGRAPHIE

- Définissez le sujet sur lequel vous souhaitez vous positionner.
- Réalisez une maquette sous PowerPoint, 735 pixels de large maximum pour 5 000 pixels de haut (le format tout en longueur est plus adapté que le format paysage), avec les principaux chiffres et idées. N'oubliez pas d'indiquer les sources des chiffres, votre logo et l'appel à l'action.
- Envoyez votre maquette à un graphiste pour une mise en forme.

Astuce de Growth Hacker

En anglais, il existe des dizaines d'infographies sur de nombreux sujets. En revanche, en Français la qualité et la quantité sont bien moindres. C'est pourquoi il est souvent intéressant de traduire une infographie déjà existante. Vous pouvez utiliser des logiciels de retouche d'images comme Pixlr.com pour masquer le texte anglais et rajouter du texte français. Enfin, apposez votre logo à côté de celui du créateur original de l'infographie.

Les études et enquêtes

Les journalistes, les blogueurs, les influenceurs sont toujours à la recherche d'études et de chiffres sur les tendances d'un marché. Il faut donc en profiter : dès que vous avez quelques milliers d'inscrits à votre newsletter, vous pouvez lancer une enquête en utilisant Google Forms, SurveyMonkey.com ou Eloquant.com. Pour que cette étude soit reprise, elle ne doit pas porter sur votre société ou vos produits, mais être d'ordre général, en s'intéressant à l'évolution, aux tendances d'un secteur d'activité[1].

1 Si vous souhaitez apprendre à réaliser un bon questionnaire ou une étude de marché, vous pouvez consulter cette vidéo de 58 minutes où j'explique comment réussir un questionnaire en ligne sur TraficCommando.com, semaine 4.

Important : pour qu'une étude soit valide, il faut au moins récolter 300 réponses. Vous devez aussi penser au résultat que vous attendez de chaque question avant de la poser. En effet, votre questionnaire ne doit pas dépasser une dizaine de questions (pour une durée de 2 à 5 minutes maximum) afin d'obtenir un taux de participation suffisant. Si nécessaire, vous pouvez offrir un petit cadeau en récompense.

Exemple

Chez Eloquant, j'ai fait réaliser une analyse sémantique des avis publics en ligne ainsi qu'une étude qualitative auprès de 50 professionnels de la relation client dans le domaine de la banque assurances. Cette étude nous a permis d'organiser une matinée dédiée (plus de 60 participants), d'avoir des articles de presse… et nous nous en sommes ensuite servis pour faire un web séminaire dédié et un livre blanc, et encore une autre matinée dédiée auprès d'un syndicat professionnel. Si votre étude est ciblée, riche d'enseignement et originale, vous allez à coup sûr attirer les journalistes et gagner en visibilité.

Astuce de Growth Hacker

Pour mon blog Comparatif-CRM. com, afin de me faire connaître des différentes marques et générer du trafic *via* celles-ci, j'ai organisé un mini-sondage en ligne « Quel est le CRM numéro 1 en France ». J'ai simplement réalisé ce sondage *via* PollDaddy.com, et j'ai relayé l'information *via* Twitter à toutes les marques de CRM. J'ai ainsi eu plus de 600 votes (et donc de participations) pour quelques minutes de travail. Vous pouvez utiliser les fonctions de sondage de Twitter et les questions de Groupes Facebook pour obtenir en quelques minutes un sondage incitatif et simple. Vous pouvez industrialiser ce concept en publiant toutes les semaines un « sondage exclusif » comme certains le font (ex. : France 3 et Linternaute.com).

À NOTER

Au lieu de produire du contenu, vous pouvez faire de la curation (c'est-à-dire relayer des contenus existants). Découvrez dans l'espace privé du livre (semaine 4), les clés de la curation pour générer du trafic : http://traficcommando.com/category/semaine-4/.

Entraînement 4 : cherchez le trafic chez les influenceurs

Produire son propre contenu est une stratégie de long terme, mais cela ne va pas attirer beaucoup de trafic à court terme. En effet, aux débuts, vous ne serez pas connu, ni des internautes, ni de Google. Or le référencement naturel, c'est comme du bouche-à-oreille : l'effet « boule de neige » met du temps à fonctionner.

Exemple

À son lancement, un site Internet générera moins de 30 vues par jour pendant quasiment 1 mois, avant de passer à 100 vues puis d'augmenter.

Le volume de trafic apporté par Google dépendra du volume d'articles que vous produisez sur des expressions (ex. l'audit des contenus), et des liens externes d'autres sites Web (ou de comptes de médias sociaux) sur vos articles.

D'où l'importance d'aller chercher le trafic là où il est pour le détourner sur votre blog. Nous avons déjà vu le newsjacking, les interactions avec les influenceurs, les livres blancs collaboratifs. Une autre méthode existe : le guest posting (ou articles invités).

Le principe est simple : publier un article sur le blog d'un influenceur de votre thématique, afin d'avoir de la visibilité sur une nouvelle audience, mais aussi d'obtenir un lien de qualité pour votre référencement.

FICHE PRATIQUE

FAIRE DU *GUEST POSTING*

- **Tapez dans Google vos principaux mots-clés** précédés du terme « blog » (par exemple *blog marketing*).
- **Identifiez les blogs non concurrents** parmi les résultats de la requête (faites défiler 2 ou 3 pages de résultats, car souvent les premières places sont prises par les marques).
- **Regardez si ces blogs ont plusieurs rédacteurs**, s'ils ont un menu *guest posting*, articles invités, devenir contributeur.
- **Listez les bonnes cibles** dans un fichier Excel afin de ne pas renvoyer deux fois une demande à une même personne : nom du blog, e-mail de contact (et si possible le nom du contact), date du premier contact, commentaire, refus ou acceptation du guest posting, les commentaires que vous avez déjà rédigés sur le blog (et la date), titre de l'article publié, etc.
- **Interagissez sur les réseaux sociaux** en likant quelques posts sur Facebook, en retweetant et commentez un ou deux articles des blogs ciblés. Soyez pertinent en apportant un point de vue pour montrer votre existence. Ne vous contentez pas d'un « Bravo pour l'article ».
- **Envoyez un e-mail**, en indiquant une précision que vous souhaitez apporter sur un article, une vidéo Youtube... de l'influenceur.
- Une semaine plus tard, **renvoyez un autre e-mail**, en proposant cette fois d'écrire un article pour le blog (en précisant que cela ne sera pas de la promotion, mais bien de la valeur ajoutée). Pour l'aider à se décider, proposez trois ou quatre titres d'articles.
- Dès que le blog a accepté, **rédigez l'article.** Attention, l'article doit être au moins aussi bon que ceux que vous proposez sur votre blog. En effet, si votre contenu est moyen, l'animateur du blog pourra refuser votre article ou ses lecteurs ne seront pas tentés d'aller sur votre site. Proposez toujours à la fin de votre article un bonus gratuit à télécharger sur votre site Web.
- **Faites vous-même le relais du blog sur les médias sociaux,** afin de montrer votre volonté de valoriser le blog.
- **Programmez deux ou trois semaines plus tard une nouvelle promotion sur les médias sociaux,** toujours en mentionnant l'auteur du blog afin de récupérer encore un peu de trafic.

Exemple **par Frédéric**

Il y a trois ans de cela, j'ai été une des nombreuses victimes d'un changement d'algorithme de Google. Du jour au lendemain j'ai perdu 10 % de mon trafic... J'ai donc mis en place un plan d'actions, dont l'un des piliers était d'aller chercher du trafic et des liens sur d'autres blogs de ma thématique.
J'ai donc écrit une dizaine d'articles sur des blogs à fort trafic (WebMarketing-Com.com, EnviedEntreprendre.com...), ce qui m'a permis de récupérer une partie de mon trafic.

Astuce de Growth Hacker

Ne faites pas trop de *guest posting* sur des sites en dehors de votre thématique. En effet, Google peut penser qu'il s'agit d'une tentative de manipulation *via* de l'achat de liens en masse sur d'autres sites (ce qui est sanctionné). Il est donc essentiel de choisir d'abord les meilleurs sites (non concurrents) de votre thématique, sans pour autant proposer des articles à des sites qui n'ont rien à voir.

Entraînement 5 : Faites du neuf avec du vieux

Lorsque vous avez pris du temps à créer du contenu, il est dommage de ne pas plus le valoriser... D'où l'importance de redonner un coup de projecteur sur des contenus que vous avez publiés.

Pour cela, il y a trois stratégies :

- Programmer dans Buffer.com ou Swello.com, quatre ou cinq publications sur Twitter, Facebook, dans les deux à six mois suivant. Par exemple, si la publication d'un article est prévue le 3 février sur votre blog, vous pouvez programmer une rediffusion de l'article 3 jours plus tard, puis 10 jours plus tard, 30 jours plus tard et 3 mois plus tard... Le fait d'avoir préprogrammé ces publications vous permet de rentabiliser le temps passé à écrire du contenu.
- Laisser votre blog relayer automatiquement du contenu sur les médias sociaux. En effet, des plugins comme Revive Old Post

(https://fr.wordpress.org/plugins/tweet-old-post/) permettent de publier automatiquement un certain nombre d'articles par jour selon des critères que vous pouvez déterminer (ancienneté, catégories...).

- Actualiser vos articles qui génèrent le plus de trafic en ajoutant quelques lignes, exemples, images... et en les republiant à la date du jour, accompagné d'un relais sur les médias sociaux. Cela permet de « rebooster » un vieil article pour éviter qu'il ne se fasse dépasser par vos concurrents.

PLAN D'ACTION Votre mission pour la semaine 4

Les possibilités de *content hacking* étant très nombreuses, vous devez sélectionner celles qui auront le plus d'impact à court et moyen terme, tout en préparant le futur.
Voici un plan d'action :

- ☐ **Listez les mots-clés stratégiques et prioritaires sur lesquels vous pouvez vous positionner** (environ 3 heures grâce à SEMrush). Puis faites un audit de vos contenus afin de trouver les contenus à réexploiter (généralement 2 jours sont nécessaires pour produire 20 articles SEO). Classez-les dans un répertoire de votre disque dur, et programmez la publication de 3 articles SEO par semaine.

- ☐ **Identifiez les stars du Web dans votre secteur d'activité** et sélectionnez celles dont les contenus sont beaucoup partagés. Demandez-leur une interview écrite, en posant 5 questions différentes à chaque fois (cela prend environ 45 minutes par interview). Publiez une interview par semaine pendant 3 mois puis compilez ces articles dans un livre blanc à télécharger.

- ☐ **Produisez un article de référence** (minimum 2 heures de travail) sur votre blog, en citant des influenceurs dans votre contenu, puis prévenez-les lors de la publication. Publiez également un article en *guest posting* par semaine sur les plus gros blogs et sites d'actualités de votre thématique.

- ☐ **Définissez ensuite un calendrier éditorial** pour les 3 mois à venir avec 2 contenus par semaine sur votre blog, selon la répartition 1 article de référence par mois (4 heures de travail), 4 images par mois, 1 vidéo ou un 1 podcast par mois et 2 interviews d'influenceurs. L'objectif est d'obtenir 2 contenus originaux toutes les semaines sur votre blog, avec 1 journée par semaine de travail.

Semaine 5

Formez vos bataillons et recrutez des mercenaires !

RECRUTEZ DES MERCENAIRES DU MARKETING

Le briefing

« Seul on va plus vite, mais à deux on va plus loin. »

Déléguer, sous-traiter permet de se concentrer sur ce que l'on sait faire de mieux. Ensuite, pour atteindre la masse critique et dépasser ses concurrents, il s'agit de recruter des personnes qui vont vendre à votre place : ce sont vos mercenaires !

Regardez l'excellent film *La Famille Jones* avec David Duchovny et Demi Moore et vous vous rendrez compte que sans relais d'influence (et donc un réseau de mercenaires) vous aurez toujours un plafond de verre invisible qui vous empêchera d'atteindre vos objectifs.

Cette semaine, vous apprendrez comment recruter des mercenaires pour vendre vos produits et services, mais aussi, si vous vous débrouillez bien, comment trouver des personnes qui vont travailler gratuitement pour vous...

Cela vous paraît fou ? Vous allez voir...

Entraînement 1 : Recrutez des mercenaires en *content hacking*

Dans les chapitres précédents vous avez appris à créer du contenu pour attirer les prospects. Maintenant, vous allez apprendre à démultiplier la production de vos contenus.

Le but est de multiplier par 2, 3 ou 4 le volume des contenus que vous allez produire. Pour cela, commencez par rechercher des rédacteurs à qui vous allez donner une liste de mots clés stratégiques sur lesquels vous souhaitez vous positionner, afin qu'ils rédigent des articles de 500 à 1 000 mots.

Le plus gros problème de cette technique est de trouver les personnes qui connaissent suffisamment bien votre secteur d'activité afin que le texte soit « correct ». En effet, votre objectif ne sera pas de produire du contenu qui fait rêver, mais du contenu « pour Google ».

Le principe est de lister les mots-clés prioritaires sur lesquels vous positionner (reprenez le fichier Excel que vous avez créé les semaines précédentes), puis recrutez un ou deux rédacteurs pour rédiger des articles de 700 mots sur chacune des expressions.

Il est essentiel de tester plusieurs rédacteurs externes pour trouver celui qui à la fois écrit en bon français et comprend les problématiques de votre secteur d'activité.

Sinon vous allez perdre autant de temps à corriger et à relire l'article qu'à l'écrire… Pour trouver un rédacteur externe, vous pouvez :

- soit passer par un rédacteur européen (50 € à 100 € pour un article) sur des sites comme Redacteur.com. Généralement vous devez tester 2 à 3 rédacteurs pour trouver le bon, et le contenu sera de bonne facture ;
- soit passer par un rédacteur Off Shore (10 € à 20 € pour un article de 500 mots) sur des sites comme textmaster.fr, textbroker.fr, fiverr.com, 5euros.com… Il faut tester quasiment une dizaine de personnes, sachant que 3 ne vont jamais écrire le texte, 3 produiront des textes déplorables, 3 du texte tout juste correct, et seulement 1 un texte conforme à vos attentes. Donc si vous tombez sur cette « perle », n'hésitez pas à la payer plus cher que le prix initial pour la fidéliser.

Une fois que vous avez trouvé un rédacteur de bonne qualité, confiez-lui la rédaction de vos autres contenus, afin de les publier sur votre blog ou votre site Internet.

Cas pratique

Lors de la sortie de ma formation sur LinkedIn, mon objectif a été d'être présent sur un maximum d'expressions liées à l'achat d'une formation sur LinkedIn mais aussi à son usage. J'ai ainsi sous-traité à Sabrina, mon assistante virtuelle, la rédaction d'une quinzaine d'articles sur des fonctionnalités clés de LinkedIn. Afin que le contenu soit intéressant sans nécessiter d'être un expert, je lui ai demandé de rédiger des articles sur l'usage de LinkedIn (modes d'emploi, astuces d'utilisation simples à comprendre comme comment créer une page LinkedIn, comment

• • •

• • • utiliser les opérateurs de recherches...). Je lui donnais des références avec des articles de LinkedIn.com en anglais pour s'inspirer et avoir la structure du texte. À chaque fois, je complétais ce texte finalisé à 60 % par mes connaissances personnelles pour apporter de la valeur ajoutée.

Une fois les 30 premiers articles prêts, ajoutez 30 autres articles

Sélectionnez une nouvelle série de mots-clés, faites rédiger les textes et créez des liens internes entre les différents articles sur différentes expressions (ex. : un nouvel article sur le mot-clé « Location de voiture Paris » peut renvoyer *via* un lien hypertexte vers l'article sur le mot-clé principal « Location de voiture »). Cette action améliorera le référencement des articles vers lesquels les nouveaux articles redirigent.

À NOTER

Si vous avez un budget important, vous pouvez acheter à la fois du contenu et des liens de qualité. Le principe est de contacter un influenceur important sur votre thématique (un blogueur, un influenceur, un compte Twitter clé...) et de lui proposer d'écrire un article rémunéré sur votre blog puis de le relayer sur sa communauté (son blog et ses réseaux). Ainsi pour 100 € à 1 000 €, vous allez à la fois obtenir un lien depuis un site de référence (élément clé dans l'algorithme de Google) et de la visibilité.

Astuce de Growth Hacker

Une astuce pour contourner les problèmes d'achats de liens est de demander à un site reconnu (blogueur, site d'actualités...), d'écrire un article sur votre blog, puis d'en faire le relais *via* un article « promotionnel » sur le site.

C'est ce que je fais avec plusieurs sociétés : j'ai un contrat de rédaction de X articles par mois sur plusieurs sites, avec comme condition d'écrire un article sur leur blog, puis de relayer cet article sur mon réseau ou encore de publier sur mon propre blog une synthèse de l'article écrit.

Entraînement 2 : Mettez en place des alliances secrètes

Réussir en solo sur le Web est désormais une illusion : à moins d'être déjà un expert ou d'avoir déjà un réseau ou d'avoir une prise de parole originale, il est devenu quasi-impossible d'être suffisamment visible sans aide. En effet, le Web c'est comme vouloir être présent dans les rayons de la grande distribution : la place est limitée et difficile à obtenir.

Pour être référencé dans un magasin, il faut :

- soit avoir un super produit (un contenu original) ;
- soit payer pour être en tête de gondole (acheter un lien, payer un article...) ;
- soit être « sous la marque du distributeur » (faire du *guest posting*).

Il faut donc changer son état d'esprit de « franc-tireur » indépendant, et ne pas essayer de réussir tout seul, en espérant économiser de l'argent, avoir plus de bénéfices, garder ses secrets...

Exemple

Sylvain Lembert de webmarketing-com.com a choisi une technique un peu différente pour alimenter son blog. Il a décidé d'ouvrir son blog personnel et d'en faire un blog collaboratif.
Après sa validation, tous les experts qui le souhaitent peuvent collaborer et écrire un article. Sylvain dispose ainsi d'un « pool de rédacteurs » qui bénéficient de l'audience et de l'aura du site à chaque fois qu'ils publient.
Pour cadrer la démarche, il a mis à disposition des contributeurs des idées de sujets, d'articles, ce qui lui permet d'être présent sur des nouvelles thématiques régulièrement.
La clé de la réussite est d'une part d'avoir initialement un trafic suffisant pour attirer les blogueurs et rédacteurs en recherche de trafic, d'inciter les participants à relayer le contenu global du blog, et d'autre part, de faire une relecture et une sélection drastique afin de proposer toujours un minimum de qualité.
Personnellement, je publie aussi régulièrement des articles sur son blog, afin de toucher une nouvelle audience, ou tout simplement placer des liens vers mes articles à pousser ou encore pour me positionner sur des expressions clés.

La stratégie est donc de mettre en place des alliances secrètes avec d'autres acteurs non concurrents (ou partiellement concurrents). Le critère déterminant pour vous allier à un blogueur est d'avoir une audience à peu près similaire, de partager les mêmes valeurs et d'être en contact avec le même profil de prospects.

La première alliance à mettre en place sur le Web est le Pod. Il consiste à s'associer à quelques personnes pour relayer vos contenus réciproquement sur les médias sociaux sur LinkedIn, dans les groupes Facebook, à vous inviter à des événements, à faire des témoignages croisés sur vos produits...

Le principe est simple :

1. Identifiez des entreprises de taille similaire à la vôtre mais non concurrentes. Idéalement vous les avez rencontrées auparavant.
2. Proposez-leur un déjeuner pour sonder leur ouverture d'esprit, en proposant un premier « partenariat » qui consiste à relayer une ou deux fois des contenus sur vos comptes respectifs Twitter, Facebook, LinkedIn (articles de blogs, livres blancs, événements...).
3. Si cette première collaboration se passe bien, systématisez le process en mettant en place un groupe privé sur WhatsApp ou Facebook, dans lequel vous allez toutes les semaines ou tous les jours, intégrer des contenus que vous partagez les uns avec les autres.
4. Recrutez d'autres personnes, sachant qu'à partir de 10 personnes, il est préférable de créer un nouveau groupe afin de garder la maîtrise des actions menées.

Exemple **par Frédéric**

Depuis maintenant plus d'un an, je participe à un Pod (un groupe privé de partage de contenus) sur WhatsApp entre entrepreneurs non concurrents. Plusieurs fois par semaine nous partageons chacun dans le groupe WhatsApp des posts LinkedIn, des vidéos Youtube... pour augmenter leur viralité *via* des commentaires, des likes... afin de jouer sur l'algorithme de LinkedIn, Youtube...

• • •

En complément, j'utilise Lempod.com qui permet d'automatiser les likes, les commentaires et les partages de manière automatique sur LinkedIn. Grâce à ces 2 techniques (l'une manuelle et qualitative, l'autre quantitative), j'arrive à multiplier par 2 à 5 la portée d'un article.

La seconde alliance passe par la création d'un Master Mind. Un Master Mind est un groupe de réflexion entre personnes non concurrentes, où elles échangent sur des problèmes sous le couvert du secret du groupe. Le principe est d'avoir un « client » qui expose un problème majeur qu'il rencontre actuellement, et de demander aux autres personnes de proposer des solutions[1].

Ce groupe de réflexion vous permettra souvent de prendre du recul et trouver des solutions originales. En complément de cela, depuis près de 2 ans, j'ai tous les mois un « coaching mutuel » avec un autre entrepreneur non concurrent. Nous passons 1 h 30 à faire un « déjeuner virtuel » où tour à tour nous partageons nos problématiques, nos challenges... Cela permet à la fois d'avoir un regard externe mais aussi de maintenir la motivation.

Entraînement 3 : La mise en place d'un programme d'affiliation

L'affiliation consiste à rémunérer un intermédiaire s'il fait la promotion de vos produits et lorsque ses efforts de promotion génèrent une vente ou une inscription valide à un service, il est rémunéré soit au forfait, soit au pourcentage.

C'est une solution intéressante lorsque l'on débute sur Internet et pour gagner en visibilité. Elle permet d'avoir des partenaires qui poussent votre offre et de ne payer qu'à la performance (clic, formulaire de contact, vente...). Il existe de grosses solutions comme Post Affiliate

1 Voir l'article sur la mise en place d'un MasterMind sur l'espace privée http://traficcommando.com/category/semaine-5/.

Pro qui sont très puissantes, mais complexes à mettre en place. Si vous débutez, il est plus intéressant de commencer avec des outils simples.

Solution 1 : Mettez en place un formulaire personnalisé par partenaire

Il suffit de créer un formulaire de demande d'informations unique pour chacun de vos partenaires. Soit la personne doit inclure ce formulaire sur son site, soit vous lui demandez de faire un lien vers une page dédiée de votre site où se trouve le formulaire.

Ainsi vous saurez que toutes les personnes qui remplissent ce formulaire viennent du partenaire affilié, et vous serez en mesure de le rémunérer.

Solution 2 : Utilisez les solutions d'affiliation simples

Il existe de nombreuses solutions d'affiliation clés en main. Ces outils vous permettent de créer votre programme, de gérer les paiements des commissions des affiliés. Par exemple :

- http://www.osiaffiliate.com/ (50 $/mois).
- https://affiliatewp.com/ (99 $/mois).
- tapfiliate.com (99 $/mois).
- https://www.leaddyno.com (50 $/mois).

À NOTER
Pour que l'affiliation fonctionne, vous devez donner des outils clés en main aux affiliés, afin de leur faciliter un maximum le travail.

Exemple

Pour le lancement de ma première formation vidéo en 2009, j'avais créé un « Kit d'Affiliation » avec tous les outils pour commercialiser la formation : les tarifs, des exemples d'e-mails, des extraits gratuits, une FAQ… L'affilié n'a plus qu'à copier-coller les éléments[1].

1 Vous trouverez un exemple de Kit sur : http://fr.slideshare.net/conseilsmarketing/kit-affiliation-bloguez-comme-un-pro.

Entraînement 4 : Les parrainages

Nous allons maintenant parler des programmes de recommandation qui permettent d'utiliser votre base d'utilisateurs pour l'augmenter encore grâce à la recommandation.

Certaines solutions originales et pratiques en ont fait le cœur de leur croissance (ex : Dropbox, Hotmail…). Le but est d'augmenter l'effet du bouche-à-oreille de façon exponentielle. Deux possibilités existent : faire des programmes de recommandation payants ou gratuits.

Nous allons voir les programmes qui ont le mieux fonctionné pour les deux situations.

Les programmes de recommandation payants

Uber a mis en place un programme de recommandation gagnant-gagnant. Si un client recommande le service à un ami, ce dernier bénéficie de 10 € de réduction sur sa première course. Et le client bénéficie aussi de 10 € de réduction sur sa prochaine utilisation du service si la personne qu'il a recommandée utilise le service Uber.

C'est donc un service gagnant-gagnant qui est proposé puisque la personne qui recommande et la personne qui se voit recommander le service ont toutes les deux un bénéfice. Cependant, il faut être particulièrement attentif lorsque l'on met en place ce genre de service d'éviter que des personnes créent de faux comptes et se recommandent à elle-même le service.

Il faut donc mettre en place une protection pour éviter les abus (au minimum demander une validation *via* un numéro de téléphone), sinon le coût peut vite devenir important pour un effet nul.

On peut aussi évoquer le cas de Deliveroo. Cette start-up met en avant une incitation après l'achat sur son application. En effet, si le client commande sur l'application, celle-ci propose après la commande de recommander l'application à un ami pour que celui-ci obtienne une réduction sur sa prochaine commande. Il s'agit aussi ici d'un accord gagnant-gagnant, ce qui veut dire que le client qui a recommandé l'appli bénéficie aussi d'une réduction si son ami effectue bien sa commande sur Deliveroo.

Les programmes de recommandation gratuits

Ici nous visons les cas où vous ne donnez pas un bon d'achat sur votre produit, mais uniquement un avantage en nature.

Exemple

Dropbox a mis en service un système très ingénieux. Le principe était que les utilisateurs pouvaient avoir de l'espace disponible en plus si un de leurs amis utilisait le service. Cela a permis à Dropbox d'augmenter significativement sa base de clients car toutes les personnes recommandaient le service lorsqu'elles n'avaient plus d'espace disponible. Harry's a aussi mis en place un ingénieux procédé qui faisait que plus l'utilisateur recommandait Harry's à ses amis, plus il pouvait débloquer de récompenses. Ainsi s'il communiquait à 5, 10, 25 ou même 50 amis, il obtenait une récompense de plus en plus importante. Celle-ci commençait par l'obtention d'une crème de rasage et allait jusqu'à un an de lames de rasoirs offertes. Harry's a utilisé la gamification pour pousser au partage, ce qui lui a permis d'obtenir plus de 100 000 e-mails en 7 jours.

Figure 5.1 – Le programme de parrainage de l'entreprise de rasoirs en ligne Harrys.com

Entraînement 5 : Acheter des liens

Nous avons vu précédemment que l'optimisation du référencement d'un site Internet dépend des contenus mis en ligne, de l'optimisation des pages du site et des liens qui pointent vers le site. Or ces actions permettent d'obtenir des résultats uniquement sur le moyen voire le long terme... Pour aller plus vite, il existe quelques astuces.

Acheter des sites Internet existants

Le principe est de repérer des sites qui ont une bonne réputation auprès de Google (ils sont anciens, ils ont du bon contenu, ils ont de nombreux liens depuis d'autres sites...) mais qui sont à l'abandon.

En effet, la concurrence et le temps nécessaire pour rester visible sont de plus en plus importants, donc de nombreux sites finissent délaissés et abandonnés. D'où l'intérêt de repérer ces sites abandonnés et de les racheter. Pour cela il existe deux techniques. La première est d'aller sur des sites de vente de noms de domaine, comme Sedo.com. Mais ces sites vendus d'occasion sont parfois de mauvaise qualité ou disqualifiés au niveau du référencement (du fait de tentatives de détournement de l'algorithme de Google). D'où la seconde solution qui consiste à taper ses mots-clés stratégiques dans Google, puis à voir dans les pages 2, 3 et 4 des résultats de Google s'il n'y a pas des sites anciens intéressants à racheter. On repère un site à l'abandon par un design passé de mode, par le fait qu'il n'y a pas eu d'article publié depuis longtemps.

Dès lors vous pouvez contacter le webmaster du site et lui demander d'acheter le site. Pour éviter de payer trop cher, il faut se présenter non pas comme une entreprise, mais comme un passionné du secteur d'activité qui trouve dommage que le site ne soit pas mis à jour ou sous-exploité. Et ainsi de proposer de racheter le site pour quelques centaines d'euros. Si la personne accepte, alors il suffira de faire des liens depuis ce site Internet vers votre propre site pour améliorer votre référencement. L'autre option consiste à acheter des liens vers les pages qui apparaissent justement dans les premières pages de résultats pour une recherche sur une expression donnée (ex. : solution e-mailing). Là encore vous pouvez proposer à des sites Internet mineurs (petits blogs, sites d'actualités peu connus...), l'achat d'un lien sur cette page pour 10 à 150 €.

L'alternative est de faire appel à des sites qui vendent directement des liens sur leur site Internet. Par exemple, sur http://www.rocketlinks.fr/ une liste impressionnante de sites proposent des liens à vendre.

Attention : L'achat de liens est interdit par Google. En faisant cela, vous risquez de voir votre site Internet pénalisé par Google. Il faut donc acheter des liens avec une extrême précaution : en faible volume à court terme, ne jamais avoir une croissance anormale trop rapidement, toujours demander d'avoir un article qualitatif (et pas juste 1 article de 500 mots). Dans le doute, n'achetez pas de liens et surtout, faites appel à un professionnel !

Exemple

Comment vérifier qu'un site est de qualité ou sanctionné par Google ?

Acheter un site ou un lien peut se révéler contre-productif si celui-ci est considéré par Google comme un site de spam ou un site avec du contenu dupliqué.
Pour vérifier la qualité d'un site, il suffit d'utiliser un outil d'analyse comme https://moz.com/researchtools/ose/ et https://fr.majestic.com/.
Dans l'exemple ci-dessous, le « domain authority » de ConseilsMarketing.com est 52/100 et le spam score de 2/17, c'est donc un site de référence.

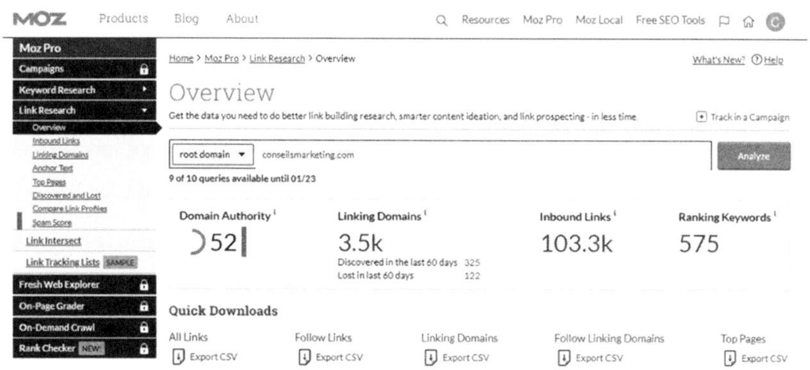

Figure 5.2 – Analyse du site ConseilsMarketing.com sur Moz.com

• • •

Au contraire un site vendu 3 000 € sur Sedo.com est suspect aux yeux de Google, il est donc risqué de l'acheter à ce prix-là :

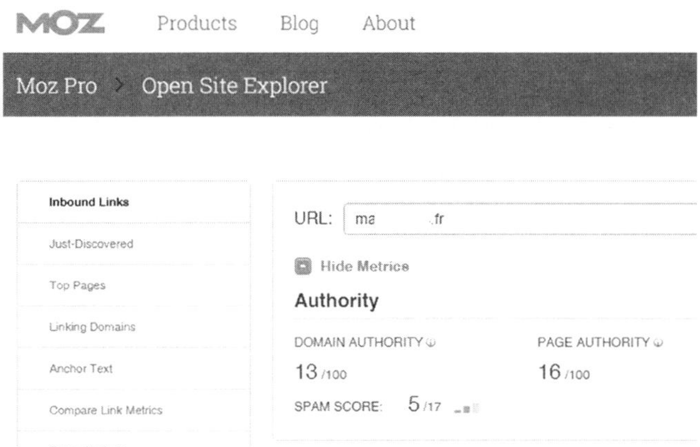

Figure 5.3 – Exemple d'un site vendu 3 000 € sur Sedo.com mais avec peu d'autorité et un score de spam plus élevé

Astuce de Growth Hacker

Google (comme les internautes) n'aime pas les pages de site Internet avec des liens morts.

Les liens morts sont des liens dans une page d'un site Web qui pointent vers un site qui n'existe plus (ex. : un blogueur a fait un lien sur MonSiteWeb.com dans un article de blog il y a deux ans, or ce site est maintenant fermé ou inaccessible).

L'intérêt pour vous est de repérer un vieux site Internet de votre thématique encore actif (généralement un blog ou un site d'actualité), avec des pages où des liens pointent vers des sites qui ont disparu. Ensuite, le challenge est de demander aux sites de remplacer l'URL morte par un lien vers votre site. Bien entendu, il ne faut pas faire une demande directe, il faut apporter de la valeur en indiquant au webmaster du site qu'il y a des liens morts sur son site, et lui indiquer les pages concernées, les URL mortes, puis de lui proposer d'autres liens. Parmi les liens que vous listez, vous ajoutez une page de votre site Web qui propose un contenu actualisé et de meilleure qualité. Et si vous repérez une page très bien placée sur une expression avec un lien mort intéressant pour vous, rien ne vous empêche de créer un article sur-mesure pour ensuite être sûr de remplacer le lien mort.

Voici comment procéder :

- Utilisez un outil d'analyse de liens morts comme brokenlinkcheck. com, deadlinkchecker.com, ahrefs.com…
- Tapez l'URL du site que vous avez repéré comme étant bien classé dans Google pour vos mots-clés.

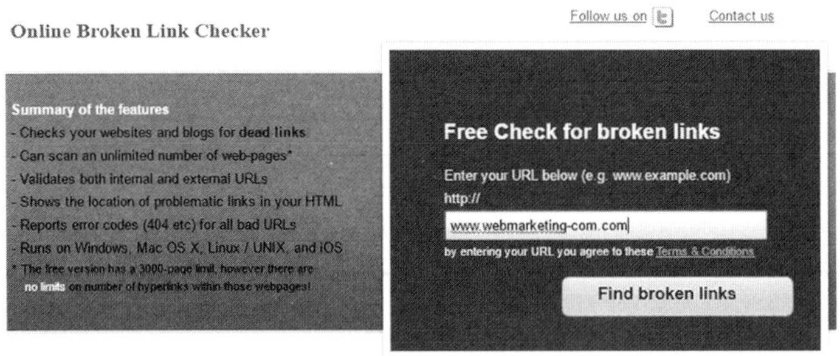

Figure 5.4 – Analyser un vieux site de référence avec des outils comme Ahrefs.com ou BrokenLinkCheck.com pour trouver les liens morts à exploiter

- Listez les liens que vous pourriez remplacer (sites de vos concurrents, liens vers des articles de blog de votre thématique…) et les URL du site concernées. Par exemple sur ConseilsMarketing. com, il y a des liens morts vers des sites comme SEOHackers, AccessWebPME…

#	Broken link (you can scroll this field left-right)	Page where found	Server response
1	http://code.google.com/intl/fr-FR/speed/page-speed/	url src	404
2	http://bit.ly/130idiK	url src	bad host
3	http://www.conseilsmarketing.com/conseilmkg.profitbid.hop.clickbank.net	url src	404
4	http://bit.ly/rHgPrQ	url src	bad host
5	https://addons.mozilla.org/en-US/firefox/addon/nodofollow/)	url src	404
6	http://seohackers.org	url src	bad host
7	http://acceswebpme.ca	url src	404
8	https://hootsuite.com/fr-fr/produits/plateforme/ecoute-medias-sociaux	url src	404
9	http://www.conseilsmarketing.com/e-marketing/voici-pourquoi-bientot-un-homme-seul-ne »	url src	404
10	https://www.google.fr/intl/fr/docs	url src	404
11	http://www.conseilsmarketing.com/blogging/comment-maximiser-son-chiffre-daffaires-en- »	url src	404
12	http://www.conseilsmarketing.com/tag/l%e2%80%99ubimedia	url src	404
13	http://www.conseilsmarketing.com/autres-conseils-marketing/Les%20Bonnes%20R%C3 »	url src	404
14	http://www.conseilsmarketing.com/autres-conseils-marketing/44%20bonnes%20r%C3% »	url src	404
15	http://www.yesware.com/download?refer=zs5te68w	url src	404
16	http://com	url src	bad host
17	https://wordpress.org/plugins/newstatpress/screenshots/	url src	404
18	http://www.maintpress.com/diagnostic-gratuit-presence-ligne-conseilsmkg/	url src	404
19	http://www.conseilsmarketing.com/techniques-de-ventes/le-business-modele-de-la-perso »	url src	404

Disable page auto-scrolling

Figure 5.5 – Liste des liens cassés sur ConseilsMarketing.com

- Envoyez un e-mail au webmaster du site en lui signalant ces erreurs et en lui proposant des liens alternatifs (dont votre site Web).

Entraînement 6 : Apprenez à flatter les ego

Flatter les ego est un bon moyen d'obtenir de la visibilité de la part d'influenceurs. Les leviers les plus efficaces pour obtenir de la visibilité sont ceux qui utilisent la psychologie ou quelques-uns des 7 péchés capitaux :

- La réciprocité, l'objectif est de rendre redevable une personne pour ensuite lui demander une faveur. Le plus classique est de citer une personne ou un blog dans un article de blog, une vidéo, un eBook, et d'ensuite lui relayer l'information par e-mail, par Twitter afin de l'inciter à partager. Bien entendu, pour que cela fonctionne il faut mettre en avant de manière valorisante l'influenceur, et ne pas lui demander directement de relayer mais lui demander son avis, et lui proposer de relayer si cela lui plaît de relayer. Ensuite, rédigez un tweet en le mentionnant @sonom ou identifiez-le sur une publication Facebook et LinkedIn.
- L'orgueil, c'est-à-dire mentionner des influenceurs dans une top liste (ex : top blogs, top comptes Twitter, top articles de blogs...). Il ne se passe pas une semaine sans qu'un top blog, top compte Twitter, top influenceur ne soit publié.

Ce classement peut être subjectif, c'est-à-dire que c'est vous qui listez ces contenus, par exemple en rédigeant un article « Les 99 meilleurs articles sur Google Ads ». Le principe est de lister, en utilisant le moteur de recherches de Google, Scoop.it, Twitter, les meilleurs articles sur le sujet, d'en faire un court résumé et de prévenir un par un les auteurs des articles choisis afin qu'ils relaient l'information. En alternative, ce classement peut être objectif. Dans ce cas, vous utilisez un critère irréfutable ou externe. Par exemple, si vous voulez faire un classement des meilleurs blogs sur le webmarketing, vous utilisez Google pour voir tous les blogs qui sortent sur cette requête (« blog webmarketing »), et ensuite vous utilisez un outil de classement comme Alexa.com ou SEMrush pour comparer le trafic estimé.

Exemple **par Frédéric**

J'ai réalisé une série d'interviews de community managers, réunies dans un livre blanc *Confidences de Community Managers*. Suite à la publication du tome 1, une dizaine de personnes m'ont demandé d'y participer pour être reconnus comme des experts du domaine. J'ai alors lancé un tome 2 avec ces personnes, et j'ai aussi contacté d'autres personnes pour leur demander de participer. Grâce à cela, j'ai doublé le nombre de participants et j'ai eu un levier plus fort pour convaincre les autres.

- L'avarice : un petit cadeau suffit parfois pour inciter à l'action. Même si le Web se professionnalise de plus en plus, le fait d'envoyer des cadeaux à des influenceurs permet d'avoir un peu de visibilité à faible prix.

À NOTER

Avec les goodies physiques, la rentabilité est moins facile à calculer. Il faut lister les coûts des produits, de l'envoi, de la relance et les ventes générées soit *via* un code promo, soit *via* un lien d'affiliation.

Exemple **par Frédéric**

J'ai reçu comme de nombreux blogueurs un petit cadeau d'un site e-commerce de cadeaux d'exception. Leur but était simple : m'inciter à partager mon cadeau sur les réseaux sociaux. En complément, j'ai reçu un appel téléphonique pour me proposer de devenir affilié et de toucher des commissions en échange de la promotion des nouveautés du site.

- La colère et la polémique, c'est-à-dire provoquer un influenceur avec un article qui va à l'encontre d'un de ses tweets ou de ses articles. Pour cela, il faut trouver un site e-commerce, un influenceur ou un blogueur qui a une grande communauté, et qui a des opinions très tranchées. Ensuite, vous écrivez un article qui va à l'encontre de son avis, en le nommant dans le titre. Par exemple, « Pourquoi je ne suis pas d'accord avec... », « Pourquoi XX se trompe... ». Le but est soit de faire passer un avis factuel (avec vos sources, des témoignages...), soit de commencer par un avis tranché mais finalement reconnaître rapidement que l'influenceur a quand même en grande partie raison (ce qui compte c'est d'avoir un titre fort). Une fois l'article écrit, il faut alors aller chatouiller cet influenceur sur Twitter et Facebook afin d'avoir une réaction. Attention, pour que cela fonctionne il ne faut pas être de mauvaise foi ni dénigrer une personne connue et respectée (ou inconnue et amateur). Ne faites pas non plus comme le youtubeur Cortex avec Cyprien en le qualifiant de « bête et méchant », et n'attaquez pas sur le physique ou quelque chose qui n'est pas vrai[1]. Même si Cortex a réussi à gagner de la visibilité, il a nui à son image. *A contrario* il ne faut pas attaquer un plus faible que soi, comme par exemple Cyprien avec un coach en séduction[2]. L'astuce consiste à ne pas être d'accord dans le titre de la vidéo ou de l'article, et ensuite de limiter la portée de sa critique dans les premières phrases pour ne pas apparaître comme de mauvaise foi mais pour apporter une précision importante.

Si vous n'avez pas d'idée, vous pouvez prendre un livre, un film et en faire la critique, ou encore dire « pourquoi je n'utilise plus XXX ». Mais encore une fois, attention à ne jamais toucher de sujets sensibles (politique, religion...).

Exemple **Détecter des influenceurs via Scoop.it**

Outre Google et Twitter, il ne faut pas non plus négliger Scoop.it (un outil de curation) pour identifier des influenceurs. Il suffit de taper vos mots clés dans le moteur de recherches, puis de cliquer sur l'onglet « Users » afin de visualiser les comptes les plus importants pour cette expression :

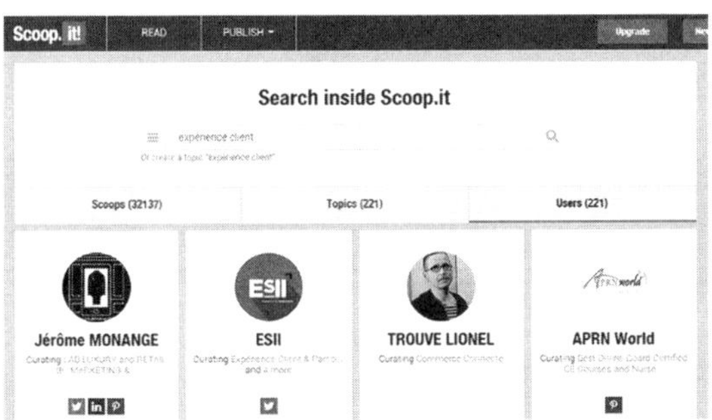

Figure 5.6 – Scoop.it vous donne une liste d'influenceurs Scoop.it pour le mot-clé « expérience client »

• • •

1 https://bit.ly/cortex-cyprien
2 https://bit.ly/cyprienwilliam

• • •

Il ne reste alors qu'à ouvrir les comptes et voir ceux qui ont à la fois beaucoup de vues en cumulé, et des vues dans la journée. Par exemple, le compte « Jerôme Monange » sur Scoop.it a plus de 217 000 vues, et 2 vues de plus ce jour-là. Dès lors, vous pouvez contacter l'auteur de cette veille *via* les médias sociaux (bouton vers la page Facebook) : *via* le process habituel, consistant à prendre contact, en apportant de la valeur (ex. : demande d'interview, proposition d'un contenu unique à valeur ajoutée...).

Entraînement 7 : Faire appel à un programmeur freelance et à des assistants low cost

Faire appel à un programmeur freelance (c'est-à-dire un développeur indépendant qui réalise des prestations à la demande) peut être une excellente solution pour créer des outils marketing, automatiser des actions...

En effet, nous n'avons pas toujours les compétences ou le temps pour apprendre à coder. Et même les développeurs les plus expérimentés utilisent souvent l'aide d'un développeur extérieur pour des tâches spécifiques. Il y a deux moyens faciles pour trouver un développeur externe. La première solution est de faire appel à un développeur, soit dans votre réseau de connaissances, soit sur une plateforme telle que Malt.com, Upwork.com ou Freelancer.com. Avec ces sites, vous pouvez trouver un développeur qui habite dans un pays où la vie est moins chère, ce qui permet de faire une énorme économie sur les coûts. Le problème est que lorsque l'on n'y connaît rien en informatique, il est difficile d'utiliser de telles plateformes car d'une part vous ne pouvez pas juger de la qualité du travail, et d'autre part vous êtes à distance, voire ne parlez pas la même langue que le freelance.

La barrière de la langue vous oblige à dire exactement ce que vous voulez dans un cahier des charges le plus détaillé possible, afin d'expliquer clairement et de schématiser ce que vous cherchez de façon limpide.

Par exemple, si vous voulez récupérer les informations d'une base de données publique, le mieux est d'expliquer un process de façon très claire en utilisant des captures d'écran ou en réalisant une vidéo de ce qu'il faut faire.

Vous pouvez ensuite poster votre annonce sur une de ces plateformes, des candidats y répondront. La meilleure façon pour être sûr que la personne ait bien compris est de lui donner un échantillon, par exemple quelques dizaines de pages à analyser afin de vérifier que la mission est bien exécutée. Ensuite, vous pourrez lui donner la totalité de la tâche. Il faut parfois tester trois, quatre voire cinq développeurs avant de trouver une personne qui corresponde à votre attente.

Tout n'étant pas automatisable avec un programme, il faut apprendre à déléguer et à sous-traiter à un ou une assistant(e) (voire de se créer une véritable petite équipe de freelances). Pour cela, vous pouvez les recruter sur des sites comme 5euros.com ou Fiverr.com (mais aussi Malt.Com, Freelancer.com et Upwork.com) pour recruter un assistant virtuel. Un assistant virtuel est une personne que vous payez à la tâche pour effectuer des actions simples et basiques. Il n'y a rien d'automatique, le but est de faire appel à une personne habitant dans un pays low cost pour réaliser des actions qui prennent beaucoup de temps. Par exemple, vous pouvez demander à une personne de récupérer des adresses e-mails et les classer dans un fichier Google Docs à partir de fiches contacts que vous avez récoltées dans un salon professionnel puis scannées. Ce genre de tâches est facilement sous-traitable. Attention : là encore il faut prendre ses précautions (double vérification comme vu précédemment) et ne jamais donner d'informations confidentielles (mot de passe...). Avec un assistant virtuel, ce sont parfois des heures que vous pouvez dégager pour votre projet.

Exemple

Depuis 2015 j'ai recruté à mi-temps Sabrina, mon assistante à qui j'ai délégué des tâches simples et répétitives. Au départ je l'ai simplement chargée de répondre aux demandes par e-mail grâce à une FAQ que j'avais rédigé. Le principe était simple : je voulais réhumaniser mon blog et répondre aux questions des personnes qui venaient sur le site. J'avais pensé mettre un *chat*, mais c'était trop long et peu rentable de répondre en direct. J'ai donc mis en place un *chat* « off line » pour les recevoir en différé par e-mail. Mais là encore, je n'avais pas le temps de répondre à la masse de question (30 à 50/jour) Dès lors j'ai simplement mis le *chat* en marche pendant 3 jours et j'ai compilé dans une FAQ les réponses types. J'ai ensuite formé Sabrina à répondre aux questions grâce à cette FAQ. Et désormais elle répond à plus de 30 conversations par *chat* par jour (avec de nombreux remerciements d'internautes), et elle ne me transfère que les demandes complexes (2 à 3 par jour maximum).
Puis je l'ai chargée de gérer les ouvertures de comptes et les problèmes techniques pour les clients de mes formations vidéo. Ensuite je lui ai délégué une partie de la gestion de mon compte LinkedIn (réponses types...).
Elle réalise aussi toutes les tâches de saisie que je ne peux pas automatiser (saisie de fichiers, recherches...).
Désormais pour 300 à 700 €/mois, elle me fait gagner des dizaines d'heures de travail tout en gardant le côté « humain » des réponses.
Le recrutement de mon assistante a été sans conteste le meilleur investissement depuis les 5 dernières années, et elle est devenue le complément indispensable à tous les outils d'automatisation que j'utilise (et que vous verrez lors de la semaine 7).

PLAN D'ACTION Votre mission pour la semaine 5

Cette semaine vous allez mettre en place un système qui va générer pour vous et de manière autonome plus de prospects.

- ☐ **Listez trois entreprises ou personnes qui peuvent jouer le rôle de prescripteurs ou d'affiliés**, définissez un argumentaire pour les convaincre de vous aider et le business model associé. Puis appelez-les au téléphone pour convenir d'un déjeuner si possible dans la semaine. (4 heures)

- ☐ **Vérifiez que vos clients sont satisfaits de vos produits et proposez-leur un programme de parrainage en échange d'un bonus.** (1 jour)

- ☐ **Identifiez dix influenceurs dans votre domaine d'activité** (influenceurs, journalistes, syndicats...) et proposez-leur une offre irrésistible de partenariat (ex. : *guest posting*). Étalez ces actions dans le mois. (1 jour)

- ☐ **Définissez ce que vous pouvez sous-traiter ou automatiser** grâce aux premiers revenus de votre business, cela peut être un logiciel pour gagner du temps, un assistant virtuel, une cellule de télé-secrétariat... (2 heures)

Semaine 6

Occupez le terrain

Le briefing

Le Web c'est bien, car cela permet de rentrer en contact avec beaucoup de monde, de diffuser de l'information, etc. Toutefois, cela reste des « liens faibles », c'est-à-dire que vous ne nouez pas des relations fortes avec les personnes, qu'il n'y a pas d'engagement...

Or les meilleurs partenariats, les plus belles affaires sont généralement le fruit d'une rencontre réelle. C'est pourquoi il est indispensable de sortir de son bureau et d'aller rencontrer des personnes, que cela soit *via* des soirées networking ou des événements par exemple. Vous ne le savez sans doute pas, mais il y a des dizaines d'événements auxquels participer près de chez vous. Il suffit de regarder la liste des événements diffusée sur Meetup.com, Eventbrite.fr, dans les groupes thématiques Facebook... Ou mieux, de créer votre propre rencontre, ne serait-ce qu'un café un samedi après-midi.

Vous pouvez aussi participer aux salons de votre secteur d'activité, aux associations professionnelles et d'anciens élèves...

Il existe également des organismes spécialisés dans le networking, comme par exemple BNI (bnifrance.fr), qui permettent de rencontrer des personnes d'autres horizons et de faire des affaires en réseau. Le réseau BNI, c'est plus de 1 000 € de cotisations par an, mais certains consultants font entre 50 % et 80 % de leurs affaires *via* ce réseau d'entrepreneurs.

Vous serez étonnés des rencontres que vous allez faire et surtout des bénéfices que vous allez en tirer[1].

1 Pour les plus timides, vous pouvez télécharger mon guide gratuit « 30 minutes pour devenir un Pro du Networking » sur TraficCommando.com, semaine 6.

Entraînement 1 : Devenez un diplomate Growth Hacker

La première stratégie est de participer à des événements dans votre thématique.

Je vais vous étonner, mais je suis quelqu'un d'assez timide, et il y a quelques années je n'arrivais pas à exploiter un événement networking. J'arrivais à l'heure et partais assez tôt, je rencontrais peu de personnes, et pas forcément les plus intéressantes. Mais j'ai trouvé quelques trucs pour surmonter ma timidité et exploiter à 200 % un événement existant.

Voici quelques astuces simples pour rencontrer des personnes lors d'un événement :

- Repérez les personnes qui participent sur le site d'inscription à l'événement (Meetup…), et ajoutez-les sur LinkedIn en leur proposant de vous voir sur place, et surtout en échangeant votre numéro de portable (sinon vous n'arriverez jamais à les voir).
- Prenez un appareil photo (si possible un Reflex pour faire plus « pro » même si désormais un smartphone avec un mini-pied suffit). Le but est de « montrer » que vous êtes un « influenceur » pour nouer le contact. Prenez des photos de l'événement, pour ensuite tagger les gens sur Facebook ou Twitter après la soirée.
- Proposez des interviews à l'organisateur de l'événement, aux intervenants, aux influenceurs qui seront présents… Vous pouvez utiliser votre blog, un groupe Facebook comme prétexte pour contacter les personnes, et ainsi être mis en relation.
- Faites des Facebook Live et interviewez les influenceurs en leur demandant de publier l'événement sur leur page Facebook et leurs profils. En effet, ce qui fera le succès de votre interview, ce n'est pas la diffusion du contenu sur votre page, mais bien le fait que l'autre personne la diffuse sur sa page. Plus vous ferez d'interviews avec des personnes qui ont une communauté active, plus vous aurez de succès.

- Faites-vous remarquer lors de l'événement avec un habit, un objet original... C'est le meilleur moyen de ne pas passer inaperçu. Par exemple, un de mes amis marketeur, Laurent Dijoux, avait fait imprimer un polo avec un QR code géant sur le dos, ce qui forcément a intrigué beaucoup de personnes ! Mais vous pouvez faire plus simple et venir à plusieurs avec une casquette et un t-shirt flashy aux couleurs de votre marque.

Astuce de Growth Hacker

La tactique utilisée par Olivier Jadzinski pour entrer en relation avec des personnes influentes est d'utiliser comme prétexte le selfie. Plutôt que de prendre une simple photo, il s'agit de se prendre en photo avec la personne que l'on a rencontrée et ensuite de la diffuser sur les réseaux sociaux en taguant l'influenceur sur la photo. Comme cela, la personne se rappellera de vous, et j'en connais même qui sauvegardent la photo réalisée car elle est originale et souvent drôle.

L'autre stratégie, celle qu'il faut mettre en place si vous voulez vous-même devenir influenceur, c'est d'organiser vos propres événements.

C'est encore plus vrai si vous n'êtes pas à Paris, car il n'y a peut-être pas encore d'événement organisé sur votre thématique dans votre région et, si vous êtes le premier à le faire, vous deviendrez « la référence ».

À NOTER
Si vous êtes freelance, créateur d'entreprise, start-uper, réservez du temps dans un espace de coworking afin de faire connaissance avec d'autres entrepreneurs, ce seront souvent vos premiers clients !

La troisième stratégie est de rencontrer individuellement les influenceurs. Vous serez surpris d'apprendre que dans 50 % des cas vous aurez une réponse positive si vous faites une proposition de déjeuner, de café...

Par exemple, un de mes amis qui avait un petit blog sur la musique (qui faisait une dizaine de vues par jour !) a un jour demandé à avoir une interview à Marc Cerrone, et à sa surprise, il a accepté ! Cette première interview a été le premier pas vers une stratégie d'interviews systématiques de stars de la musique comme élément différenciateur.

L'intérêt d'interviewer une « star », est d'une part de bénéficier d'un peu de sa célébrité, et d'autre part d'obtenir de la visibilité auprès de ses fans. Lorsque l'on parle de « star », ce n'est pas forcément une star de la TV, du cinéma, cela peut être une « star » dans votre secteur.

Exemple

Il y a quelques années, lorsqu'Aurélien Amacker s'est lancé dans le blogging pro, il a rencontré physiquement un maximum de personnes influentes dans le domaine du blogging. L'objectif était de se faire connaître pour ensuite nouer des partenariats et avoir de la visibilité. Et cela a parfaitement fonctionné !
Plus proche de nous, Corinne Dulac d'happy-attitude-coaching.com s'est lancé un défi : venir à Paris une fois par mois, afin de rencontrer des influenceurs. Grâce à cela, elle a trouvé des nouvelles idées et des clients. Il faut juste oser.

La quatrième stratégie est d'utiliser le téléphone.

La première chose à faire est de mettre votre numéro de téléphone sur votre site avec votre photo.

Vous allez être surpris de la confiance que cela donne dans vos produits et vos services : personnellement j'ai tous les mois des personnes qui m'appellent en me disant : « Si vous mettez votre numéro sur votre site c'est que vous êtes une vraie personne et que vous ne vous cachez pas derrière un site Internet. Cela veut dire qu'on peut vous faire confiance ».

Vous avez peur d'être harcelés par téléphone ? N'ayez crainte, car il est facile d'éviter les appels « hors cible ».

La première chose est de ne pas répondre à des numéros inconnus et d'attendre qu'ils laissent un message sur le répondeur.

La deuxième chose est d'acheter une carte SIM dédiée pour les appels pros, et d'utiliser un smartphone à double SIM pour n'avoir qu'un seul téléphone à gérer.

À NOTER
Pour obtenir les numéros de téléphone de vos contacts, une astuce consiste à organiser un jeu concours avec le remplissage d'un formulaire où le numéro de portable sert de prétexte pour prévenir la personne qui a gagné un cadeau.

La dernière astuce consiste à créer des groupes de contacts dans votre téléphone, et à leur envoyer des SMS afin de les informer de vos dernières actualités, en prétextant l'envoi de vœux, les fêtes, les vacances... Les entrepreneurs hésitent souvent à utiliser le SMS, alors que c'est devenu l'un des moyens les plus simples de communiquer avec les prospects et clients.

Astuce de Growth Hacker
L'utilisation de sa boîte e-mail

Votre boîte e-mail recèle des trésors cachés et sous-exploités. Votre premier réflexe doit être de synchroniser LinkedIn avec votre messagerie afin d'ajouter vos contacts (faites-le au moins deux fois par an pour ajouter les nouveaux contacts acquis au fil du temps).
Pour cela, il suffit d'aller dans le menu « Mon réseau » puis « Trouver des contacts », et de synchroniser votre boîte e-mail :

Figure 6.1 – Synchronisez toutes vos boîtes e-mails, même les plus anciennes

• • •

Le second réflexe est de stocker dans un répertoire « contacts pro » les e-mails des personnes qui sont des influenceurs, des prescripteurs, des journalistes, des gros clients...
Ainsi lorsque vous aurez une grosse actualité, vous pourrez envoyer un message en répondant individuellement à partir de cet e-mail archivé. Cela permet d'une part de cibler des influenceurs, de réactiver des contacts anciens et de personnaliser le message en reprenant la discussion originale. C'est-ce que je fais à chaque grande occasion (une à deux fois par an), en reprenant un an d'historique de contacts, par exemple pour relayer un livre blanc ou un web séminaire que j'organise, en offrant un cadeau à ces personnes (ex. : un accès gratuit à une formation, l'accès au livre blanc en avant-première...).

À NOTER

Vous pouvez aussi utiliser l'extraction de vos contacts e-mail pour fédérer une communauté sur LinkedIn. Le principe est simple, créez un groupe LinkedIn sur Facebook sur un métier, une problématique... Puis faites une extraction de vos contacts LinkedIn, filtrez sur la profession et ajoutez-les dans le groupe *via* l'outil d'invitation des groupes. Vous allez ainsi obtenir en quelques minutes plusieurs dizaines de membres, ce qui vous permettra d'avoir un noyau de base, et surtout un système très simple pour pousser de l'information à ces personnes, sans pour autant faire trop promotionnel.

Figure 6.2 – Invitez en masse vos contacts sur un groupe thématique LinkedIn

Entraînement 2 : Devenez un Ninja et volez les clients de vos concurrents

Avec le Web et les médias sociaux, il n'est plus possible de « cacher » ses clients à ses concurrents, et même si vous y arrivez, vos clients ne sont plus votre propriété exclusive. En un clic sur le Web, ils peuvent accéder aux offres des concurrents s'ils ne sont pas contents. Il faut donc en profiter et vous transformer en Ninja du Web pour aller voler les clients de vos concurrents.

Ciblez le « maillon faible » et mettez en place un arsenal dédié

Ne partez pas sans un plan de bataille : sur un marché, il y a toujours des concurrents plus faibles sur lesquels vous pouvez mettre en place un plan de conquête.

Ces entreprises sont soit dépassées technologiquement (ex. : un produit qui évolue peu...), soit en retard dans l'application des nouvelles techniques marketing (ex. : pas de marque forte, pas de vision, pas de *content marketing*...), soit dans la tourmente (ex. : un rachat par une autre entreprise, des problèmes techniques à répétition...). Vous devez donner une bonne raison à leurs clients de changer leurs habitudes, tout en réduisant le risque de changer de fournisseur. Il faut donc construire un arsenal d'outils d'aide à la vente pour à la fois séduire de manière factuelle et émotionnelle les clients de vos concurrents. Vous devrez donc mettre en place un kit de prospection pour les clients de ce concurrent à la traîne : des tableaux comparatifs détaillés, des offres de reprises avec un plan de migration, un outil de comparaison de coût ou de ROI...

Ensuite vous pourrez réaliser un argumentaire avec les 7 bonnes raisons de passer chez vous, les 7 raisons de quitter votre concurrent, et si possible avoir un témoignage d'un client qui a migré vers votre offre. Si le changement de produit est complexe (ex. : un produit B2B), il faut parfois adopter une stratégie en deux temps : d'abord proposer un appât pour prendre contact et sonder l'intérêt, puis proposer votre solution.

Vous pouvez par exemple proposer gratuitement :

- Un livre blanc, sur les dernières tendances de votre activité, sur les bonnes pratiques, en mettant en avant vos points forts (et ainsi les points faibles de votre concurrent).
- Un audit gratuit ou un diagnostic.
- La check-list pour mettre en place une nouvelle solution, une nouvelle technique, liée à vos produits.
- Une participation à un Web séminaire informatif.

L'objectif n'est pas de vendre directement, mais d'avoir déjà une oreille attentive pour obtenir un rendez-vous où vous pourrez alors dérouler votre argumentaire commercial. Mais ne pensez pas que le plus dur est fait lorsque le client a finalement été séduit et qu'il a signé chez vous, vous vous trompez.

En effet, il est essentiel de bien préparer l'accueil de ces nouveaux clients (suivi de la migration, mise en place de l'outil…), car souvent les commerciaux de votre entreprise ont déployé d'importants efforts de séduction et fait des promesses, ce qui fait que l'attente chez les nouveaux clients est d'autant plus élevée.

Pour éviter la déception, vous pouvez soit mettre en place une « procédure d'accueil » (ex. : comité de pilotage, suivi par le commercial…), soit désigner un « customer success manager » qui est là pour s'assurer que le dossier se passe dans les meilleures conditions (vous en saurez plus en semaine 8).

Identifiez les cibles à toucher

Une fois votre arsenal prêt, il faut passer en chasse, comme un Ninja, pour attaquer votre cible de manière discrète. Voici plusieurs méthodes à adopter selon le type de produit et d'activité :

Si vous vendez en B2B ou à des professionnels identifiables, par exemple vos produits s'adressent à des directeurs commerciaux, des directeurs marketing, vous pouvez utiliser LinkedIn, les meilleurs annuaires de professionnels. Il suffit de faire une recherche par profil, par exemple « directeur commercial » sur toute la France. Vous obtenez ainsi une liste de personnes, que vous pourrez contacter *via* LinkedIn. Il ne reste plus qu'à les ajouter en contact ou à les contacter directement au téléphone *via* le standard de l'entreprise.

Astuce de Growth Hacker

LinkedIn propose un outil de sauvegarde des recherches. Ainsi vous pouvez obtenir toutes les semaines une alerte par e-mail des nouvelles personnes répondant à vos critères afin de les contacter.

Cependant, pour réussir une prise de contact, il faut soigner son message d'invitation, en y mettant de l'émotion et une bonne raison de vous connaître. Voici la démarche en trois étapes pour la prise de contacts :

Personnalisez le message d'invitation

Exemple pour les responsables de l'expérience client, je mets en avant ma véritable passion pour l'expérience client, ainsi que ma BD sur les bonnes pratiques qui fait toujours son effet avec son côté ludique et abordable :

« Bonjour {*firstname*}, puis-je vous inviter à rejoindre mes contacts ?

Je suis passionné par l'expérience client et les challenges de la transformation digitale.

J'ai d'ailleurs publié une mini-BD avec 73 conseils pour diffuser une culture client dans son entreprise.

Merci et bonne journée !

Frédéric »

Une fois que la personne vous a accepté comme contact, vous pouvez rédiger un message plus commercial, en apportant de la valeur ou un cadeau (ex : un livre blanc, un article, un outil de diagnostic...). Le but est soit de rendre la personne redevable, soit d'avoir une bonne raison de l'appeler.

« Bonjour Madame XXX,

Tout d'abord merci d'avoir accepté mon invitation.

Pour vous remercier, je vous offre mon dernier Livre Blanc « xxx ».

• • •

Je pense que ce contenu pourrait vous intéresser : j'ai rassemblé des analyses et des témoignages d'experts dans l'optimisation de XXX, avec des conseils qui pourraient peut-être vous aider chez ABC à faire XXX.

Vous pouvez le télécharger sur http://www...

Et n'hésitez pas à me contacter, je propose gratuitement à mes contacts LinkedIn un audit express personnalisé de leur stratégie (30 minutes pour faire un point sur votre stratégie, avec à la fin, un plan d'action personnalisé).
Bonne journée,
Frédéric ».
L'alternative est de faire moins commercial en mettant en avant la personne en premier, puis un contenu ludique sur votre site qui vous permettra de récupérer les coordonnées de la personne :
« Rebonjour XXX, et merci d'avoir accepté ma demande de mise en contact.
Quelles sont vos dernières actualités ?
Si je peux vous aider, c'est vraiment avec plaisir !
De mon côté, voici ma BD sur la gestion de la relation client (pas de formulaire, c'est un téléchargement direct) http://conseilsmarketing.rURL.me/t/bgblzd.
Je vous souhaite une superbe fin de journée et de très bonnes fêtes de fin d'année.
Cordialement,
Frédéric Canevet
> *Product manager* chez www.Eloquant.com
> Blogueur sur ConseilsMarketing.com ».

Sachant que vous allez mettre une URL trackée dans votre message, et ainsi vous saurez exactement si la personne a lu ou pas votre e-mail.
Selon le comportement du contact (ouverture de l'e-mail, clic sur le lien...), il s'agit ensuite d'envoyer une série de messages, *via* LinkedIn ou votre solution d'e-mailing (Aweber, Mailchimp...), afin d'envoyer des messages selon le comportement.
Vous verrez comment automatiser vos actions sur LinkedIn avec des outils comme Linked Helper, Phantombuster... et en finir avec la saisie manuelle dans le tuto vidéo de 45 minutes disponible dans l'espace privé du livre Traficcommando.com.

Astuce de Growth Hacker

LinkedIn limite le nombre de recherches que l'on peut faire à la suite et par jour dans son moteur de recherche. De plus, il n'y a pas toute la visibilité sur les relations de niveau 3, c'est-à-dire les contacts de vos contacts directs.
Pour contourner cela, le plus simple est de faire des recherches plus précises en utilisant les opérateurs de recherches de LinkedIn (voir http://bit.ly/recherchelinkedin).

Important : je vous conseille de doubler le message sur LinkedIn avec un e-mail (à quelques jours d'intervalle) sur l'adresse e-mail professionnelle de vos cibles, si vous n'avez pas de réponse, afin d'utiliser un autre canal de communication (tout le monde ne regarde pas LinkedIn tous les jours).

Focus sur LinkedIn la base de contacts professionnels la plus complète pour prospecter

À NOTER
Si vos concurrents ont des groupes d'utilisateurs sur LinkedIn, vous pouvez soit demander à intégrer le groupe pour contacter les membres *via* un profil ou utiliser les outils de Growth Hacking comme Linked Helper, Phantombuster…

Nous venons de voir comment cibler les clients de vos concurrents avec LinkedIn.

Or LinkedIn est la base de données la plus riche car actualisée en quasi temps réel (comptez 2 à 6 mois de retard pour les personnes ayant changé de poste) par ses membres. Nous allons voir comment industrialiser le process et aller chercher plus de prospects. Le but n'est pas de sortir le canon à spam et de faire du mass-mailing, mais au contraire d'aller segmenter votre cible, d'entrer en contact avec les bonnes personnes en apportant de la valeur et en provoquant les premières interactions. C'est particulièrement intéressant en B2B lorsque vous disposez d'une liste de prospects « finie » (ex. : les hôpitaux, les directeurs commerciaux…).

Le principe est simple :

- Vous recherchez *via* le moteur de recherche les profils des personnes qui correspondent à vos critères (ex. : les directeurs marketing en France).

- Vous entrez en contact avec un message personnalisé (300 caractères maximum) qui donne envie d'en savoir plus sur vous, tout en contextualisant le message (ex. : faire référence à un événement comme la nouvelle année, les vacances...) pour montrer que ce n'est pas un message de masse. Vous pouvez le faire manuellement en utilisant des outils de copier-coller automatiques comme Text Blaze (https://blaze.today/). Cependant je vous conseille d'industrialiser cela avec avec Linked Helper. Vous pouvez personnaliser le message avec le prénom de la personne *via* un générateur de messages.

Figure 6.3 – Exemple d'un message de présentation personnalisé avec Linked Helper

- À la suite de l'acceptation, vous envoyez un second message afin de commencer à nouer une relation avec comme prétexte un cadeau. L'intérêt de ce second message est qu'il est illimité en texte ce qui vous permet d'avoir un message plus complet, en particulier en ajoutant des images (il est essentiel que ce message soit manuel afin d'être dans une démarche 100 % personnalisée et sans erreur).

Si le contact a accepté la mise en relation sur LinkedIn, le processus ne s'arrête pas là car c'est juste une première phase de prise de contact, il faut ensuite créer un événement afin d'inciter le contact à échanger avec vous.

Par exemple, 2 à 3 semaines après vous pouvez envoyer une invitation pour un web séminaire, un événement physique… *via* l'envoi de message à vos contacts directs.

En complément, vous pouvez alimenter la relation en recommandant vos contacts sur certaines compétences.

Tout cela pouvant se faire de manière automatique avec des outils comme Linked Helper.

Exemple

À chaque fois que j'anime un web séminaire pour Eloquant, je complète le dispositif promotionnel (e-mailing, blog…) par une promotion à mes contacts LinkedIn. Je commence par cibler parmi mes contacts ceux qui pourraient être les plus intéressés (*via* un ciblage selon le poste) et ensuite je propose un message personnalisé.

Bonjour {firstname},
J'espère que vous allez bien.
De mon côté, après plus de 10 ans passés à travailler dans la relation client, je constate (sans doute comme vous !) que les exigences clients sont de plus en plus élevées, que cela devient un vrai challenge d'y répondre, et encore plus de les surpasser…
Pour essayer d'y voir un peu plus clair, je coanime le jeudi 21 novembre de 14 h 30 à 15 h 15 un web séminaire sur le sujet « Centre de relation client : 3 défis à relever pour répondre aux nouvelles exigences client ».
Est-ce que cela vous intéresse d'y assister ?
Si oui, vous pouvez vous inscrire sur http://bit.ly/33LhTIq.
Si vous n'êtes pas disponible le 21 novembre dites-le-moi, et je vous enverrai par e-mail le replay vidéo et aussi la présentation PowerPoint.
Excellente fin de journée à vous.
Frédéric.

Grâce à cette technique, j'arrive à générer 20 à 30 % des inscrits au web séminaire (y compris auprès de personnes étant déjà dans nos bases d'e-mailings mais qui pourtant ne s'inscrivent pas), à la fois avec des personnes qui s'inscrivent en direct et ceux qui demandent le replay.

À noter que de nombreuses personnes se contenteront d'un commentaire automatique de LinkedIn sans rien faire (ex. : Merci, c'est gentil…). Pour ces personnes-là, préparez une réponse automatique du genre « Est-ce que vous voulez de l'aide pour vous inscrire au web séminaire, ou vous préférez que je vous envoie le replay et les slides ? », et vous allez augmenter fortement le nombre d'inscrits et de demandes de replay.

Une fois le web séminaire effectué, vous envoyez comme d'habitude une série d'e-mails à vos inscrits *via* du *marketing automation*, accompagné d'un nouveau message sur LinkedIn en offrant le replay et les slides à toutes les personnes ayant manifesté l'intérêt.

Enfin, vous complétez le message LinkedIn par l'envoi d'un e-mail à tous les contacts ayant manifesté un intérêt mais qui ne se sont pas inscrits. Pour cela, il suffit d'utiliser les outils suivants : Hunter.io, FindThatLead.com, snow.io... et une solution de vérification d'e-mails comme Mailtester.com/.

À NOTER

- Vous êtes limités à 30 000 contacts par profil, or cela peut grimper très vite. Donc n'ajoutez pas trop de personnes en masse, sinon vous allez rapidement atteindre les limites et devoir supprimer des personnes ou ouvrir un second compte.
- Lorsque vous publiez des contenus sur LinkedIn, n'oubliez pas de contacter les personnes qui ont liké la publication, c'est souvent l'un des meilleurs moyens d'identifier un prospect tiède. Vous pouvez aussi identifier les *likers* des articles sur LinkedIn ou d'une personne sur LinkedIn (ex. : les *likers* de vos concurrents).
- Vous pouvez récupérer ses coordonnées téléphoniques (mais souvent personnelles, donc faites attention !) directement depuis sa fiche LinkedIn.

Astuce de Growth Hacker

Il est possible de récupérer les adresses e-mails professionnelles pour compléter les messages sur LinkedIn avec des « extracteurs » qui soit mettent en commun des carnets d'adresses, soit devinent les adresses e-mails *via* la structure d'e-mails de l'entreprise. Ces services s'appellent VoilaNorbert.com, Findthatlead.com, Snov.io, Hunter.io, Anyleads.com... L'utilisation en est délicate, car sans le consentement de la personne vous n'avez pas le droit d'utiliser cet e-mail. C'est pourquoi la possibilité que l'on peut juger comme acceptable (sauf nouvelle jurisprudence), est d'utiliser ces services pour entrer en contact avec une personne qui a déjà accepté votre demande d'invitation mais pour laquelle vous n'avez

• • •

pas l'e-mail pro. Voici par exemple l'e-mail pro de Frédéric deviné par Hunter.io (150 premiers e-mails gratuits, puis 39 $/mois minimum).

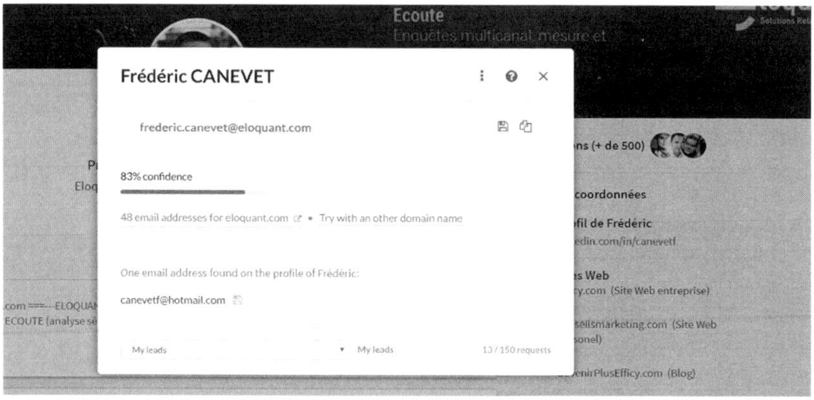

Figure 6.4 – Hunter.io suggère un e-mail et une probabilité de pertinence

Il existe aussi des outils comme DropContact.io qui permettent d'enrichir une base de données en ajoutant le secteur d'activité...

LinkedIn est également un excellent outil pour faire du recrutement de prospects pour un événement physique afin de toucher des personnes au-delà de votre cercle d'influence.

Exemple

En 2019 nous avions listé comme cible prioritaire les responsables de l'expérience client dans le secteur de la banque des mutuelles et des assurances. Nous voulions recruter de nouveaux contacts et nous placer comme une référence. Nous avons commencé par faire une étude sur l'évolution des avis des clients de ce secteur pendant 10 ans *via* un *scraping* des avis sur le web. Nous avons ensuite passé ces avis au travers de notre moteur d'analyse sémantique afin d'en déterminer des tendances et en faire une étude.
Fort de ce contenu original, j'ai commencé le recrutement sur LinkedIn. Mais cette fois la cible étant très petite et très qualitative, j'ai demandé à mon assistante d'inviter manuellement une liste que j'avais travaillée (extraction de mes propres contacts et filtrage sur Excel grâce au téléchargement de mes archives personnelles), puis

• • • invitation dédiée par profil pour recruter de nouveaux contacts. À la suite de cela, Sabrina à fait une invitation 1 par 1 afin d'avoir toujours le bon prénom, le nom de l'entreprise et y ajouter des images teaser sur l'étude pour avoir encore plus d'impact. Finalement, ce sont plus de 60 personnes qui se sont déplacées lors de la matinée, plus le double qui ont demandé à avoir les slides. Nous avons réexploité le dispositif au travers d'une web conférence dédiée (plus complète que la matinée), ainsi qu'avec la sortie d'un livre blanc PDF & papier. Nous avons eu une dizaine d'articles de presse grâce à cette étude, et des invitations à intervenir pour la présenter.

Astuce de Growth Hacker

La base SIREN est disponible sur le site du gouvernement : http://www.data.gouv.fr/fr/datasets/base-sirene-des-entreprises-et-de-leurs-etablissements-siren-siret/.

Il n'y a aucune coordonnée directe (pas d'e-mails ou de numéros de téléphone) mais cette base a le mérite de lister l'ensemble des entreprises en France.

Ainsi vous pouvez utiliser ce fichier Excel pour filtrer les entreprises à contacter. Par exemple, vous pouvez filtrer les entreprises avec plus de 50 salariés, les entreprises dans un secteur d'activité donné, les entreprises d'un département. En alternative à la base SIREN (gratuite), vous pouvez louer des bases de données comme Nominations.fr qui proposent des bases de données avec souvent des e-mails et des numéros de téléphone.

Il ne reste ensuite plus qu'à embaucher un téléprospecteur pour appeler les prospects dans votre cible en recherchant les numéros de téléphone sur Internet, d'où l'importance d'utiliser les médias sociaux (ex. : LinkedIn) pour identifier les décideurs de ces entreprises.

Analyser les clients de la concurrence grâce aux informations en libre accès sur Internet

Il est aussi possible d'identifier les clients de ses concurrents en utilisant les témoignages des concurrents sur le web. En effet, la relation client n'est pas linéaire : il y a toujours des à-coups, avec des insatisfactions (en particulier, plus le client sera ancien, plus sa propension à changer de solution sera importante). Pour cela, nous allons voir comment exploiter les témoignages sur Internet et les avis clients.

Exemple

Dans mon domaine de la formation vidéo en ligne, il existe de nombreuses plateformes qui permettent d'identifier de manière plus ou moins simple les personnes ayant laissé un avis. Ainsi, sur LinkedIn Learning, vous pouvez obtenir la liste des personnes qui ont aimé un cours sur la plateforme. C'est pourquoi j'ai utilisé le logiciel PhantomBuster.com (30 €/mois) pour récupérer automatiquement dans un fichier Google Sheets la liste des personnes ayant aimé les formations *marketing automation*, réseaux sociaux... Ensuite j'ai utilisé à nouveau PhantomBuster.com pour leur envoyer un message d'invitation spécifique sur LinkedIn en leur proposant un essai gratuit pour une de mes formations (qui sont bien meilleures que celles proposées par LinkedIn). Grâce à cela j'ai récupéré de nombreux nouveaux abonnés !
Sur Udemy.com, il était bien plus difficile de faire la même chose à partir des listes d'avis sur les formations, car je n'avais que les pseudos des inscrits et seuls certains avaient un prénom & nom réel. J'ai donc chargé Sabrina (mon assistante virtuelle), de rechercher sur LinkedIn les personnes avec leurs prénoms et nom, et de leur proposer directement une remise très importante sur un de mes cours sur la plateforme. Cette fois le résultat fut plus mitigé (moins de 1 % de conversion), le prix de mes cours étant supérieurs à la moyenne d'Udemy.com.

Twitter a le gros avantage d'être totalement ouvert, il est ainsi possible de visualiser la liste des « fans » d'une marque pour ensuite les contacter. Pour cela, il suffit d'aller voir les abonnés d'un compte Twitter, puis simplement de les ajouter en masse (par exemple avec des outils comme PhantomBuster.com, RankyBird.com...). Ensuite, j'utilise toujours ces outils pour envoyer un message de bienvenue automatique à mes nouveaux abonnés, puis avec PhantomBuster.com j'envoie un message ciblé à mes propres abonnés (120 messages/jour) pour leur faire part d'un nouveau bonus ou d'une promotion spéciale. Pour que mon message ne fasse pas trop « spam », j'extrais auparavant tous mes abonnés sur Google Sheets avec PhantomBuster.com afin de filtrer les comptes non pertinents (ex. : localisation hors de France, mots en anglais dans la bio, tops influenceurs qui pourraient mal prendre mon message…) ou de filtrer sur les hashtags pour proposer des promotions ciblées.

Retrouvez sur Traficcommando.com (semaine 6) un tuto de 35 minutes qui vous explique pas à pas comment envoyer un message à vos abonnés Twitter.

Cette démarche peut se décliner sur tous les réseaux sociaux. Vous pouvez identifier qui like chacun des statuts d'une page Facebook ou LinkedIn, afin d'adresser vos demandes de contact à des personnes intéressées par une thématique ou fans de vos concurrents. Il suffit alors de les contacter directement soit *via* un message ou avec une demande de contact.

À NOTER
Je propose des liens de téléchargement directs afin de ne pas faire trop commercial et inciter les lecteurs à lire les documents. En revanche, sur la même page j'ai d'autres contenus à télécharger en échange de coordonnées.

Malheureusement, selon le réseau social, vous aurez plus ou moins de facilité à automatiser vos prises de contacts. Par exemple, sur Facebook si ces personnes ne sont pas vos contacts directs, votre message tombera systématiquement dans la boîte des spams de Facebook Messenger (qui sont très peu lus, c'est donc peu efficace). Dès lors, votre solution sera d'inviter avec un profil personnel ces personnes (ce qui nécessite d'avoir plusieurs profils), puis de leur envoyer un message automatique une fois la demande de contact acceptée.

À NOTER
Attention à l'ajout automatique des contacts de vos concurrents sans tri préalable. En effet dans de nombreux cas vous allez inviter aussi les collaborateurs de l'entreprise. Faites donc une première invitation automatique, et la seconde devra être manuelle, soit par vous-même, soit avec une assistante que vous aurez briefée auparavant.

Mais cela ne sera pas facile à automatiser, car Facebook est strict sur l'automatisation et va bloquer votre compte très rapidement en cas de copier-coller systématique ou d'ajout en masse trop rapide… Nous verrons dans le chapitre de la semaine prochaine quelques outils qui peuvent quand même vous aider à automatiser ces tâches.

En revanche, en utilisant LinkedIn vous aurez plus de marge de manœuvre. Vous pourrez facilement identifier automatiquement toutes les personnes ayant aimé un statut LinkedIn, puis en leur envoyant un message d'invitation (*via* Phantombuster ou Linked Helper).

En dehors des réseaux sociaux, vous pouvez aussi identifier des cibles qui expriment publiquement leurs problèmes avec une marque ou qui en sont moyennement contents.

Pour cela vous pouvez utiliser les sites d'avis publics comme Truspilot.com pour repérer les acheteurs d'une marque donnée. En effet, la majorité des personnes affichent un nom et prénom publics, ce que vous permettra d'identifier ces personnes sur d'autres réseaux, en particulier LinkedIn.

Pour scraper les avis de TrustPilot.com, vous pouvez utiliser des outils comme Octoparse.com ou Webscraper.io.

Mikael Monjour, professeur de Growth Hacking chez Eduba (https://www.eduba.school/) vous a réalisé un tuto complet sur la façon de récupérer les avis sur TrusPilot avec webscraper.io sur ce lien https://bit.ly/webscraperio.

Les mots-clés de vos concurrents via Google Ads

Nous avons vu précédemment qu'en France, il est possible d'utiliser les mots-clés de votre concurrent pour afficher vos annonces, c'est donc une bonne occasion pour aller détourner un peu de trafic en particulier si vous êtes challengé ou nouveau sur un marché (mais rappelez-vous qu'il n'est pas possible d'utiliser la marque dans les textes de vos annonces).

Les sites de comparaison de solutions (logiciels, produits…)

En B2B, il existe de nombreux sites pour comparer les logiciels comme GetApp, G2crowd, Appvizer… avec la possibilité de filtrer les témoignages en mettant en avant les utilisateurs plus mécontents.

Voici l'exemple de GetApp.com, avec plus de 13 000 avis sur Salesforce, dont 10 % sont négatifs. Il suffit alors d'identifier les utilisateurs pour les contacter.

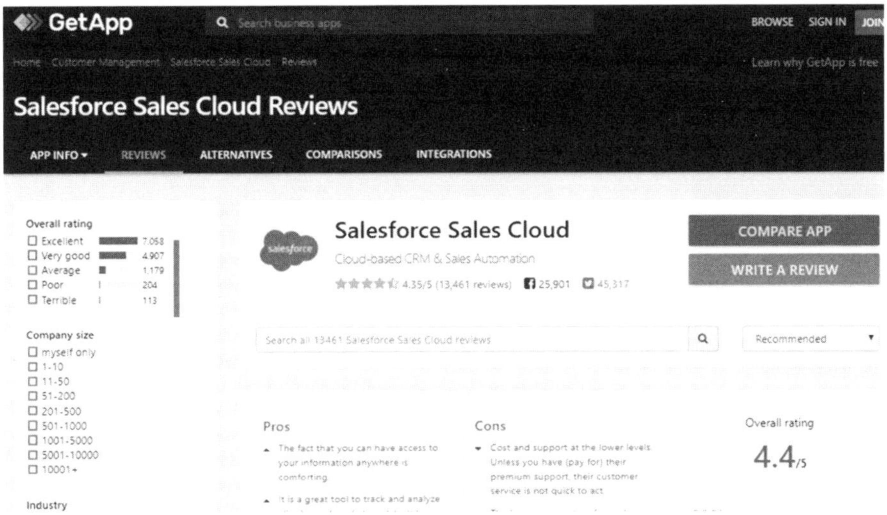

Figure 6.5 – Les sites de comparaisons de produits, une mine d'or pour cibler les clients des concurrents et trouver de l'information pour ses argumentaires

Entraînement 3 : Organisez un événement pour être au cœur de votre écosystème

Nous avons vu l'importance de participer à un événement. Pour devenir « la » référence dans votre domaine, un moment clé est de créer un événement afin de devenir incontournable. Cet événement est prioritairement physique (soirée, journée...), mais il peut aussi être virtuel (100 % en ligne).

Voici quelques événements à prendre en exemple :

- Une soirée de remise de prix, comme Wizishop et le concours « Le Formidable eCommerçant ». Le dispositif autour de l'événement est complet, car il y a d'une part un site Internet dédié, formidable-ecommercant.com, avec près de 30 sponsors qui offrent gratuitement des lots aux gagnants (plus de 100 000 € en cadeaux), une série d'annonces (appels aux candidatures, relais sur les médias sociaux, communiqués de presse...) et bien entendu une soirée physique à laquelle sont invités des influenceurs, des journalistes, etc[1]. Ce qui fait la différence dans cette opération, c'est la mobilisation des blogueurs, journalistes, pour donner une résonance à l'événement, ainsi que les donations de prix par les partenaires.

- Une journée de formation, gratuite ou payante. Par exemple Morgane Février et Antoine Peytavin ont organisé le Web Entrepreneur Day (web-entrepreneur-day.com) avec un tarif low cost (99 €) couvrant surtout les frais de l'événement. La clé a été de faire intervenir des influenceurs dans leur domaine pour une journée de conférence, puis un lobbying auprès des intervenants pour qu'ils relaient cet événement auprès de leur communauté. Loïc Simon a lui préféré le 100 % gratuit lors du Social Selling Forum (socialsellingforum.fr) en faisant payer les sponsors, et en étant hébergé par une grande marque liée à la thématique (ex. : Oracle, IBM...). Suite au succès des éditions parisiennes, Loïc a fait appel à une agence qui a décliné l'événement sur une dizaine de villes en régions. Le succès du Social Selling Forum vient des ateliers gratuits sur les nouvelles méthodes de vente, qui est un des sujets à la mode, ainsi que des relais par les experts qui partagent les bonnes pratiques. Mathieu Jardin a également organisé une soirée gratuite spéciale freelances et consultants, avec comme éléments différenciant des actions d'envoi de messages ciblés sur des profils LinkedIn et l'utilisation des Groupes Facebook.
- Un événement 100 % virtuel : c'est par exemple Thomas Gasio de digitimus.fr qui a organisé le plus long Facebook Live en France, avec des conférences live d'entrepreneurs. La clé de son succès a été de faire appel à des experts et de transformer son appartement en studio TV !

---

1 Voici une vidéo qui résume le concept https://www.youtube.com/watch?v=5vdCpu3Npik.

Si vous ne savez pas comment organiser une soirée ou un événement, j'ai rédigé pour vous deux articles complets :

- La check-list pour organiser un événement, une soirée : http://www.conseilsmarketing.com/promotion-des-ventes/la-checkliste-ultime-pour-organiser-et-reussir-votre-soiree-dentreprise.
- Comment faire venir plus de monde à un événement : http://www.conseilsmarketing.com/promotion-des-ventes/comment-faire-venir-plus-de-clients-lors-dun-evenement.

Entraînement 4 : Mettez en place des concours et quiz

Les concours ne sont plus aussi efficaces qu'il y a quelques années, avec leur multiplication, en particulier depuis l'arrêt de l'obligation de publier un règlement auprès d'un huissier de justice (ce qui coûtait auparavant 500 € au minimum).

Cependant, bien mené, un jeu ou un concours peut se révéler efficace pour dépasser sa zone d'influence. Une des clés de la réussite d'un concours est certes les lots motivants, mais surtout la promotion et la valorisation de celui-ci.

Organiser un concours caritatif

Le but est de trouver une « bonne cause » à sponsoriser, et à vous baser sur cette image pour vous faire connaître.

Exemple **par Frédéric**

J'ai lancé en 2014 l'opération LesBlogueursOntDuCoeur.fr, qui consistait à récolter des dons pour des écoliers africains (plus de 2 500 €) dans le cadre d'une course solidaire à laquelle participait Patricia V., une de mes collègues de bureau.
Le principe était simple : vendre une quantité limitée de produits numériques à – 50 % sur un site dédié. Pour assurer le succès, j'ai envoyé un e-mailing à ma liste de contacts, en expliquant l'aspect

• • •

> caritatif de l'action. J'ai aussi contacté d'autres Web marketeurs que je connaissais bien afin qu'ils offrent aussi des produits numériques, ou au minimum qu'ils relaient l'information.
> J'ai ensuite contacté tous les contacts « influents » que je connaissais, afin de leur parler de ce concours. Enfin, j'ai réalisé un communiqué de presse que j'ai envoyé à tous les blogueurs influents dans mon domaine afin de voir si eux aussi « avaient du cœur ». Au final, tous les produits soldés se sont vendus en quelques jours.
> Attention : il ne faut pas utiliser l'association comme un prétexte, mais il faut véritablement vouloir l'aider (financièrement ou en communication).

Envoyer des cadeaux aux influenceurs

Envoyer des cadeaux pour séduire les influenceurs est une pratique courante chez les blogueurs.

Quatre grandes stratégies existent :

- **Offrir un cadeau pour rendre « redevable » le blogueur et ainsi faire en sorte qu'il parle de vous.** Par exemple, si vous avez un produit physique ou un service, vous pouvez le personnaliser en l'offrant à un influenceur à qui il sera utile. La clé pour réussir est d'apporter de l'utilité et de montrer le caractère personnalisé de la démarche.
- **Offrir un cadeau Whaou qui va faire que l'influenceur va parler de vous à son réseau.** Le but est de miser sur le fait que dans notre monde si virtuel, recevoir un objet physique marque les esprits, en particulier s'il est original et lié à votre thématique. Par exemple, j'ai reçu un coussin avec mon logo et la couleur de ma charte graphique, il va sans dire que j'ai relayé massivement l'information. Plus récemment, j'ai reçu par la Poste une infographie imprimée dans un cadre au format XXL de la part de Datananas.com (solution de prospection *via* les médias sociaux). Habituellement je ne relaie pas d'infographie, mais devant l'effort déployé (livraison chez moi), l'originalité de la démarche et le contenu qualitatif, je l'ai obligatoirement relayé sur tous mes comptes.

- **Offrir votre produit pour son utilisation principale en échange d'une visibilité.** Par exemple, j'ai reçu un prompteur iPad/Samsung par le site prompteuripad.com, avec une proposition simple, m'envoyer un prompteur iPad en échange d'un article sur le blog. Comme c'était un outil que j'étais curieux de tester, j'ai sauté sur l'occasion. SEMrush m'a également proposé le même type de partenariat, avec l'utilisation de sa solution pendant 6 mois en échange d'un avis sur les nouvelles fonctionnalités. SEMrush a même été plus loin, car en complément du test du produit, il y avait un programme d'affiliation (ce qui me permet de toucher un pourcentage sur les ventes), ainsi qu'un cadeau (un panier gourmand) offert chaque année à Noël afin de fidéliser les meilleurs affiliés. SEMrush utilise intelligemment cette proximité avec ses influenceurs, par exemple en leur proposant de participer à des *guest postings* sur son blog ou encore de participer à des articles collaboratifs.
- **Organiser un concours en jouant sur les egos.** Le but est que les influenceurs se sentent privilégiés. Par exemple, j'ai reçu une carte papier avec une liste des blogs les plus influents en Webmarketing, il va sans dire que j'ai été fier de relayer l'information. Plus récemment, l'agence d'influenceurs Reech.com a organisé un mini-concours auprès de sa liste d'influenceurs. Le site a réalisé une infographie sur l'influence en France, et a demandé à toutes les personnes de son fichier de participer à un concours avec un tirage au sort pour gagner deux bons d'achat de 100 €, en relayant l'infographie sur Twitter ou Facebook avec le mot-clé « EtudeReech ». Cela signifie que pour un budget de 200 €, Reech.com a obtenu des dizaines et des dizaines de partages sur les médias sociaux. Mais ce qu'il faut retenir, c'est que c'est l'étude pertinente qui a fait partager les influenceurs, et non pas les 200 € à se partager !

À NOTER

Ne pas avoir d'obligation de recourir à un huissier pour le règlement de votre concours ne vous dispense pas d'avoir un règlement afin d'éviter tout litige. En effet, il y a souvent des râleurs, des concouristes professionnels qui peuvent vous nuire simplement par frustration. Donc prévoyez toujours un règlement, même sommaire.

Organiser un concours viral

Au-delà des cadeaux et concours auprès des influenceurs, vous pouvez aussi miser sur la viralité auprès de vos utilisateurs, prospects, clients... Le but est de lancer un concours qui va inciter à partager sur les médias sociaux, plus que d'attirer des prospects ciblés car cela devient de plus en plus difficile.

Votre objectif doit être de jouer sur l'effet « boule de neige », en proposant une incitation à partager, soit peu onéreuse, soit avec une perspective de gagner qui motivera les participants. Par exemple, si vous êtes dans le domaine des produits numériques (ex. : ebooks, formation vidéos...), vous pouvez offrir un eBook ou une mini-formation en échange d'un partage sur les médias sociaux.

Pour vous aider, vous avez plusieurs solutions low cost de concours viraux :

- https://gleam.io/ (à partir de 10 $/mois)
- agorapulse.com (79 €/mois)
- rafflecopter.com (13 $/mois)
- promosimple.com (14 $/mois)

Exemple

Sur ConseilsMarketing.com je voulais faire décoller le nombre de mes abonnés à ma chaîne YouTube. J'ai donc réalisé un eBook avec un prix officiel de 7 €, mais il n'avait qu'un but : inciter mes lecteurs à devenir fan de ma chaîne YouTube (et éventuellement relayer l'information sur les médias sociaux).
Pour cela, j'ai utilisé Gleam.io, sélectionné un des modèles clés en main qui était conçu pour augmenter le nombre de fans d'une chaîne YouTube :

• • •

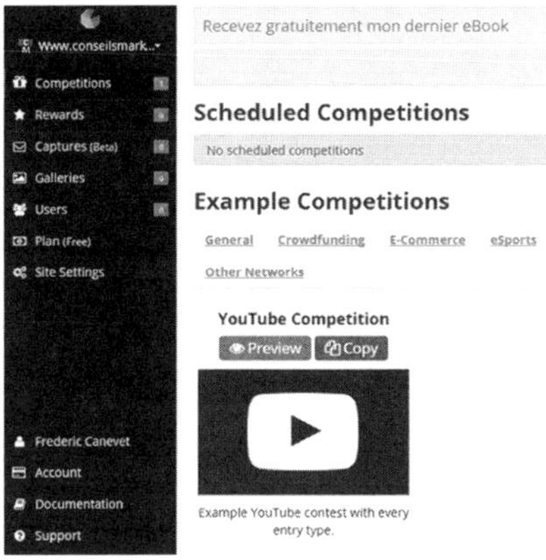

Figure 6.6 – Avec Gleam, organisez un concours en 30 minutes

À partir de ce modèle, j'ai réalisé en quelques minutes un concours pour lequel les personnes devaient soit devenir fan de ma chaîne YouTube, soit aimer ma page Facebook, soit partager sur les médias sociaux afin de recevoir le guide gratuitement.

Figure 6.7 – Structure et mécanismes des concours prêts à l'emploi

À NOTER

• Dans le cadre de contenus à forte valeur ajoutée, vous pouvez aussi utiliser le système qui consiste à demander au lecteur de partager un article sur les médias sociaux pour voir le reste de l'article ou obtenir un document. Pour cela, vous pouvez utiliser par exemple Thrives Leads (https://thrivethemes.com/leads/) ou Viral Locker (https://codecanyon.net/item/share-locker/3943165?s_rank=1 – 19 $). Pour que ce système fonctionne correctement, il faut proposer un complément à l'article (ex. : une vidéo, une check-list, et ne pas juste masquer une partie de l'article, ce qui frustre souvent les lecteurs).

• Vous pouvez aussi utiliser le jeu sans organiser de concours, simplement en jouant sur l'humour. Par exemple, j'ai créé un quiz « Quel type de commercial êtes-vous ? » avec une solution de création de quiz en ligne : https://www.onlineassessmenttool.com/fr/quel-type-de-commercial-etes-vous/assessment-45171. J'ai partagé ce quiz sur les réseaux sociaux et ainsi obtenu plusieurs de dizaines de partages, le quiz étant original et drôle.

Entraînement 5 : Jouez les agents doubles sur les groupes Facebook

Il faut être clair : Facebook est avant tout là pour faire payer de la publicité aux entreprises. C'est pourquoi, le réseau social a réduit à néant l'impact des publications des pages Facebook afin d'inciter les entreprises à payer pour avoir plus de visibilité.

Cependant, Facebook n'a pas défavorisé la portée des publications à l'intérieur des groupes Facebook, ni leur intérêt pour animer une communauté. Nous allons donc voir comment en profiter.

Voici trois utilisations pratiques des groupes Facebook :

1. Comme outil communautaire.

À NOTER

Le groupe ne doit être qu'un soutien et un moyen d'avoir plus de visibilité, cela ne doit pas être la base de votre business.

On peut utiliser la simplicité et l'universalité de Facebook pour développer son business *via* un groupe.

Par exemple, un site de covoiturage peut créer un groupe Facebook pour chaque ville. Les utilisateurs peuvent poster leurs annonces avant d'aller sur le site pour commander. Cela évite de développer une plateforme Web ou une application mobile dans un premier temps, en bénéficiant du système d'alertes de Facebook, des notifications, etc.

Exemple

Thomas Gasio et Ling-en Hsia ont créé des groupes privés pour leurs clients. Cela leur permet de maintenir le lien avec leurs communautés, et de transformer des clients en vrais fans ! Ling-en fait des *lives* et publie des vidéos sur son groupe afin de partager des coups de cœur et les coulisses de son activité. Thomas anime son groupe en donnant une dimension événementielle à la publication de ses vidéos. Il a par exemple lancé un calendrier de l'Avent où des influenceurs publient 1 astuce tous les jours pendant 1 mois.

2. Pour attirer votre cible.

Vous pouvez, par un nom de groupe bien ciblé, attirer les personnes qui vont taper cette recherche dans la barre de Facebook, ou *via* les suggestions de groupes Facebook.

Dès lors, elles demanderont à rejoindre le groupe. Vous pourrez par ce biais vous poser en expert dans votre domaine si vous y publiez du bon contenu en rapport avec le nom du groupe.

Exemple

Growth Hacking France est un groupe administré par TheFamily.
Le groupe Facebook a permis à Growth Hacking France de se positionner en tant qu'expert et aujourd'hui, c'est un relais pour parler de son école gratuite pour les employés de start-ups. L'entreprise a fédéré l'écosystème des Growth Hackers dans un groupe Facebook.

• • •

• • •

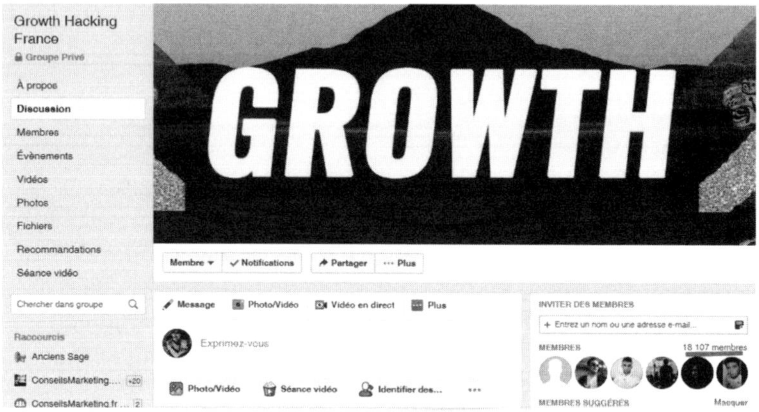

Figure 6.8 – La communauté Growth Hacking de The Family

De même je suis coadministrateur du groupe « Les *community managers* francophones » qui fédère plus de 7 000 personnes. Cela me permet de me poser en référence dans le domaine en partageant mon expertise et à mettre discrètement en avant mes contenus en répondant aux questions (sans faire trop promo).

3. Pour notifier vos amis Facebook et les avertir de vos actualités.

Quand un de vos amis est dans le même groupe que vous, il reçoit une notification à chaque fois que vous publierez sur ce groupe.

Si une partie de votre réseau professionnel fait partie de vos amis Facebook, c'est l'occasion de les ajouter à votre groupe pour avoir l'opportunité de tous les notifier en publiant du contenu de qualité.

Comment publier dans les groupes sans être un spammeur ?

Comme je le disais plus haut, la portée organique des publications a moins été réduite dans les groupes que *via* les pages. Une bonne publication sur un groupe peut encore avoir un grand succès à moindre coût.

Vous pouvez par exemple avoir un nombre important de clics sur un commentaire bien placé avec un lien.

La deuxième chose intéressante avec les groupes Facebook est leur rassemblement par centre d'intérêt et/ou zone géographique. (ex. : Growth Hacking France, Startups ecosysteme Grenoble, Bons plans Paris, etc.)

Vous pouvez donc cibler les groupes en fonction de ces deux critères pour rendre votre action la plus efficiente possible. La seule problématique est de se faire accepter dans le groupe puis par les membres du groupe. Il faut y aller doucement et toujours orienter ses messages comme des prises de parole au sein d'une communauté et pas des annonces publicitaires. En effet, ces groupes sont des communautés, c'est ce qui les rend extrêmement puissants, mais parfois difficiles à exploiter.

Astuce de Growth Hacker

Au lieu de rejoindre un groupe avec votre profil, rejoignez plutôt les groupes en tant que page afin d'aller capter des fans. Pour cela tapez dans le moteur de Facebook votre thématique, et sélectionnez uniquement les groupes. En passant votre souris sur les boutons vous pourrez voir si vous pouvez vous inscrire avec une page ou avec un profil. Ensuite créez une publication virale et donc pas trop promo (par exemple avec une actualité, une citation, une image drôle...) sur votre page. Puis partagez-la dans les groupes (c'est une option quand vous créez la publication, il suffit de mettre le nom du groupe que vous aurez copié dans la liste des groupes de la page). Une fois la publication de la page mise en ligne dans le groupe, vous pouvez mettre dans les commentaires un lien vers votre page ou votre site, en prenant bien soin de faire 1 ou 2 commentaires avec des profils secondaires pour ne pas vous faire trop repérer. L'alternative moins « promo » est de ne pas mettre de lien, mais juste d'inviter les gens qui ont liké dans le groupe ou commenté à devenir fans de votre page. Attention, ne faites pas plus d'une dizaine de partages en même temps sur plusieurs groupes sinon vous serez banni...

À NOTER

Quand un modérateur voit votre demande d'ajout à un groupe, il voit aussi votre ancienneté et votre nombre de groupes sur Facebook. Évitez donc de demander à rejoindre un groupe si vous avez un compte depuis 4 jours et que vous êtes déjà dans 450 groupes...

Voici quelques bonnes pratiques et techniques d'approche

■ Demander l'avis de la communauté

Pour présenter votre produit ou votre service sans être perçu comme un publicitaire, n'hésitez pas à vous présenter comme un utilisateur de celui-ci. Pour inciter la communauté à découvrir votre outil, décrivez ses points forts et demandez au reste de la communauté s'il a eu l'occasion de tester, et si oui, ce qu'il en pense. L'intérêt sera double : avoir des avis sur votre produit/service et pousser la communauté à le tester sous l'influence d'un avis positif.

Exemple

Clickncom est une solution qui permet de créer des jeux marketing personnalisé pour augmenter l'engagement des internautes et améliorer l'image de marque. Pour faire connaître sa solution Germinal.io a identifié des groupes de marketeurs et a adopté une approche en le positionnant comme une des solutions parmi les leaders du marché :
« Salut la communauté,
Je cherchais un moyen un peu sympa de faire des jeux-concours avec une autre méthode que "tague ton pote et met un like sur la page".
J'ai vu plusieurs outils comme Agorapulse, Clickncom.com, Fastory...
Quelqu'un a déjà testé ces outils ? Je suis preneur de retours sur la qualité de l'outil et les perfs !
Merci d'avance pour vos retours ! »

■ Demander des conseils

Dans le même esprit que les demandes d'avis, les demandes de conseils fonctionnent bien dans les groupes actifs. Le double intérêt dans ce cas-là est de réaliser une veille de la concurrence en même temps que la mise en avant de son produit.

Exemple

Un autre type de message utilisé pour la stratégie Facebook de Clickncom était :
« Hello la communauté,
Est-ce que vous avez des tips ou des outils à me donner pour organiser des jeux-concours d'une façon un peu plus sympa que "tague ton pote et met un like sur la page" ?
J'ai trouvé ça en cherchant un peu http://bit.ly/Clickncom-com.
Ils proposent un accès la version bêta en ce moment alors c'est l'occasion de tester 😈.
Quelqu'un s'en est déjà servi ? Un retour d'expérience à partager ? »

Interagir de façon naturelle

Faire de la veille est un excellent moyen d'interagir avec le groupe (il y a un moteur de recherche dans les groupes, il faut l'utiliser !). On va répondre aux messages des membres en y présentant son produit comme exemple, et surtout lorsque c'est pertinent.

Par exemple, si vous éditez une solution pour publier automatiquement dans des groupes, positionnez-vous sur ce genre de questions :

Figure 6.9 – Intervenir ou faire intervenir un contact pour lancer une conversation sur sa thématique

Créer des interactions avec ses amis pour augmenter la visibilité du post

Si vos publications ne suscitent pas l'intérêt ou bien que personne ne pose la bonne question qui vous permettra de présenter votre produit incognito, il suffit de générer ces interactions *via* vos amis ou *via* votre Pod Whatsapp (voir semaine 5).

Exemple

Dans le post ci-dessous, les cinq premiers likes et commentaires sont concertés, ce qui a permis de faire remonter le post Facebook dans l'algorithme, et de créer l'effet boule de neige (plus de 150 visites sur le site et 50 CV demandés).

Figure 6.10 – Sur Facebook, plus vous avez d'interactions rapidement, plus vous êtes visible

Publier une offre d'emploi (sans préciser que c'est un stage)

Les groupes d'offres d'emplois sont très dynamiques sur Facebook, le problème est qu'il est impossible d'y présenter un produit. Comment faire alors ?

Postez une annonce d'offre d'emploi où vous présentez votre culture d'entreprise et votre produit. Cela permet de vous faire connaître à moindre coût.

À NOTER
Au fil du temps l'annonce est de moins en moins vue, car les personnes auront déjà visité le site de l'entreprise.

Astuce de Growth Hacker

Il est possible de faire « remonter » dans un groupe une publication que vous avez faite, même il y a plusieurs semaines. En effet, le principe des groupes est que si une personne commente une publication (même ancienne), celle-ci remonte en premier. L'astuce consiste à retrouver votre publication dans le groupe (*via* le moteur de recherche), puis à faire un commentaire, et dès que celui-ci est publié de le supprimer. Ainsi votre publication reviendra en premier, sans que les membres ne voient pour autant votre manipulation.

PLAN D'ACTION

Votre mission pour la semaine 6

Vous venez de comprendre comment augmenter votre sphère d'influence au-delà de votre territoire de prédilection. Facebook, LinkedIn, Instagram sont des gisements de contacts qualifiés à exploiter ! Mais attention, n'abusez pas des médias sociaux et des sorties. Il faut aussi travailler. Planifiez au maximum une sortie par semaine.

- ☐ **Repérez un événement physique ce mois-ci dans votre ville et participez-y**, avec une préparation en amont (contact des participants…) et une exploitation post-événement. (0,5 jour)
- ☐ **Repérez un concurrent faible dans votre secteur et hackez ses clients**, avec une offre, un dispositif marketing et un ciblage. (1 jour)
- ☐ **Exploitez vos contacts LinkedIn et Facebook** pour un événement comme un Web séminaire, un livre blanc, une soirée que vous allez organiser pour devenir un leader de votre secteur. (1 jour)

Semaine 7

Automatisez pour lancer une campagne de propagande

Le briefing

Les techniques de Ninjas, Facebook Ads… vous permettent de vous faire la main et de tester vos offres, mais elles ne vous permettront pas de surpasser vos concurrents et de devenir la référence dans votre domaine. En effet, vous devez à un moment casser le « plafond de verre » qui vous empêche de démultiplier vos résultats.

Vous devez monter en puissance et gagner en visibilité au-delà de votre sphère d'influence naturelle. Cela veut dire automatiser les actions et les tâches. C'est pourquoi, dans cette septième semaine, nous allons vous présenter les techniques et les outils d'automatisation. Lorsque vous êtes en phase de croissance, votre objectif est donc de trouver de nouveaux gisements de prospects, sans pour autant dépenser beaucoup plus de temps et d'argent.

Nous allons donc voir comment automatiser (dans la limite du raisonnable) vos actions de génération de prospects.

Pour cela il existe une méthode simple en 4 étapes :

1. Identifiez un carrefour d'audience où vos prospects sont présents.
2. Trouvez un moyen de croître *via* ce gisement.
3. Testez votre idée manuellement *via* un petit volume de contacts et mesurez les résultats obtenus, puis corrigez le tir.
4. Automatisez ou sous-traitez pour monter en puissance.

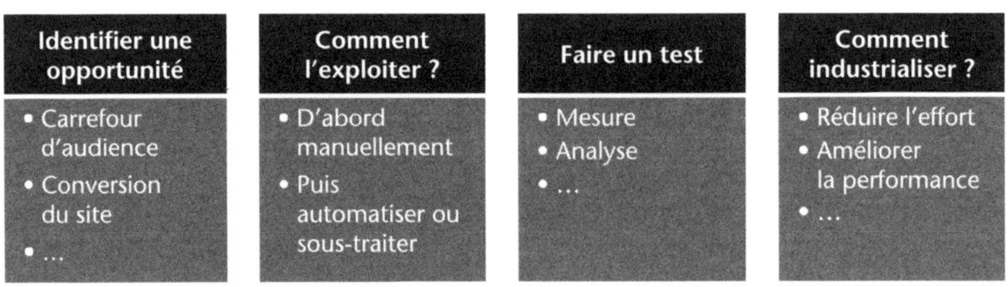

Figure 7.1 – Les 4 étapes pour capter du trafic

Entraînement 1 : Les outils de *scraping*, le missile à tête chercheuse du marketeur

Nous avons vu en semaine 6 un exemple très simple avec la collecte de prospects potentiels sur les sites d'avis. C'est-ce que l'on appelle le *web scraping*. C'est une technique d'extraction du contenu de sites Web publics avec des données publiques, *via* un script ou un programme, dans le but de les exploiter différemment.

On peut ainsi extraire des données comme des e-mails B2B génériques, des listes d'entreprises, des identifiants de comptes Twitter... Par exemple, on peut créer en quelques minutes un annuaire public ou obtenir une liste de prospects B2B depuis un annuaire public sur le Web. Dans l'idéal, un Growth Hacker doit maîtriser suffisamment le code pour pouvoir lui-même écrire un Scraper (c'est-à-dire du code ou un script de développement). Si cela vous rebute, vous pouvez sous-traiter la réalisation du script ou utiliser un logiciel de Scraping.

Cependant n'ayez pas trop peur non plus, le code ce n'est pas si complexe, cela nécessite d'avoir de la logique et de structurer sa réflexion.

Avec un langage comme le Ruby, il suffit de maîtriser trois notions pour pouvoir tout faire :

- La notion de variable et d'assignation (name = «Sebastien»). Pour illustrer, c'est une boîte dans laquelle on stocke une valeur qui va varier tout au long de l'exécution du programme.
- La notion de branchement (if name. length > 0), qui sert à partir dans une direction ou une autre en fonction d'une condition booléenne. Par exemple, s'il pleut, je prends mon parapluie, sinon je prends mes lunettes de soleil.
- La notion de récursivité (du code qui s'appelle lui-même). En pratique, on introduit les boucles *for* et *while* pour éviter de jouer trop souvent avec la récursivité. On fait de la programmation objet pour architecturer un peu nos programmes et on regroupe le code dans des méthodes.

Ce sont les trois notions de base, mais lorsque l'on fait un script de Scraping pour Twitter ou pour des adresses e-mail, il faut en savoir un peu plus, connaître les variables, savoir lire une documentation technique (la documentation du module qui sert à faire des requêtes http…). Et cela devient rapidement un peu complexe pour un débutant.

Ce livre est malheureusement trop court pour vous donner des cours de programmation. Voici quelques sites pour apprendre les bases du développement et apprendre à créer vos propres scripts :

- https://openclassrooms.com : des cours en ligne, à partir de 20 €/mois.
- https://fr.tuto.com/web-scraping/ : pour apprendre à faire des scripts de Scraping avec des professionnels (à partir de 37 € TTC).
- https://www.codecademy.com/ : un site gratuit, mais en anglais.
- https://www.codeschool.com/ : un site en anglais payant à 29 $/mois.

Pour tous ceux qui ne sont pas (encore) codeurs, je vous encourage à vous y intéresser de près et surtout à ne pas vous mettre de barrières psychologiques. En effet, connaître les bases du développement vous servira sans doute un jour dans votre vie, que cela soit pour le Growth Hacking ou pour faire des macros sur Excel !

Pour les autres, qui n'ont ni le temps, ni la volonté de s'y mettre, rassurez-vous, il existe des solutions pour scraper avec un peu, beaucoup ou pas du tout de code ! Les solutions listées ci-après sont classées par ordre croissant de difficulté. Toutes ces solutions permettent de scraper ou bien d'aller plus loin en automatisant certains procédés (notamment la 2, 3 et 4).

- Import.io (freemium) est une plateforme Web permettant d'extraire des données de sites Web sans écrire de code.

Les utilisateurs naviguent sur un site Web et apprennent à Import.io comment extraire les données en mettant en évidence les données à scraper sur la page.

L'algorithme analyse ces exemples et généralise pour trouver comment obtenir toutes les données sur le site.

Les données collectées par les utilisateurs sont stockées sur les serveurs cloud d'Import.io et peuvent être téléchargées en tant que CSV, Excel, Google Sheets ou JSON et partagées.

Les utilisateurs peuvent également générer une API à partir des données, ce qui leur permet d'intégrer facilement des données Web en direct dans leurs propres applications ou des logiciels d'analyse et de visualisation tiers.

Pour les utilisateurs plus techniques, Import.io offre une récupération de données en temps réel à travers des API JSON.

- Dans le même registre vous pouvez aussi tester : Instant data scrapper (gratuit). Le fonctionnement est le même mais l'algorithme de détection de la structure du code est différent. Il se peut donc qu'Instant data scrapper réussisse là où Import.io échoue et vice-versa. Instant data scrapper possède aussi une fonctionnalité assez intéressante qui permet aux utilisateurs de localiser le bouton suivant d'une page pour que le *scrapping* puisse se faire automatiquement sur plusieurs pages.
- Web scrapper est une extension qui nécessite la compréhension d'un code html (balise, id, class, etc.) qui permet de créer sa propre « Site Map » et de réaliser des scrappings où l'on accède à des informations qui nécessitent des clics.

Exemple

Je souhaite scrapper un e-commerce en récupérant les infos de chaque produit. Web scrapper permet non seulement de récupérer les infos présentes dans les résultats de recherche mais aussi d'automatiser l'ouverture de chaque fiche produit et de récupérer le détail des informations produit.

- L'alternative est Octoparse.com, avec une version freemium limitée à dix tâches en version gratuite (freemium puis 75 $ en payant). Octoparse propose aussi un service de création de requête sur mesure. Ainsi, même si vous n'avez pas les connaissances techniques, vous pouvez demander de créer un automatisme pour réaliser une tâche pour un coût limité.

- Imacros.net (licence à 99 $) est un plugin Firefox ou Chrome qui permet de rapidement automatiser certaines actions récurrentes dans le navigateur. Le gros avantage est que vous n'avez pas besoin de savoir coder pour l'utiliser. Vous pouvez simplement demander à l'*add-on* d'enregistrer et de répéter les actions que vous faites à l'écran. Évidemment, l'utiliser ainsi est très limité et je vous conseille de jeter un œil à la documentation officielle. Le langage est très intuitif, mais il utilise JavaScript pour avoir encore plus de souplesse dans le code.
- CURL (https://cURL.haxx.se/) est l'une des solutions de *scraping* les plus connues. Il existe d'ailleurs un excellent livre de Michael Schrenk, qui explique comment construire ses propres *bots* : *Webbots, Spiders, and Screen Scrapers : A Guide to Developing Internet Agents with PHP/CURL*. Si vous êtes un adepte de PHP, ce livre devrait vous plaire. Le gros désavantage : si votre cible utilise JavaScript abondamment sur son site (notamment pour l'AJAX), il sera très difficile d'y naviguer (le JavaScript n'est pas interprété).
- Pupetteer (PhantomJS, CasperJS n'étant plus maintenus). Ces *scripts* vont vous demander d'avoir un certain niveau en code et surtout en JavaScript avant de pouvoir faire quelque chose d'intéressant. C'est un niveau développeur. PhantomJS est un browser *webkit headless* que vous allez contrôler avec CasperJS (pour la petite anecdote, cette librairie a été développée par un Français).

SpookyJS vous sera utile si vous souhaitez contrôler CasperJS depuis Node. Cela reste pour moi un moyen extrêmement robuste de construire des bots et d'automatiser des actions. À titre personnel, j'ai toujours réussi à en faire quelque chose. C'est très puissant, bien que cela demande un peu de pratique !

Si vous cherchez des ressources pour scraper, vous pouvez visiter ce blog (en anglais) qui est très bien fait : Scraping. pro.

Entraînement 2 : L'automatisation de processus, les drones du Growth Hacker

Vous pouvez automatiser certains processus grâce à des logiciels qui le feront pour vous automatiquement, sans avoir besoin d'apprendre à développer ou d'avoir recours à un freelance. Mon outil préféré et le plus complet est Zapier.com. Il permet de connecter plus de 300 outils entre eux et de les faire communiquer, et ce de façon très complète.

Exemple

La start-up Loha développe une plateforme de mise en relation entre artistes et centres de loisirs à la recherche d'artistes. Grâce à Zapier, la start-up automatise les relations entre tous les outils qu'elle utilise et permet ainsi de gagner un temps absolument incroyable.
Voici le tableau de bord de Loha avec tous ses « zaps » (les procédures automatiques entre les logiciels) :

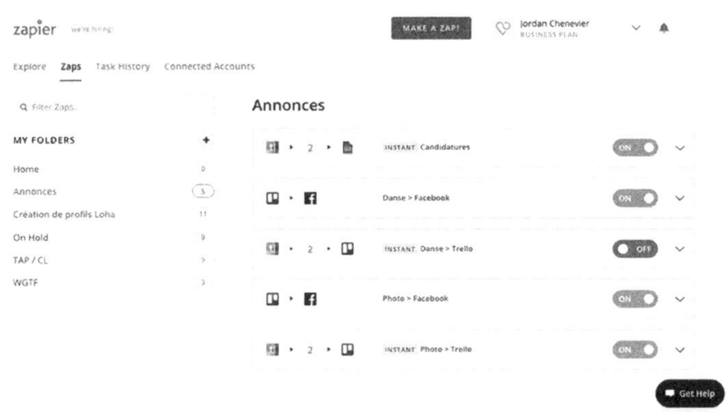

Figure 7.2 – Zapier permet d'automatiser des actions entre différents outils

Par exemple, quand un client, qui recherche des artistes que la start-up a contactés, remplit un Typeform.
com (outil pour éditer des formulaires en ligne) :
1) Cela envoie automatiquement les informations sur un Google Sheet. Puis cela crée automatiquement une offre d'emploi sur un groupe Facebook d'offres d'emploi artistiques que Loha administre (cela passe par Buffer).

• • •

2) Enfin, cela crée automatiquement une *card* sur Trello dans une liste « offre » pour permettre à Loha un suivi en temps réel. Voici un extrait de la séquence précitée :

Figure 7.3 – Une action dans Trello.com (outil de gestion de tâches) est créée, puis elle est planifiée dans Buffer.com (publication sur les réseaux sociaux)

Après avoir eu un appel commercial avec un client qui cherche des artistes suite à l'étape 1, deux options :

- soit Loha a validé le budget avec le client ;
- soit le budget est à valider (sur Trello se trouvent une liste « budget à confirmer » et une « budget ok »).

Du coup, la card Trello de « l'offre » est classée dans la liste correspondante :

- Si elle est déplacée dans « à confirmer », un mail est envoyé automatiquement : « merci pour cet appel, on se tient au courant pour le budget ».
- Si elle est déplacée dans « budget ok », un mail « merci pour cet échange on va vous trouver quelqu'un » est envoyé.

Assez logiquement chaque personne qui remplit un formulaire sur Typeform.com est ajoutée sur l'outil d'e-mailing Mailchimp.com dans des groupes spécifiques, selon le Typeform.

Cet exemple est assez complexe, mais on peut utiliser d'autres combinaisons, il suffit d'ajouter une *app* et de la faire discuter avec une solution :

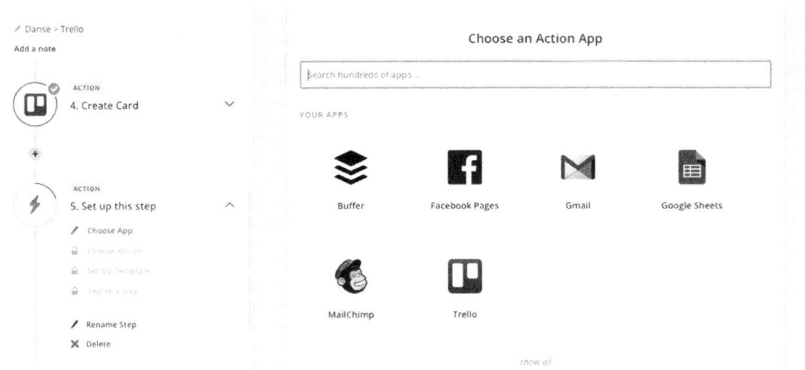

Figure 7.4 – Choisir une *app*

Puis sélectionner une action à accomplir :

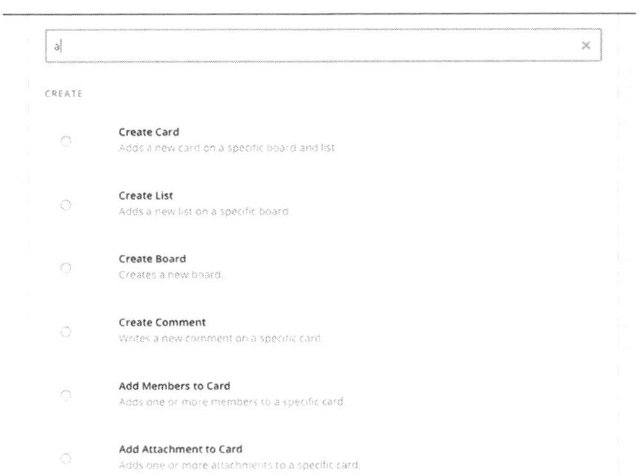

Figure 7.5 – Zapier propose de créer automatiquement dans Trello.com une action, une liste, un tableau, etc.

Entraînement 3 : Les logiciels d'automatisation multi-réseaux sociaux

Nous avons vu précédemment les outils d'automatisation utilisant des scripts et du code (les scrapers), les outils d'automatisation de process (Zapier), mais il y a aussi des outils multi-usages spécialisés dans les réseaux sociaux.

Le principe est d'utiliser un seul logiciel qui permet d'automatiser des tâches de plusieurs réseaux sociaux en même temps.

Vous avez par exemple les logiciels Jarvee.com et PhantomBuster.com qui vous permettent d'automatiser de nombreuses actions sur YouTube, LinkedIn, Pinterest, Twitter, Facebook, Instagram...

Figure 7.6 – Jarvee permet d'automatiser les actions sur les principaux réseaux sociaux

L'intérêt est majeur : au lieu de coder manuellement des scripts (et y passer des heures si vous êtes débutant), vous avez un logiciel « couteau suisse » qui gère les contraintes des différents réseaux avec un arsenal de fonctionnalités, avec en plus une actualisation régulière.

Par exemple, j'utilise Jarvee.com pour :

- Souhaiter automatiquement les anniversaires professionnels de mes contacts sur LinkedIn.
- Liker les vidéos, suivre/ne plus suivre les comptes ciblés sur YouTube

En complément, Jarvee offre une bourse d'échange de visibilité : vous obtenez des vues, des likes sur Youtube, Twitter… *via* un système automatique d'actions réciproques.

Par exemple pour 50 vues YouTube que vous accordez à un membre de la bourse d'échange vous obtenez 50 vues sur vos vidéos, ce qui permet d'augmenter la popularité des vidéos que vous souhaitez promouvoir.

Attention : l'usage de ce genre d'outils nécessite de faire très attention aux réglages et ne surtout pas en abuser (en particulier sur Facebook & Instagram). Soyez très prudents, sinon vous risquez de voir votre compte suspendu.

Entraînement 4 : Les logiciels d'automatisation mono-réseaux sociaux

Si les logiciels multi-réseaux sociaux sont très pratiques car vous centralisez tout dans une seule application, **l'inconvénient est que les fonctionnalités sont souvent plus limitées.**

C'est pourquoi, si vous voulez optimiser plus efficacement votre présence sur un réseau social, il faut préférer un outil spécifique.

Pour cela, le plus simple est de taper dans Google « nom du réseau » Growth Hacking *tool*, et généralement, les résultats vous donneront une liste d'outils dédiés.

Par exemple, je voulais gagner en visibilité sur Pinterest, or Jarvee.com et Phantombuster.com ne me permettaient pas de faire du *mass pinning* (publication en masse de photos avec des liens sur Pinterest.com).

J'ai donc recherché un outil, et je suis tombé sur Ninjapinner.com (28 $) qui offrait cette fonction. J'ai ainsi téléchargé plusieurs milliers d'images (tout le stock d'illustrations de mon blog depuis sa création en 2006), avec des liens vers articles concernés.

Une fois que j'ai épuisé mon stock d'images personnelles, j'ai cherché sur Google comment télécharger les images d'un compte Twitter, et je suis tombé sur https://dalehay.me/dhimg/.

Grâce à ce second petit utilitaire gratuit, j'ai récupéré des dizaines d'infographies publiques (j'ai demandé à mon assistante de filtrer manuellement les photos privées), que j'ai à nouveau mises en ligne sur Pinterest pour l'enrichir sur mes thématiques marketing.

Grâce à ce travail qui m'a pris ½ journée, j'ai multiplié par 5 mon trafic sur Pinterest :

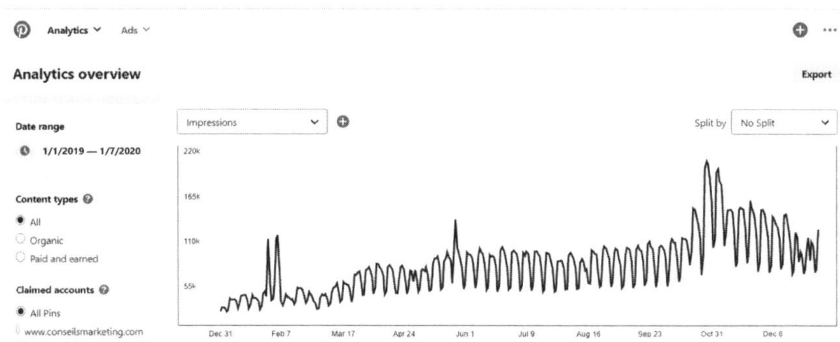

Figure 7.7 – Avec des outils spécifiques à chaque réseau, vous améliorez les résultats de vos actions

À NOTER

Ce genre d'outils mono-réseau a tendance à devenir rapidement obsolète (sanction du réseau social, évolution des API…). Il faut donc souvent changer d'outil pour utiliser les plus performants.

PLAN D'ACTION

Votre mission pour la semaine 7

Cette semaine est la plus courte du livre car les outils évoluent sans cesse, et les réseaux sociaux tentent de plus en plus de bloquer les logiciels d'automatisation.

Le but de cette semaine était de vous montrer qu'il est possible d'automatiser quelques actions, à condition de s'investir un peu dans la technique ou d'utiliser des logiciels. Nous sommes conscients que la programmation ne sera sans doute pas le cas de tout le monde, c'est pourquoi vous pourrez utiliser les logiciels disponibles sur le web qui sont bien plus simples à utiliser mais moins personnalisables.

Voici donc votre *to do list* :

- ☐ **Initiez-vous au scrapping de manière simple,** par exemple avec un outil freemium comme Octoparse ou lancez-vous dans une formation en ligne de scripting, ou selon votre appétence, analysez comment automatiser vos process avec des outils comme Zapier.com afin de gagner du temps au quotidien. (2 jours)

- ☐ **Sélectionnez le réseau social sur lequel vous souhaitez porter vos efforts en priorité**, et sélectionnez un outil dédié (ou générique) pour automatiser une partie de vos actions, en veillant à ne pas abuser de l'automatisation pour éviter une sanction (0,5 jour).

- ☐ **Prenez des forces, car lors de la semaine 8 vous allez optimiser les éléments clés de votre tunnel des ventes** que sont la première utilisation de votre offre et la rétention, et enfin découvrir des astuces pour augmenter les revenus générés par votre business.

Semaine 8

La montée en puissance, la clé de la victoire

Le briefing

Beaucoup de start-ups se concentrent sur l'acquisition de prospects. C'est d'ailleurs aussi le cas dans ce livre qui dédie 60 % de son contenu à l'acquisition de prospects. Comme dans une équipe de football, en Growth Hacking, les stars sont souvent les buteurs et pas les défenseurs ou les milieux...

Or si c'est bien de marquer des buts, il faut aussi éviter d'en encaisser, et cela va être le thème de cette semaine : après avoir attaqué et conquis, il s'agit maintenant de garder et faire grandir son territoire. Car faire du Growth Hacking ce n'est pas pratiquer la politique de la terre brûlée et générer un maximum de trafic en contactant un maximum de personnes à moindre coût. Au contraire, c'est faire de l'élevage et booster son chiffre d'affaires sur le long terme en maximisant la valeur par client. En revanche, il y a un vrai défi : s'accorder du temps pour optimiser et travailler le processus d'accueil des clients pour faire en sorte que l'expérience client soit fluide (et si possible, extraordinaire).

En effet, généralement on se concentre sur la première étape, le lancement de l'offre, en négligeant finalement la rétention et le développement du potentiel business. Il faut pourtant y dédier du temps. Pour rendre une expérience client fluide et exceptionnelle, c'est simple : mettez-vous dans la situation où vous n'auriez qu'un seul client à séduire, que feriez-vous pour le convaincre d'acheter ? Quels seraient les efforts, l'accompagnement, la personnalisation que vous mettriez en place ? Une fois que vous avez listé ce que vous feriez pour ce client, alors réfléchissez à comment systématiser 90 % de ces actions pour tous vos clients[1].

Lors de cette semaine 8, vous allez aussi devoir franchir un obstacle psychologique : arrêter de vouloir économiser et accepter de dépenser car à un moment donné, il faut semer pour récolter !

1 Voici une vidéo humoristique qui vous explique comment on peut facilement se laisser emporter lors de la phase de sortie, en comparant comment Apple conçoit le concept d'un produit, par rapport à Microsoft : https://bit.ly/sortieproduit

Cela veut dire utiliser des outils professionnels, investir dans des spécialistes, accepter d'avoir un ROI plus faible.

Important : tout ce qui ne se mesure pas n'existe pas. Vous devez systématiquement mettre en place des tableaux de bord et suivre le résultat de vos actions.

Entraînement 1 : L'*onboarding process* (accueil des nouveaux clients)

Cinq phases suivent l'achat d'un produit ou service :

- La période d'activation qui correspond à la première utilisation.
- La période d'adoption entre le 1er jour et le 2e jour, qui correspond à la reconnaissance d'une utilité face à un besoin avec une seconde utilisation.
- La période d'habitude entre le 3e jour et la fin du 1er mois, qui correspond à la mise en place d'une habitude (il faut 21 jours pour adopter définitivement une nouvelle habitude).
- La période d'utilisation qui va du 2e mois à la période de renouvellement (1 an généralement).
- La date de renouvellement, qui est une période clé pour une nouvelle facturation.

Le taux de rétention de chacune des phases est tributaire de la précédente, donc pour maximiser votre rétention, vous devez commencer par maximiser la conversion de la phase précédente.

Il faut donc penser bien en amont à l'accueil des nouveaux clients pour ne pas laisser vos utilisateurs se débrouiller seuls. Or la plupart des entreprises pensent qu'une fois que la vente est concrétisée, le plus dur est fait, ce qui est faux car le client peut finalement ne pas utiliser votre produit, être déçu, et tous vos efforts et votre argent n'auront servi à rien.

Voici quelques conseils clés à prendre en compte :

Juste après l'achat, prévoyez un message de réassurance pour féliciter la personne d'avoir fait le bon choix

Attention, ce n'est pas la confirmation de commande ou de paiement, mais bien un message comme une vidéo, un e-mail, un courrier… Le but est que le client soit rassuré sur son achat et des bénéfices que cela va lui apporter, ainsi que les étapes à venir. Cela permet de faire en sorte qu'il ne soit pas déçu après une dépense parfois importante ni qu'il se pose de questions inutiles.

Exemple **Message de bienvenue vocal en e-commerce**

Il existe désormais des solutions qui permettent de déposer directement un message vocal sur un téléphone portable (VMS Online, Spot-hit.fr…), sans que celui-ci ne sonne. Ainsi vous envoyez un message qualitatif et humain à vos nouveaux clients.
Voici l'exemple, d'un site e-commerce qui envoie un de ces messages vocaux suite à une première commande :

« Bonjour c'est XXX du site XXX. Je vous remercie pour votre commande. Si vous avez des questions sur votre produit contactez-nous, et encore merci pour votre commande. Je vais aussi vous envoyer un e-mail pour une enquête de satisfaction, si vous aviez 5 minutes pour y répondre cela serait très gentil de votre part. Bonne journée. »

Ce message est enregistré comme un message personnel (et non pas dans un studio), et il fait plaisir à entendre car on ne sait pas que c'est préenregistré. Le message semble être dit par une vraie personne qui vous appelle.
Grâce à cet appel de bienvenue, le site e-commerce a un taux de réponse aux enquêtes de satisfaction 3 fois supérieur à la moyenne, et le deuxième achat intervient plus rapidement.
Sur la première année, le message de bienvenue permet d'augmenter de 20 % la fidélité des clients. Ce sont des messages de bienvenue « cocooning », qui peuvent être envoyés par exemple pour avertir qu'un compte sur un site a été ouvert, pour remercier d'un achat.
Cela permet de mettre plus d'humain dans la relation qu'un e-mail ou un SMS, avec un coût d'environ 0,10 €/message déposé.

Accompagnez l'utilisateur dans ses premiers pas pour l'inciter à utiliser votre produit

Les premières minutes de l'utilisation du produit sont décisives, un client n'a plus la patience, tout doit être fluide.

À NOTER

Si vous êtes sur un marché de valeur (avec peu de clients) ou dans la phase de lancement, contactez systématiquement vos premiers clients afin de valider leur attente et leurs besoins principaux. Cet entretien individuel vous permettra de valider que vous êtes en phase avec les attentes des clients, et de les orienter si nécessaire vers des vidéos tutoriels, des modes d'emploi…

Si vous avez une solution Cloud, vous pouvez mettre en place des mini-vidéos pour guider pas à pas la prise en main de l'application, proposer un guide visuel, créer un avatar qui va apparaître pour donner des conseils, etc.

Exemple

Dans mes formations vidéo, sur la page d'accueil, j'ajoute désormais une vidéo de bienvenue avec la description de la formation, les objectifs, l'aide.
Si vous commercialisez des produits, vous pouvez proposer un dépliant d'installation rapide, une documentation rapide (ou alors anticiper les problèmes), un QR code avec une vidéo d'installation à consulter sur son smartphone…
Si vous vendez des solutions à valeur ajoutée (ex. : logiciel B2B), nommez un *customer success manager.* Sa fonction est d'accompagner les clients dans leurs premiers pas. Cette personne étant mi-technique, mi-support, elle doit gérer proactivement les nouveaux clients *via* un appel de bienvenue et quelques appels ou e-mails dans les premières semaines d'utilisation. Le but est de faire en sorte que le client ne soit pas lâché dans la nature.

À NOTER

Dans votre phase de croissance, et pour vos premiers clients, il est indispensable de les appeler par téléphone pour avoir un retour qualitatif sur votre produit. Vous devez chouchouter vos premiers clients et prendre en compte leurs retours « à chaud » (sans attendre plusieurs jours, sinon ils vont oublier un petit détail qui a pu les déranger).

Exemple **par Frédéric**

J'ai travaillé chez un éditeur mondial de CRM et j'ai lancé en France la commercialisation d'un CRM Cloud pour les PME. Les chiffres de la première année semblaient très bons, car nous étions en avance sur les ventes que nous comptions faire la première année. Ce succès venait de notre capacité à être plus efficaces dans la phase avant vente, avec une démonstration personnalisée aux attentes du client et en prenant du temps pour expliquer comment fonctionnait le produit.

Or après un an de ventes, j'ai constaté un taux d'attrition (c'est-à-dire de non-renouvellement du contrat annuel) de près de 40 %... Nous perdions quasiment autant de ventes que nous en gagnions ! J'ai commencé par mener une étude par e-mail et appeler les clients pour connaître les raisons de leur départ. Il s'est avéré que si les clients étaient séduits par l'avant vente, l'utilisation était catastrophique. Soit ils n'avaient simplement pas eu le temps d'utiliser le produit (30 %), soit ils avaient eu un problème technique et personne ne les avait aidés (30 %), soit le produit n'était finalement pas adapté à leurs besoins (15 %)...

Nous n'avions pas identifié ces problèmes, car auparavant nous vendions nos produits en licence avec un chef de projet dédié.

Une des premières décisions a été de mettre en place un customer success manager qui était chargé d'accompagner tous les nouveaux clients dans les 30 premiers jours suivant la signature du contrat.

Ce profil mi-avant vente, mi-technicien support, avait pour mission de s'assurer que le produit était utilisé *via* un appel téléphonique obligatoire, et de résoudre si nécessaire les problèmes du client puis accorder des gestes commerciaux.

Ensuite, j'ai réalisé des mini-vidéos sur tous les points bloquants qui m'étaient remontés, afin de mettre en place un premier niveau de self-service.

Enfin, j'ai mis en place une série de messages de bienvenue au fil des premiers jours afin d'accompagner et de guider les nouveaux abonnés.

En parallèle, je recevais tous les mois les statistiques des connexions des utilisateurs, afin de détecter ceux qui n'utilisaient plus le CRM.

Dès lors, j'envoyais une série d'e-mails pour remotiver le client avec des « quick wins » (c'est-à-dire la mise en place simple d'actions qui lui permettaient d'utiliser son CRM), et j'informais le commercial qu'il risquait d'avoir un problème sur le renouvellement du contrat (dont la rémunération était en partie liée au réabonnement des clients).

S'il était nécessaire, les commerciaux et le customer success manager avaient la possibilité d'accorder du temps et des ressources pour résoudre gratuitement les problèmes (et inciter les clients à utiliser le produit).

• • •

• • •

> Pour finir, une enquête de satisfaction était automatiquement lancée au bout de trois mois d'utilisation de l'application, afin de vérifier la satisfaction du client.

L'autre outil indispensable, et plus simple à mettre en place, est une séquence d'e-mails (*cf.* le marketing automation) afin d'envoyer régulièrement des informations et de l'aide aux nouveaux clients. L'idéal est de faire un ciblage comportemental et d'envoyer des messages différents entre les utilisateurs actifs et inactifs, ou selon les fonctions utilisées. Néanmoins, dans un premier temps, définissez uniquement un scénario d'accueil des prospects, avec un coaching régulier. Pour que cela fonctionne correctement, vous devez exactement faire comme un prospect, en passant étape par étape, et en expliquant les points importants. Vous pouvez par exemple proposer un programme de coaching en 7 jours, afin de prendre en mains votre produit, avec une « vraie » personne qui est prise en photo, qui donne des commentaires... et ainsi inciter le client à agir.

Le timing est la clé : si la personne n'utilise pas votre produit au départ, vous avez tout perdu ! Durant cette phase, le but est aussi de nouer du relationnel avec ses utilisateurs. Il faut donc personnaliser les messages (ex. : mettre le prénom de la personne dans l'objet du message) et montrer le côté humain de votre entreprise (ex. : alterner les expéditeurs, mettre des photos des collaborateurs...).

Astuce de Growth Hacker

Le meilleur moyen pour inciter le client à utiliser votre produit ou service est de donner une récompense à chaque action clé. Cette récompense peut être un simple message, un badge, une vidéo, un bonus... Comme pour le chien de Pavlov, les cadeaux, les récompenses incitent à continuer. Vous n'êtes pas convaincu ? Prenez en exemple la brosse à dent connectée de Signal (missionsignal.fr) pour les enfants : vous verrez qu'ils se brossent plus souvent les dents avec ce produit. Les petits personnages récoltent des bonus, il y a des messages « bien », « bravo »... Or, ces félicitations multiples sont des encouragements qui incitent les enfants à continuer. Vous devez vous aussi utiliser ces leviers psychologiques.

• • •

• • • Dans le cadre de produits un peu techniques, de services, de formations, vous pouvez aussi ajouter des quiz à la fin des étapes clés afin de vérifier que les connaissances ont été acquises. Suite à cela, vous pourrez prendre des mesures selon les notes obtenues et les non-réponses.

À NOTER

Si vous n'avez pas le temps d'appeler vos premiers clients, vous pouvez analyser la fluidité du parcours client, *via* des mini-enquêtes « à chaud », juste après une interaction clé. Pour cela, il suffit de poser une question par e-mail ou dans l'application (*via* un pop-up qui s'ouvre X jours après l'ouverture du compte, après l'utilisation d'une fonction), en demandant de noter de 1 à 5 (avec des étoiles, des smileys...) la satisfaction du client, ou la difficulté à réaliser une action. Cette enquête peut aussi se faire juste après une interaction avec le SAV. Cela permet parfois de rattraper un client qui est mécontent mais qui n'a rien dit.

Déployez un service client « self-service » proactif

Le support technique est souvent la partie la plus négligée du marketing, car elle n'est pas créatrice de valeur, alors qu'au contraire c'est souvent le service client qui permet de garder le client (ou le faire fuir). En effet, si un client est bloqué avec l'utilisation de votre produit, sa réponse peut être simplement d'arrêter d'utiliser le produit.

Pour répondre aux demandes des clients, sans pour autant y passer toutes vos ressources, il est indispensable de mettre en place un « SAV self-service » afin que les clients puissent résoudre par eux-mêmes leurs problèmes.

Il existe de nombreuses solutions de SAV en ligne avec une FAQ interactive, un *chat*, une gestion des tickets, une gestion des e-mails, des réponses types, qui coûtent dans les 30 €/mois/agent du service client. Vous auriez vraiment tort de vous en priver. Voici quelques solutions : freshdesk.fr, Eloquant.com, zendesk.fr...

Attention : avoir trop souvent recours à du self-service peut nuire à votre business, les clients ayant tendance à devenir furieux (ou simplement à ne plus utiliser vos produits), s'ils n'ont pas de réponse correcte à leurs besoins. Vous devez donc toujours prévoir la possibilité de vous contacter par chat, *par téléphone… Avoir une personne qui vous accompagne est un vrai plus, (vous pouvez charger votre assistant virtuel de ce travail si nécessaire).*

Mettez en place une enquête de satisfaction « à froid »

L'enquête de satisfaction « à chaud » permet de mesurer la satisfaction (ou plutôt l'insatisfaction) ou l'adaptation d'une fonction au besoin du client. En revanche, l'enquête « à froid » qui est envoyée plusieurs semaines ou mois après l'achat ou la dernière interaction, permet de voir si le client est satisfait dans la durée. L'élément le plus simple à calculer est le NPS (Net Promoter Score), qui permet de mesurer le potentiel bouche-à-oreille de vos produits (et donc la satisfaction du client). Il suffit de poser la question : quelle est la probabilité que vous recommandiez l'entreprise/marque/produit X à un ami/collègue/membre de famille ? (avec une note de 0 à 10), en laissant la possibilité au client de rédiger un commentaire explicatif.

Cette enquête peut se faire par e-mail ou par SMS afin d'avoir les retours le plus adaptés à l'usage de votre solution.

Suite à cette enquête vous allez :

- pour les ultra-détracteurs (notes de 0 à 2) : les rappeler ou les recontacter le plus rapidement possible ;
- pour les ultra-promoteurs (notre 9 à 10) : leur proposer de publier leur témoignage sur votre site Web.

Le but est de mesurer cette satisfaction dans le temps, afin de mettre en place des actions correctives, et surtout repérer les clients mécontents.

Suite aux remontées de vos clients, vous allez découvrir les points noirs du parcours clients (ce que les clients n'aiment pas, ce qu'ils trouvent compliqué), pour les améliorer.

Travaillez les moments de vérité

Les moments de vérité sont des moments clés dans la vie d'un nouvel utilisateur. C'est par exemple le passage de la commande, le déballage du produit, la première utilisation du produit, le moment où le client aura son premier problème. C'est lors de ces moments que le client va vous juger et que son opinion va se forger.

Il est donc essentiel de travailler ces moments clés, afin d'être certain que l'expérience du client soit optimale.

Exemple **par Frédéric**

Lorsque j'ai travaillé chez l'éditeur de logiciel Ciel, nous avons mené une étude sur notre packaging, et comparé les éléments différenciants face à notre concurrent. En plus du design du packaging, nous avons travaillé le moment clé de la prise en main du logiciel, avec un dépliant d'installation rapide (le « quick install »), nous avons ajouté une mini-formation vidéo ainsi qu'un assistant « Top Départ » qui aidait la personne à démarrer avec son logiciel. Cependant, c'est en ouvrant la boîte de notre principal concurrent que nous avons vu que nous avions oublié une chose : le contenu de la boîte en elle même ! Notre boîte contenait simplement quelques documents et un DVD, tandis que celle du concurrent avait des compartiments, un porte-documents… Bref, notre rendu faisait « cheap », alors que celui du concurrent faisait classe ! Nous avons donc revu le design de la boîte afin de rassurer le client sur son choix dès l'ouverture de la boîte et inclus un mot du directeur général (ex. : vous avez acheté le logiciel le plus recommandé par les experts comptables, vous allez recevoir…).

Pour apprendre à surprendre vos clients et à créer un moment « whaou », je vous conseille de lire le livre de Chip et Dan Heath *Ces moments qui comptent*. Les deux auteurs vous expliquent une méthode simple pour transformer un client en fan (voir https://amzn.to/374D35y).

Entraînement 2 : Améliorer la rétention et réduire l'attrition

Confucius a dit : « Le meilleur moment pour planter un arbre, c'était il y a 20 ans, et le second meilleur moment, c'est maintenant ». Pour la rétention, c'est la même chose : il faut anticiper le départ de vos clients, et le meilleur moment pour agir c'est maintenant !

En revanche, il y a deux règles de base à respecter pour ne pas voir vos utilisateurs vous quitter :

- Apporter le plus rapidement possible de la valeur pour inciter la personne à utiliser le produit.
- Ne jamais sur-promettre, mais au contraire en donner plus que prévu pour ne pas décevoir, ce qui est souvent le pire que vous puissiez faire.

Il existe plusieurs moyens d'améliorer la rétention.

Concentrer ses efforts sur les utilisateurs de la solution

Il est essentiel de ne pas perdre son énergie et ses moyens pour rien. Il faut donc segmenter ses utilisateurs pour concentrer ses efforts sur les personnes les plus sensibles à votre offre.

Par exemple, si vous commercialisez une App ou un service Cloud, concentrez vos efforts par ordre sur :

- Les utilisateurs de votre solution mais qui sont devenus inactifs au bout de quelques utilisations. Votre but doit être de les faire réutiliser le produit.
- Les utilisateurs qui ont simplement activé la solution et qui l'ont à peine utilisé. Le but est de leur prouver l'intérêt du produit (ex. : jeu de démo, création de quelques éléments...).
- Les personnes ayant activé le compte, mais qui n'ont jamais utilisé le produit.
- Les personnes qui ont simplement fait une demande de documentation, un téléchargement de livre blanc...

Une fois que vous avez identifié ces profils, voici quelques actions à mettre en œuvre pour réactiver les clients peuvent se faire par e-mail, appel téléphonique, message vocal…

Ils peuvent se faire *via* :

- un bon de réduction ;
- une offre d'accompagnement ;
- un audit ;
- une demande de rendez-vous téléphonique ;
- une mise en avant d'une nouveauté ou d'une nouvelle fonction ;
- un argument ou une fonction cachée de vos produits ;
- un cas client ;
- une vidéo de démonstration ou d'autoformation ;
- un e-mail choc pour faire réagir comme « vous ne voulez plus gagner du temps… » ;
- un e-mail d'anniversaire ;
- un e-mail promotionnel basé sur un événement externe (ex. : la Saint Valentin, les vacances) ;
- des tutoriels, trucs et astuces, sur les fonctions les plus importantes de votre produit.

Pour que votre offre fonctionne correctement, il faut proposer une offre irrésistible (pas juste une mini-promotion), y ajouter de l'émotion (ex. : l'humour, le regret), personnaliser le message à l'utilisateur (ex. : son produit, son prénom) et vous excuser de ne pas avoir répondu aux attentes initiales.

Figure 8.1 – Un e-mail de réactivation humoristique

Figure 8.2 – Un e-mail de réactivation promotionnel

Figure 8.3 – Un e-mail de réactivation émotionnel

Voici trois exemples de messages : l'un avec de l'humour (1), l'autre avec une grosse réduction (2) et le dernier jouant sur l'émotion (3)[1].

Attention : Si vous n'êtes pas capable de personnaliser correctement votre e-mail (ex : les prénoms, le sexe, le produit), ne le faites pas. Se tromper aura un effet désastreux.

Mettre en place un programme de fidélisation

La fidélité ne s'achète pas, elle se gagne et se mérite par le relationnel, la qualité des produits, le lien relationnel...

1 Vous pouvez retrouver des exemples de campagnes de réactivation sur TraficCommando.com, semaine 8.

Cependant, il est possible de mettre en place un programme pour inciter à la consommation. Cela nécessite en amont de mettre en place une mécanique incitative à la consommation (le but doit être de vendre plus, pas simplement de donner des bonus), avec un programme qui apporte des avantages au client.

Ensuite, pour que cela fonctionne, il faut donner rapidement l'occasion d'obtenir les avantages (un bonus, une fonction débloquée, par exemple en offrant dès le départ X points). Plus le client sera proche du quota nécessaire pour avoir son cadeau, plus il sera enclin à revenir et à recommander, et donc plus il sera fidèle. S'il faut attendre trois ou quatre visites, mois, parrainages, le programme ne sera pas motivant.

Il faut éviter l'effet contraire, c'est-à-dire avoir un temps long avant de bénéficier des résultats.

Exemple

OVH dispose d'un programme de fidélité mais le cumul des points est très long et le montant est ridicule, ce qui est déceptif voire contre-productif.

- Si vous vendez un produit, il suffit d'imprimer une carte de fidélité et de la conserver dans le magasin (ou tenir à jour un fichier).
- Si vous avez un site e-commerce, de nombreux plugins sont disponibles, par exemple sur https://addons.prestashop.com/fr/503-fidelisation-parrainage.
- Si vous avez un site Wordpress, utilisez Woo commerce https://woocommerce.com/products/woocommerce-points-and-rewards/.

FICHE PRATIQUE

LES 6 PRINCIPES D'UN BON PROGRAMME DE FIDÉLISATION

- Principe 1 : Ne cherchez pas à retenir tous vos clients, retenez les plus rentables.
- Principe 2 : Fidéliser prend du temps, il faut donc automatiser les process et surtout y consacrer du temps au départ pour vérifier que le programme et les process sont bien adaptés.

• • •

• Principe 3 : Le but d'un programme de fidélisation doit d'abord être de faire consommer plus, en particulier les clients les plus rentables.
• Principe 4 : Le programme de fidélité doit rapporter à l'entreprise et au client, c'est une relation gagnant/gagnant qui doit être mise en place.
• Principe 5 : Offrez des avantages factuels (ex. : remises) mais aussi produits (ex. : passer en premium, tester des fonctions, faire partie d'un Club VIP, avoir un espace dédié, passer devant tout le monde...) afin de réduire le coût.
• Principe 6 : Votre programme de fidélisation doit être compris, accepté, partagé et mis en place à tous les niveaux de l'entreprise (le client ne doit pas venir en magasin sans que personne ne soit au courant)[1].

Segmenter selon les besoins et les attentes des utilisateurs

Les messages les plus efficaces sont ceux qui parlent et qui résonnent auprès de la cible. Par exemple, si vous avez différents profils de clients dans votre base, vous pouvez adresser des messages personnalisés selon les métiers, les secteurs d'activité...

Exemple **par Frédéric**

Lorsque je gérais des solutions de gestion commerciale et de comptabilité, j'avais fait réaliser des e-mailings dédiés sur certaines cibles de clients (une base de plusieurs dizaines de milliers de clients). Pour cela, j'utilisais la répartition en numéro SIRET de la base clients, et je la comparais à la base officielle des SIRET en France. Ainsi, je savais quels secteurs étaient surreprésentés, afin de concentrer mes efforts sur ces populations avec des e-mailings spécifiques.

1 Pour en savoir plus et découvrir des exemples concrets, rendez-vous sur TraficCommando.com, Semaine 8

Mettre en place une communauté d'utilisateurs

C'est particulièrement intéressant en phase de lancement d'un produit, à la fois pour avoir les retours des utilisateurs, de l'entraide, mais aussi pour faire en sorte que les premiers utilisateurs soient associés aux premières évolutions du produit. Vous pouvez le faire soit *via* un forum privé, soit *via* un groupe Facebook, soit un groupe Slack. L'intérêt du groupe privé est d'échanger en toute discrétion et de servir de premier niveau de réponse.

Exemple **par Frédéric**

Pour ma formation La Star Marketing Academy, j'ai mis en place un groupe privé sur Facebook pour l'ensemble de mes clients (et donc vous, cher lecteur).
Ce groupe « ConseilsMarketing avec vous » me permet de communiquer avec mes clients, mais aussi d'apporter plus de valeur *via* un Club VIP dans lequel j'interviens gratuitement pour répondre aux questions.
Vous pouvez vous inscrire gratuitement sur https://www.facebook.com/groups/starmarketingacademy/.

Exemple **par Frédéric**

SEMrush est un éditeur qui travaille beaucoup avec les influenceurs. Non seulement il leur propose d'écrire sur son blog, de réaliser des Web conférences, mais surtout il propose à une sélection d'influenceurs de tester en avant-première les nouvelles fonctions, et de faire des suggestions d'améliorations. Ainsi, j'ai pu tester en avant-première de nombreuses fonctions, ce qui donne un sentiment de VIP, et m'a incité à en faire la promotion.

Utiliser d'autres canaux que l'e-mail pour contacter vos utilisateurs

Le problème de l'e-mail est que vos clients ont tendance à ne plus les lire au bout d'un moment.

Il faut donc trouver d'autres moyens de les toucher, comme par exemple les notifications *via* le navigateur, les courriers papier, les

SMS, les messages vocaux, les messages Twitter, LinkedIn ou Facebook, la relance téléphonique...

Exemple **par Frédéric**

Actuellement la majorité de mes ventes proviennent de ma base d'e-mails. Cependant, grâce à des outils de Growth Hacking, j'exploite désormais toutes les bases de données que j'ai à ma disposition. Pour cela je fais un inventaire de toutes les bases de contacts dont je dispose (ex. : LinkedIn, Facebook, Twitter, Instagram...) et comment je peux les utiliser, ainsi que les nouveaux canaux à déployer (ex. : *chatbot*, notifications *via* le navigateur, messages vocaux sur le smartphone...). C'est l'association de ces canaux et bases qui permet d'obtenir un maximum de résultats.

Faire évoluer régulièrement votre produit

Le succès d'un produit, c'est comme un fusil de chasse : vous n'avez que deux coups pour faire mouche, après c'est trop tard. Donc, comme indiqué en semaine 1, vous devez trouver rapidement votre « killer feature » pour laquelle les clients doivent acheter. Cependant, une fois qu'ils ont été séduits, vous allez forcément avoir des clients auxquels votre produit ne va pas plaire.

Dans ce contexte, et pour ne pas perdre de clients, faites évoluer régulièrement vos produits, même à la marge, afin de tenir en haleine vos clients et leur faire espérer que vous allez un jour sortir la fonction dont ils rêvent.

Rappelez-vous cette parole d'Henri Queuille, reprise par Charles Pasqua et Jacques Chirac : « Les promesses n'engagent que ceux qui y croient ». Il faut donc toujours donner de la perspective à vos clients sur des futures évolutions.

Rendre plus difficile l'arrêt du service

Cette solution n'est pas la meilleure, car elle entraîne souvent un fort mécontentement et pourtant elle est diablement efficace quand elle est bien utilisée. L'objectif est simple : mettre une durée minimale d'abonnement et imposer un délai pour demander une rupture de contrat (c'est surtout vrai dans les contrats B2B).

Par exemple, dans un service Cloud ou dans les télécommunications, l'objectif des entreprises est de vous vendre une option ou un service peu avant votre réabonnement afin de vous réengager pour une nouvelle période.

Pour y parvenir, il est essentiel de mettre dans ses conditions générales de vente les délais et le moyen pour arrêter un service, par exemple l'envoi d'une lettre recommandée deux mois avant la résiliation du service.

Pour éviter d'avoir un client qui paye un abonnement qu'il n'utilise pas, et qui est furieux, le meilleur moyen reste la négociation, afin d'inciter le client à utiliser le produit en échange d'un effort.

Exemple **par Frédéric**

Pour un service Cloud, la consigne que je donnais aux commerciaux lors des renouvellements, était d'abord d'offrir X mois d'abonnement aux clients inactifs qui voulaient résilier afin de leur permettre de repartir dans un cycle positif, et uniquement si le client était frileux à négocier une réduction de sa facture.

À NOTER

Suite à l'utilisation de ce genre de techniques, une des entreprises pour laquelle j'ai travaillé a fait une étude afin de comparer le coût d'un réabonnement en tacite reconduction non négociable, avec un réabonnement plus souple (c'est-à-dire que les clients furieux pouvaient résilier avec quelques pénalités). Au final, il est apparu que le gain de chiffre d'affaires est meilleur si vous êtes plus souple avec vos clients que si vous êtes inflexibles.

L'alternative à ce système est de donner une période de réflexion ou de permettre de choisir entre plusieurs formules de désabonnement. Par exemple, pour se désabonner d'un service, il faut d'abord passer par une page d'argumentaire (rappel de l'intérêt du produit, vidéo du président...), se voir soumettre une offre irrésistible de repli (ex. : une version light du produit, un accompagnement sur mesure...). Si rien ne séduit le client, il faut alors cliquer sur un e-mail pour être définitivement radié.

Mettre vos clients en avant

Un des principes énoncés dans le livre *Influences et Manipulations* de Robert Cialdini, est que les personnes qui ont été valorisées par votre produit auront du mal à se déjuger. Le but est de créer de l'émotion et du relationnel entre vous et le client. Il existe plusieurs astuces comme les inviter à déjeuner ou à des soirées, leur demander un témoignage écrit, mais aussi faire en sorte que les clients se sentent acteurs dans le produit.

Cela peut se faire de plusieurs manières :

- **Les mettre en avant *via* des interviews clients sur votre blog**, afin qu'ils présentent leur activité, leur business, par exemple, le client du mois.
- **Organiser une rencontre physique annuelle** (un club utilisateurs), où ils vont discuter avec vous, prendre un verre, coanimer des ateliers...

Exemple **par Frédéric**

J'ai été chef de produit pour le logiciel Vente Partner. Un des moyens de fidéliser nos clients était de les inviter une fois par an pour leur présenter la RoadMap, leur montrer des trucs et astuces avec le produit. Grâce à cette action, nous avions une base de clients fidèles, qui devenaient des évangélistes du produit. Cependant attention à ne pas décevoir. Il n'y a rien de pire que de laisser un espace de discussion (groupe en ligne, club utilisateurs...) et ne pas répondre aux attentes de vos clients. Dans une autre société, début 2000 nous avions racheté une société qui possédait un club de revendeurs très actifs. Or nous avions décidé d'arrêter le produit pour le remplacer par le nôtre. Dans ce contexte, le club revendeurs a mis en place une véritable fronde contre nous avec un impact majeur sur les ventes et une érosion du parc client.

Entraînement 3 : Générer plus de revenus

Nous avons vu dans les premières semaines qu'il est essentiel de confronter le plus rapidement son produit à la réalité du marché afin de tester son concept et son offre. D'un autre côté, il vaut toujours mieux vendre au départ plus cher son produit que de devoir augmenter les prix (sauf à pouvoir gérer des tarifs historiques, à renommer le produit...).

Voici ci-dessous quelques astuces pour générer plus de revenus sur vos produits et services.

Optimiser chacune de vos sorties produits et options

Dans les premières semaines, vous avez testé un concept, un prix, cependant il est certain que votre premier concept va évoluer au fil du temps.

Le cycle classique d'une entreprise est d'avoir au départ un produit star, puis d'y ajouter des services complémentaires en option, puis de faire des déclinaisons pour élargir la gamme, puis de créer des produits métiers s'adressant à des segments plus fins, ensuite d'offrir des bouquets de services et enfin de proposer une tarification sur mesure.

Vous allez donc mettre en place des promotions, tester de nouvelles offres. Pour chacune de ces offres, prenez l'habitude de faire un test sur un petit volume (ou au moins une étude qualitative sur une sélection de clients ou de prospects), afin de réaliser des tests d'optimisation.

Le principe pour lancer une nouvelle offre est de :

- rédiger un business plan sur Excel, avec des estimations de prix, de volume de vente ;
- réaliser un test sur un petit échantillon de clients ;
- analyser les résultats ;
- corriger selon les résultats.

Exemple **par Frédéric**

Lors de la vente de ma première formation vidéo en 2009, nous avons fait une première étude sur nos lecteurs pour connaître le nombre de personnes intéressées. Nous n'avons pas parlé de prix, le but étant d'estimer le marché (à noter : j'ai pris l'habitude de le faire, par exemple en proposant le choix entre deux produits à mes lecteurs, ce qui me permet de sélectionner le plus pertinent). Nous avions ainsi plusieurs centaines de personnes intéressées par le concept, ce qui était un bon début.
À la suite de ce premier test, nous avons réalisé le produit, les pages de vente et lancé le produit. Et là, catastrophe !
Nous avons eu seulement quelques dizaines de ventes.
Nous n'avons pas été découragés, et nous avons posé une question aux cliqueurs non acheteurs d'e-mailing, afin de savoir pourquoi ils n'avaient pas acheté (et identifier si c'était un problème de prix, de bénéfices...).
Avec les éléments du questionnaire, nous avons revu la page d'argumentaire, nous avons ajouté des bonus supplémentaires en liaison avec leurs demandes (un coaching vidéo en groupe...), effectué une réduction de prix (97 € au lieu de 149 €), ajouté un extrait vidéo sur la page de vente et un module complémentaire.
Pour valider la refonte du concept, lors de la relance du produit, nous avons fait un A/B testing avec les deux pages. Au final, nous avons eu plus de 1 000 ventes pour cette formation suite à ces optimisations.

Identifier les profils de clients et repérer ses fans

Parmi vos clients, vous avez toujours des fans prêts à tout acheter chez vous. Vous pouvez facilement les repérer, ils sont équipés en multi-produits, ils sont fans de vos produits...

Vous devez absolument repérer ces clients et trouver des moyens de leur facturer plus de produits, leur proposer des services sur mesure. Pour cela, n'hésitez pas à proposer des formules d'abonnements ou des prestations dédiées avec un prix très élevé. En effet, ce sont des clients peu nombreux, vous devez donc avoir un prix très élevé.

De même, il y a toujours des personnes qui sont prêtes à payer plus cher que les autres pour plus de services. Dans ce contexte, proposez-leur des services premium, du coaching.

Proposer des promotions valables trois jours, ne portant pas uniquement sur les prix

J'ai fait de nombreux tests et la promotion courte (3 à 5 jours maximum) est celle qui donne les meilleurs résultats, avec une courbe des ventes en W :

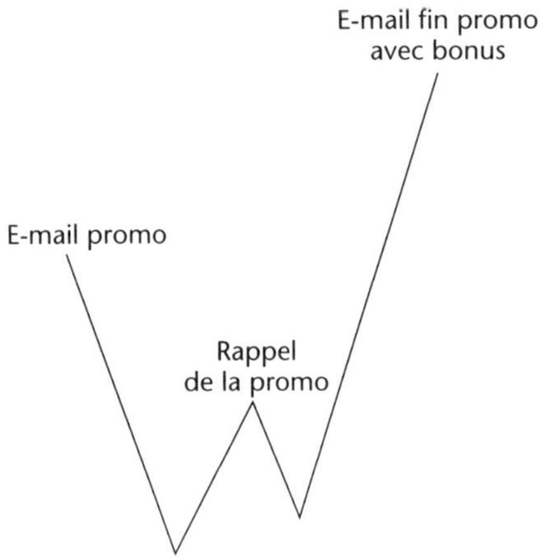

Figure 8.4 – Les ventes d'une promotion suivent une évolution en W

Le premier pic des ventes a lieu lors de la première journée suite à l'e-mail promotionnel. Ensuite il y a un ralentissement des ventes. Puis on constate une reprise des ventes juste après l'e-mail de rappel de la promotion, après deux jours. Le pic maximum des ventes a lieu le jour de fin de la promotion, *via* un e-mail de rappel de l'urgence à commander. Afin d'avoir un maximum de chiffre d'affaires, il est plus efficace de rajouter un bonus (déjà prévu en avance) lors de cette clôture afin de faire jouer l'aspect « bonne affaire » et offre irrésistible.

Astuce de Growth Hacker

Lorsque je gérais une gamme de produits de gestion, nous étions systématiquement pris à partie par notre principal concurrent sur un « Pack promo ». Nous proposions cinq logiciels alors que pour le même prix notre concurrent en proposait six. J'ai donc fait appel à un partenaire qui proposait un produit complémentaire et je l'ai intégré à mon « Pack promo » en marque blanche. Du coup, j'avais une proposition de valeur supérieure à mon concurrent. C'est toujours mieux de faire une promotion produit qu'une promotion prix.

À NOTER

Il est aussi possible d'envoyer des messages pour les anniversaires (de votre entreprise ou du client), pour les événements (coupes du monde), qui permettent de faire des promotions et créer un mini-événement. Prenez exemple sur les hypermarchés qui font régulièrement des anniversaires, des offres de réouverture avec des promotions exceptionnelles, mais souvent financées par des fournisseurs.

Proposer des produits récurrents

Une des clés pour sécuriser son business est de mettre en place un produit récurrent (un abonnement, un contrat récurrent).

Cela permet de savoir combien l'on va gagner le mois prochain, sachant que les taux de désabonnement sont généralement prévisibles (comptez 10 % d'attrition pour un produit classique à chaque période de renouvellement). Si vous n'avez pas de produit à abonnement, le but est de transformer un produit à prix fixe en un produit récurrent.

Par exemple :

- une formation vidéo en un programme à suivre de manière mensuelle ;
- une prestation de service ponctuelle en un coaching sur plusieurs semaines.

Exemple

Ma formation La Star Marketing Academy est proposée en abonnement plutôt que de vendre des formations unitaires.

Ajouter du service pour flouter la valeur globale de l'offre

Si vous vous contentez de justifier l'intérêt d'acheter de votre produit par le prix (ex. : c'est le moins cher…), vous êtes mort.

En effet, il y aura toujours quelqu'un dans le monde qui sera moins cher, car soit il aura une structure plus légère (seul dans son garage, avec un job à côté…), soit il va reprendre votre idée et faire mieux pour le même prix. D'où l'importance d'ajouter de l'intangible dans votre prix : de l'expertise, de l'accompagnement, un support technique avancé, des vidéos de formation, un coaching…

Exemple

Pour vendre des produits « high ticket », c'est-à-dire de plusieurs milliers d'euros, il est indispensable de convaincre la personne qu'elle fera le bon choix. C'est pourquoi, dans le cycle des ventes, vous devez inclure un « appel stratégique » (ex. : audit personnalisé, analyse des besoins…) afin de rassurer le client et entamer une relation de confiance.

Proposer le plus de moyens de paiement

C'est évident, plus vous aurez de moyens de paiement, de livraison, plus vous générerez de ventes. Mais on peut aller plus loin avec des solutions de paiement, comme Stripe.com, qui offrent de gros avantages par rapport à des services comme Paypal. Par exemple, ces solutions proposent un paiement en marque blanche (pas de logo Paypal, pas de compte à créer), des notions codes promos et de remises.

Astuce de Growth Hacker

Si vous facturez un service récurrent et pour des petits montants, vous vous rendrez vite compte que certains clients continuent de payer alors qu'ils ne s'en souviennent pas. Le but est alors de ne surtout pas les « réveiller » et les laisser se faire prélever. Pour cela, une astuce consiste à avoir un nom de société qui prélève le montant qui soit différent de celui de votre produit. Ainsi, la personne ne sait pas vraiment qui est à l'origine de ce micro-prélèvement sur son compte. Ce genre d'astuce a fait les choux gras de nombreux services facturés *via* des opérateurs télécoms...

■ L'offre irrésistible à 1 €, pour ensuite passer à un prix normal les mois suivants

L'achat est un acte émotionnel, qui est ensuite rationalisé. Il faut donc jouer sur l'émotion pour déclencher l'achat. L'offre peut se faire directement lors de la phase d'achat ou pour réactiver des prospects froids.

Exemple

Ludovic Barthelemy un de mes amis webmarketeur propose une formation avec un premier paiement low cost, puis un second paiement à prix plein (il fait comme les opérateurs télécom qui proposent des abonnements téléphoniques ou des bouquets télévisés qui proposent un prix d'appel la première année avant de pratiquer le montant plein).

Il est possible aussi de relancer les paniers abandonnés et les essais non transformés. Ce sont d'excellents moyens d'augmenter ses ventes. Parfois, il suffit de les réactiver par un e-mail sur le produit, *via* une promotion...

À NOTER

Il est intéressant de tester une offre à 1 € plutôt qu'une offre d'essai gratuit, car elle engage davantage l'acheteur.

Astuce de Growth Hacker

Un bon moyen de maximiser la valeur par client est de proposer un produit complémentaire, un service ou un accessoire juste après la page de vente. Par exemple, pour 1 € de plus accéder pendant un mois aux fonctions premium du produit. En effet, la personne ayant déjà payé et étant dans la démarche d'achat, il est très facile de continuer à lui vendre un produit. Mais cela doit s'opérer juste après le paiement pour ne pas perdre la vente.

■ La modélisation du tunnel de ventes

La modélisation du tunnel de vente a pour objectif d'augmenter le panier moyen du client.

On peut maximiser son chiffre d'affaires *via* des ventes de produits premium (montées en gamme par exemple), des ventes croisées, la proposition d'accessoires, soit lors de l'achat, soit juste après, soit après une période d'utilisation.

Par exemple, lors de la commande, le principe est d'ajouter automatiquement un petit produit complémentaire ou un service depuis le panier en 1 clic (ex. : assurances, contrats de maintenance...), c'est-ce que l'on appelle un « Bump ».

Le principe est de lister toutes les possibilités de ventes par suite de la récupération des coordonnées :

- L'offre principale avec une offre « Bump ».
- Juste après le paiement une page de remerciement avec une offre exceptionnelle de produit complémentaire (*upsell*). Si la personne refuse, alors on propose une offre de repli (le *downsell*).
- Puis on peut encore proposer une autre offre suite à l'offre précédente avec un produit complémentaire (*cross-sell*).
- Vient ensuite une série d'e-mails, appels, SMS... pour proposer des nouvelles offres...

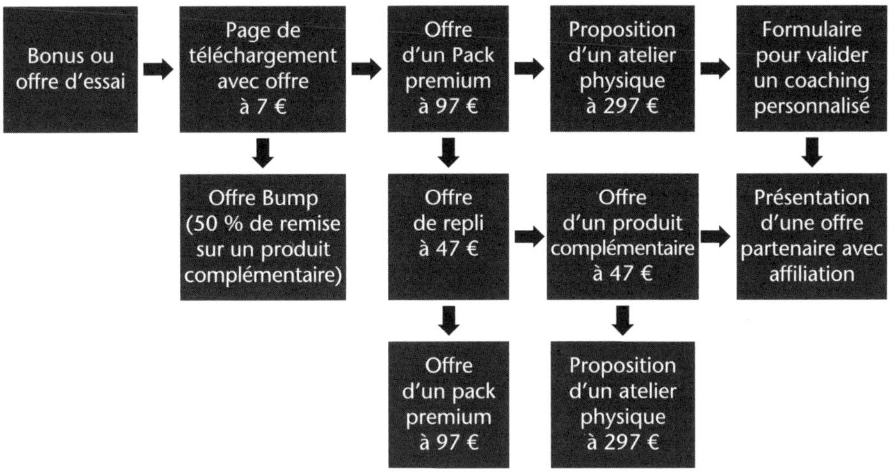

Figure 8.5 – Exemple de tunnel de ventes avec différentes offres

Cependant, attention à bien mesurer l'efficacité de vos offres.

Exemple **par Frédéric**

Une entreprise pour laquelle j'ai travaillé a opéré une expérimentation sur une cible de 1 000 clients. Elle a intégré dans le renouvellement du contrat annuel une nouvelle option de plusieurs centaines d'euros. Cette option était facturée par défaut, or elle avait peu de valeur aux yeux des clients, tout en pouvant se révéler utile. Après un mois, le bilan était négatif : de nombreux clients s'étaient plaints et étaient outrés par ce comportement de « voleurs ». Ils ont tous dénoncé leur contrat d'abonnement global, ce qui ne fut pas compensé par le gain de chiffre d'affaires pour cette option. Suite à ce test, la décision a été prise de proposer ce service comme une option, avec un prix plus faible. Les ventes ont enfin décollé.

■ Les offres de reconquête des anciens utilisateurs (win back)

Ces offres ont pour objectif de tenter de récupérer les clients ayant abandonné l'offre, soit pour aller à la concurrence, soit car elle ne les a pas séduits. Il faut savoir qu'un client n'est jamais perdu à 100 %. Pour que cela fonctionne, il faut tout d'abord vous excuser, puis expliquer en quoi votre produit a changé, et enfin proposer une incitation à réessayer.

Pour que ce genre de campagne donne de bons résultats, il faut de la personnalisation envers le destinataire (mettre son prénom, le contexte…), et si possible de l'humain (ex. : appeler au téléphone, signer un courrier…) afin de montrer la démarche de l'entreprise[1].

Entraînement 4 : La montée en puissance

On parle de scalabilité (montée en puissance) lorsque les coûts fixes d'un nouveau client ne sont pas proportionnels aux coûts pour l'obtenir. Ainsi, chaque nouvel utilisateur rapporte marginalement davantage que l'utilisateur précédent.

Exemple

Lorsque Netflix a lancé son service, le premier utilisateur a coûté extrêmement cher puisqu'il a fallu développer toute la plateforme uniquement pour lui. Pour autant une fois celle-ci mise en ligne, qu'il y ait un ou un million d'utilisateurs n'implique pas de coûts supplémentaires exponentiels mais plutôt par palier (ajout de nouveaux serveurs tous les X milliers d'abonnés, recrutement de nouvelles personnes au SAV…). Si votre business est scalable (il peut monter en puissance sans une augmentation proportionnelle des frais), le coût variable par unité produite sera décroissant. C'est de cette façon que vous devez construire vos techniques pour augmenter vos revenus. En effet, si votre business vous demande un gros effort pour trouver de la croissance, les revenus n'augmenteront pas de façon exponentielle. C'est une logique qui doit vous obséder si vous comptez développer une start-up ou gagner de l'argent en faisant du volume. En effet, vous pouvez très bien avoir un modèle de revenu non scalable et vivre très heureux si vous avez un business modèle qui se base sur la valeur.

1 Quelques exemples de campagnes de relance des clients inactifs se trouvent sur Traficcommando.com, semaine 8

Exemple **Comment rendre son business scalable ? par Grégoire**

J'anime une formation de Growth Hacking à Grenoble et je suis limité à 12 personnes. Le cours a en plus lieu en soirée, je peux difficilement animer plus de trois sessions par trimestre. Toutefois, j'ai décidé de diffuser cette formation en live. Quel est l'intérêt ? Pour le même effort, un nombre beaucoup plus important de stagiaires peut suivre la formation en direct *via* les médias sociaux.
Depuis peu, je suis passé à l'étape supérieure en termes de scalabilité : j'ai décidé de filmer mes cours et de les vendre sur une plateforme en ligne. J'ai ainsi mis beaucoup de temps pour créer ma première formation vidéo, la filmer et créer une plateforme, mais aujourd'hui, chaque formation vidéo vendue *via* le Web ne me demande plus aucun effort.
C'est la même chose pour LOHA qui a commencé par faire de la mise en relation par téléphone. Cette activité est non scalable (il coûte cher d'appeler chaque client au téléphone) mais elle a permis de valider le concept pour un coût faible. Maintenant que cette étape est validée, l'entreprise va pouvoir dépenser du temps et de l'énergie pour développer une plateforme automatisée sur le Web, ce qui rendra leur business scalable !
Que nous apprennent ces deux exemples ? Il n'est pas forcément nécessaire d'avoir un système scalable dès le départ, mais si on veut passer au niveau supérieur, il faut s'y mettre, sinon les besoins en financement, les ressources humaines vont compliquer la montée en puissance d'un business.

Entraînement 5 : Utiliser la gamification pour maintenir la motivation de ses clients

Pour que votre client continue à utiliser le plus longtemps possible votre produit, et surtout qu'il l'utilise le plus souvent possible, il existe un moyen simple : la gamification.

Commençons par la définition de la gamification avant de s'attaquer à quelques cas concrets que vous pourrez mettre en place dans votre business : « La gamification consiste à transposer les mécaniques du jeu dans un domaine non-ludique, pour améliorer une offre » (ElGamificator.com).

Elle repose donc sur l'observation des mécaniques permettant de construire un bon jeu, et sur l'étude du comportement des joueurs. Elle vise à rendre plus ludique des activités qui ne sont pas considérées au départ comme des jeux. Ne pensez pas que la gamification est nouvelle, car elle est déjà présente dans de nombreuses entreprises : les challenges commerciaux pour les vendeurs, les concours pour diffuser des messages sur les médias sociaux...

Exemple **par Frédéric**

Lorsque j'ai travaillé dans une start-up belge, nous avions en fin d'année le Yearly Challenge. C'était un challenge dans l'ensemble des services, avec des objectifs à atteindre sur l'activité (ex. : au marketing nous devions réaliser X articles de blogs, publier X communiqués de presse...). Ce challenge permettait de fédérer les équipes autour d'un effort de performance pour clôturer l'exercice fiscal, avec de nombreux rappels par e-mail, lors des réunions...

Voici quelques leviers qui vous permettront d'appliquer la gamification à votre entreprise et à vos produits.

Les récompenses aléatoires

Si une récompense n'est pas connue à l'avance, cela a tendance à pousser à l'utilisation du produit.

Exemple

C'est la technique qu'utilise Facebook pour vous faire poster au maximum : vous ne savez jamais combien vous aurez de likes sur votre publication et vous attendez la sentence de vos amis. Sur jeu mobile, une excellente illustration est le jeu Clash Royale qui fournit une récompense aléatoire après chaque victoire sous forme d'un coffre. Ce coffre peut contenir un nombre plus ou moins important de cartes et ces cartes peuvent être plus ou moins en adéquation avec la collection du joueur. Autant dire que l'aléa est maximal. Ce qui est d'une efficacité redoutable.

Les récompenses programmées

Il s'agit de donner une récompense attendue : on sait exactement ce que va nous rapporter notre action. C'est ce qu'utilise par exemple Google Local Guide, si vous répondez à un certain nombre de questions sur votre environnement. Cela donne un sentiment de satisfaction et de contrôle qui pousse à l'utilisation du produit.

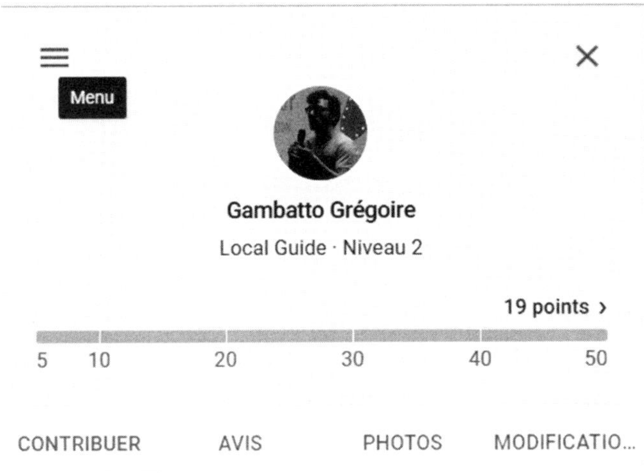

Figure 8.6 – La gamification avec Google Local Guide

Les récompenses temporelles

Offrez quelque chose pour les événements qui se produisent à des moments précis (comme les anniversaires) ou qui ont lieu durant une certaine période (revenir chaque jour pour une récompense, par exemple). Les utilisateurs doivent être présents pour en bénéficier.

Exemple

C'est la mécanique qu'utilise Clash Royale en donnant un coffre gratuit toutes les 4 heures, sans possibilité d'en cumuler plus de deux. Cela signifie que si vous ne vous connectez pas pendant 8 heures, vous perdez la possibilité d'obtenir un coffre, ce qui pousse à se connecter au maximum ! D'autant que le contenu de ce coffre est aléatoire.

Ce système est aussi pertinent lorsque vous constatez que votre produit est utilisé assez rarement, ce qui est gênant car vous ne créez pas d'habitude de consommation et qu'il est fort probable que le jour où votre client aura besoin de votre produit, il ne l'utilisera tout simplement pas. Par exemple, une application qui permettait d'obtenir des réductions supplémentaires a utilisé ce processus de gamification pour augmenter l'utilisation de mon produit. Comment ? En faisant qu'en se connectant chaque jour sur l'application mobile, on obtient 1 % de réduction supplémentaire. Ainsi, si l'utilisateur souhaite obtenir 30 % de réduction, il lui faut se connecter chaque jour pendant un mois avant d'acheter le produit. De quoi rendre addict et mettre en tête le produit.

Les certificats, médailles, trophées...

Différents des récompenses classiques ou des trophées, les certificats sont les symboles matériels d'une maîtrise et d'un accomplissement. Ils sont utiles, ont une signification et traduisent un certain statut.

C'est le mécanisme qu'a utilisé SnapChat pour renforcer l'usage fait par ses utilisateurs. Chaque trophée correspond à une action, ce qui pousse à utiliser au maximum l'application pour les déverrouiller tous.

Classements et échelles

Les classements peuvent prendre différentes formes, le plus souvent en valeur absolue ou en valeur relative. Généralement utilisés pour que les gens sachent où ils se situent par rapport aux autres, et que ces derniers le voient. Attention, les classements ne conviennent pas à tous, il faut que vos utilisateurs aient un profil compétiteur (par exemple des commerciaux).

C'est cette mécanique qu'a utilisée Clash Royale en proposant un classement à ses utilisateurs. Cela pousse à la compétition et donc à l'utilisation.

PLAN D'ACTION

Votre mission pour la semaine 8

Nous arrivons à la dernière semaine de votre entraînement commando. Vous venez de voir les clés pour retenir vos prospects si chèrement acquis, pour ensuite maximiser vos revenus.

Voici les actions à mettre en place dans la semaine :

- ☐ **Repensez à votre *onboarding process* actuel**, identifiez les points noirs et la manière dont vous pouvez améliorer l'expérience client. Profitez-en pour appeler vos cinq derniers clients quelques jours après leur première utilisation de votre service/produit. (0,5 jour)

- ☐ **Déterminez comment vous pouvez améliorer la rétention de vos clients**, en mettant en place une enquête de satisfaction, et appelez les cinq derniers clients qui ont arrêté leur abonnement afin de connaître leurs motivations. (0,5 jour)

- ☐ **Mettez en place un plan d'action** pour résoudre les problèmes majeurs détectés dans les deux étapes précédentes, et mettez en place un effet whaou afin de surprendre vos clients avec une chose à laquelle ils ne s'attendent pas. (2 jours)

- ☐ **Mettez en place une action pour la semaine prochaine** (un upsell, un cross sell...) afin d'augmenter vos revenus. (1 jour)

Bonus : Optimisez votre business actuel par l'approche AARRR

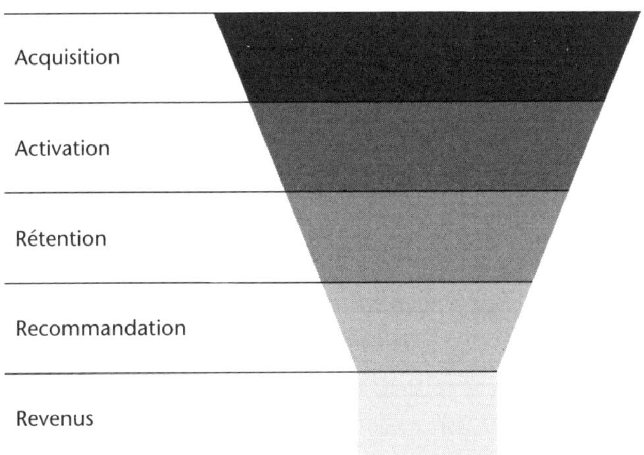

Source : © ConseilsMarketing.com

Utilisez les concepts du Growth Hacking pour optimiser votre activité !

Le programme en 8 semaines du livre a pour objectif de lancer un produit, un projet ou une offre... mais nous n'avons pas oublié ceux d'entre vous qui ont déjà un business existant (un site Internet, une activité de consultant, une PME...) et qui souhaitent l'optimiser grâce aux méthodes de Growth Hacking.

Ce chapitre vous est dédié : vous allez en particulier apprendre à utiliser le framework AARRR pour analyser votre cycle des ventes et déterminer quelles sont les actions prioritaires à mettre en place (dont du *hacking*) pour améliorer votre efficacité.

Cette méthodologie peut être utilisée pour faire une analyse ponctuelle de votre business (ex. : faire un audit) ou être appliquée en continu afin d'assurer la croissance de votre entreprise. Je vous conseille quand même vivement de l'adopter pour une utilisation en continu car c'est dans ce contexte qu'elle délivre les meilleurs résultats.

C'est cette méthodologie que j'applique à chaque fois que l'on me demande d'auditer la stratégie digitale d'une entreprise. Elle me permet d'utiliser un prisme simple (et rapide à mettre en place) pour analyser les performances du cycle des ventes.

Généralement cette analyse ne prend que deux heures. Elle vous permettra d'identifier les faiblesses actuelles de l'organisation, et de déterminer des plans d'actions concrets (mais aussi d'identifier les points de vigilance pour assurer une croissance à moyen et long terme de votre business).

L'analyse AARRR, la clé de voûte pour atteindre les bénéfices de l'effet cumulé

À force de mettre en place l'optimisation continue de l'efficacité de votre organisation, vous allez créer une machine à vendre efficace et performante.

Cela rejoint le concept d'effet cumulé (voir le livre *L'Effet cumulé* de Darren Hardy) qui explique qu'à force de faire les bonnes choses suffisamment longtemps, vous serez obligé d'obtenir des résultats spectaculaires.

Si vous faites régulièrement une analyse de votre activité au travers du prisme AARRR, vous allez développer des routines et des habitudes qui, mises bout à bout, entraînent le succès.

C'est exactement l'inverse de l'erreur commise par de nombreuses personnes qui se laissent séduire par le dernier concept marketing à la mode, par un hack original… en pensant que cela sera la recette miracle… Alors qu'il faut au contraire chercher dans l'optimisation de son cycle des ventes la solution pour réussir la croissance de son business, et se focaliser sur ce qui est essentiel de faire (voir le fameux OMTM du chapitre 1).

Le seul risque, est de chercher à résoudre uniquement des micro-problèmes (qui n'ont pas un impact suffisant) ou à vous concentrer que sur les éléments négatifs de votre cycle des ventes (alors qu'il faut aussi créer un effet « whaou »)…

Le framework AARRR doit vous aider à remettre en question votre stratégie marketing, à ne pas tester que des micro-améliorations, mais bien remettre en cause vos idées reçues et vos habitudes en prenant du recul.

Pourquoi utiliser le framework AARRR ?

C'est très simple : cela permet de rationaliser ses choix, et se concentrer sur le plus important. C'est ainsi que les start-ups américaines ont inventé le Growth Hacking : pour optimiser leurs temps & efforts pour atteindre l'efficacité maximale.

Et c'est le principe fondamental du framework AARRR : Avoir une méthodologie pour analyser de manière rationnelle et simple son activité. L'objectif étant d'être capable de déterminer où agir en priorité, car parfois par manque de recul, d'informations… on met des efforts et des moyens là où le retour sur investissement n'est pas le meilleur, ou simplement parce que l'on fait comme d'habitude sans penser « hors du cadre ».

Exemple **par Frédéric**

Je tiens le blog Conseilsmarketing.com depuis 2006, et j'avais constaté au fil des années que plus je publiais de contenu, plus j'avais de trafic et donc de clients… J'avais donc mis en place la routine d'écrire au moins 2 gros articles par semaine, et lorsque je voulais plus de trafic je publiais plus… Jusqu'au jour où il y a eu un changement d'algorithme de Google et que j'ai perdu 25 % de trafic, ce qui, en toute logique, m'aurait poussé à vouloir produire plus de contenus pour compenser la baisse… Heureusement, j'avais le framework AARRR en tête, et j'ai analysé mon trafic, et je me suis rendu compte avec horreur que mon site faisait moins de 1 % de conversion, avec certaines pages génératrices de trafic totalement hors sujet… Et donc plutôt que d'essayer de générer plus de trafic j'ai simplement concentré mes efforts sur la conversion.
Pour cela, j'ai installé Thrive Themes pour optimiser tous les formulaires d'inscription à la newsletter, j'ai fait de l'AB *testing* des visuels et j'ai créé de nouveaux bonus spécifiques pour les pages à plus fort trafic (livre blanc sur les RP, sur les partenariats…).
En quelques jours, j'ai boosté la conversion pour arriver à près de 3 %, ce qui m'a permis de faire plus de chiffre d'affaires avec un trafic moindre.

À NOTER

Pour mesurer la viralité de votre offre (le R de recommandation), vous pouvez mesurer le « K factor », c'est-à-dire le pourcentage de parrainages. Si 1 personne sur 10 parraine un contact, alors vous avez un score de 0,1… le Graal étant un chiffre proche de 0,5… et un score classique entre 0,01 et 0,05 selon la qualité de votre produit et le système incitatif.
Le meilleur moyen d'améliorer le R de revenus, est le plus souvent d'augmenter le panier moyen (augmenter ses prix, faire des options…) ou de travailler sur la conversion. En effet, plutôt que d'essayer d'aller chercher plus de prospects à convaincre, il est souvent plus simple de vendre 10 produits à 1 000 € que 1 000 produits à 1 €, en sélectionnant sa cible et améliorant l'argumentaire (ex. : appeler par téléphone au lieu de vendre en self-service).

Comment analyser son activité *via* le framework AARRR ?

Comme vous l'avez lu en introduction de ce livre, le framework AARRR consiste à décomposer son activité avec les étapes Acquisition, Activation, Rétention, Recommandation **et** Revenus, et voir où agir en top priorité pour avoir un effet maximum.

Sachant que chaque étape du cycle des ventes peut se décomposer en différentes micro-étapes.

Ainsi, pour un restaurant l'acquisition peut se faire *via* un panneau d'affichage extérieur, une enseigne, la présentation dans la vitrine, une personne qui distribue des flyers dans la rue, Facebook Ads...

Votre travail est donc simple : rassembler les chiffres de chaque étape, pour ensuite définir le plan d'action.

À NOTER

Si vous faites un audit dans une entreprise que vous ne connaissez pas, faites aussi en complément des interviews auprès d'une dizaine de personnes de l'entreprise en leur demandant ce qui ne va pas et ce qu'il faudrait améliorer selon elles (1 seule chose). Cela vous permettra de ne pas faire des recommandations totalement farfelues, et déjà identifier les points noirs... Souvent les meilleures idées viennent des collaborateurs en relation tous les jours avec les clients.

Voici ci-dessous un exemple d'optimisation effectué pour le site Comparatif-CRM.com, un vieux site qui vivotait avec un trafic exclusivement généré *via* Google (SEO).

Je me demandais comment booster ses résultats, le site étant surtout conçu pour générer des revenus *via* l'affiliation de solutions de CRM.

J'ai donc pris 2 heures pour rassembler les données majeures (voir http://bit.ly/roigrowthhacking) :

- Acquisition
  - Le trafic Google (*via* Google Analytics).
  - Les mots-clés référencés par Google (grâce à SEMrush).

- Activation
  - Le nombre de prospects inscrits à la newsletter (*via* la solution d'e-mailing Get Response).
- Rétention
  - Le taux d'ouverture des e-mailings.
- Recommandation
  - Non valable (pas de parrainage et pas de partages sur les réseaux sociaux).
- Revenu
  - Les ventes en affiliation effectuées sur le nombre d'inscrits.

À la suite de cela, j'ai identifié quels étaient les points faibles, en mettant en gros ce que j'estimais le plus important, et en petit ce qui était déjà bien :

Figure 3 – Les points faibles du cycle des ventes sont immédiatement visibles

Ce qui était le plus important était que j'avais un taux d'ouverture de mes e-mailings très faible (8,30 % !), et je n'avais en fait prévu que 2 messages dans le cycle de *marketing automation* ! De même, le taux de conversion de 1 % des abonnés en clients d'outils de CRM était juste « normal ». C'était donc sur l'e-mailing que devait se porter mon focus.

D'autres éléments moins importants sont ressortis (ex. : seulement 200 mots-clés référencés par Google avec quelques expressions hors sujet). Des éléments positifs sont aussi apparus comme l'excellente conversion des visiteurs en abonnés à la newsletter. Ces données chiffrées, permettent d'avoir une base de départ et surtout des critères objectifs pour ses axes d'améliorations.

Pour cela il faut se fixer des objectifs SMARTER à atteindre pour résoudre le problème principal (dans mon cas, le taux d'ouverture et le fait de n'avoir que 2 messages en *marketing automation*).

Un objectif SMARTER est :

- Spécifique et concret (chiffré et réaliste).
- Mesurable afin de voir l'avant après sur une durée spécifique.
- Atteignable à la fois pour le budget et le planning.
- Réaliste, car il ne faut pas démotiver les équipes.
- Temporel, avec une date de début et de fin.
- Excitant, afin de motiver la structure.
- Récompensé, au minimum avec un e-mail, une fête de clôture de projet.

Dans mon cas, les objectifs étaient simples :

- **S** : créer une séquence de messages optimisés pour la conversion pour inciter à utiliser un CRM afin de faire passer la conversion à 2 %.
- **M** : atteindre 40 % de taux de lecture pour les premiers messages (taux standard).
- **A** : créer en ½ journée une séquence de message dans Get Response.
- **R** : reprendre une trame de messages existants.
- **E** : simple à mettre en place en dupliquant des séquences existantes.
- **R** : m'offrir un petit gadget informatique si j'arrive à augmenter le taux de conversion de plus de 1 %.

Pour y arriver, j'avais déjà en tête des idées (reprendre des séquences de messages qui fonctionnaient), mais le principe de la méthodologie AARRR consiste à faire foisonner les idées afin de trouver des solutions originales.

Pour cela, il faut prendre 2 heures, pour réfléchir au problème et trouver des solutions.

Idéalement il faut se laisser une nuit de sommeil entre la décision d'améliorer les choses, et la phase de réflexion (voire vous coucher le soir en disant dans votre tête « Cerveau, aide-moi à trouver des idées intéressantes pour... » vous serez surpris du résultat !).

La session de brainstorming se fait généralement seul ou à plusieurs (avec une préparation en amont des idées pour les participants), avec un papier et un crayon pour faire jouer votre créativité.

Pour trouver des idées vous pouvez faire une recherche sur Internet, poser la question à vos contacts sur les réseaux sociaux... ou mieux, rassembler vos idées dans One Note, Evernote, Google Keep... pour avoir un réservoir d'idées.

À NOTER

Pour trouver les bonnes solutions à vos problèmes, attention à vous poser les bonnes questions et à bien en identifier la source. Pour cela, posez-vous la question des 3 W (voir le livre *Lean Startup* d'Eric Ries), c'est-à-dire de vous demander au moins 3 fois « Pourquoi » avant d'admettre que vous avez la bonne solution. Par exemple, vous avez une instabilité de votre plateforme informatique. Pourquoi la plateforme est instable ? Parce que les équipes n'ont pas le temps de tester correctement (= > faire des plans de tests et une checklist). Pourquoi les équipes n'ont pas le temps de tester ? Parce que les équipes ne sont pas assez nombreuses et ne connaissent pas tout (= > faire des procédures). Pourquoi les équipes ne connaissent pas tout ? Parce que seules 2 personnes savent quoi faire et ce sont des manipulations rares (= > faire des opérations en duo avec 2 personnes pour éviter les erreurs).

Une fois que vous avez listé toutes les idées, même les plus originales, il faut sélectionner les meilleures *via* la méthode ICE.

Le principe est simple : noter de 1 à 10 chaque idée, selon 3 critères :

- **I**mpact sur votre business (le résultat de cette idée).
- **C**oût (le coût d'achat et de mise en œuvre).
- **E**ffort (l'envie et la difficulté à mettre en place cette idée).

Dans mon exemple, j'avais noté une dizaine d'idées comme de changer l'expéditeur et de mettre le prénom de mon assistante (Sabrina), de mettre en place une séquence de 7 messages en *marketing automation*...

Actions	Impact	Coût	Effort	Note
Envoyer 7 messages avec la séquence classique	Fort 8	Faible 8	Moyen 5	21
Expéditeur femme avec nom et prénom	moyen 6	Faible 9	faible 7	22
Se mettre à la place du prospects dans cheminement d'achat (7				17

Figure 4 – Avec la méthode ICE, il est plus facile de trouver les meilleures idées

À chaque fois, j'ai donc mis des notes pour chacune des idées, le but étant d'identifier 1 à 2 optimisations majeures, et une *quick win* (une amélioration simple qui a un impact immédiat).

J'aime beaucoup choisir une *quick win* afin de mettre en application quelque chose de simple pour donner des résultats immédiatement.

Pour chaque idée retenue, définissez des indicateurs de départ et faites un *tracking* afin de mesurer la progression (éventuellement faites un mini-business plan dans le cas d'optimisations coûteuses).

À la suite de cela, 2 semaines après, faites un bilan de vos actions, et si cela fonctionne, il faut aller plus loin... si c'est un échec, alors soit il faut revoir son idée, soit tester autre chose.

À NOTER

Enregistrez sur One Note, Evernote... tous vos tests afin de savoir ce que vous avez fait, et ce qui a fonctionné ou pas.

En revanche, évitez de ne faire que des microchangements ou de tester de nouvelles idées totalement différentes à chaque fois. Vous devez avoir des focus sur des périodes plus longues, afin d'avoir plus d'impact et faire des changements majeurs.

Par exemple, je définis des focus trimestriels (sur un produit, un canal d'acquisition...) afin d'aller au fond d'un sujet et de mettre en œuvre suffisamment d'actions pour avoir de l'impact.

En conclusion, le framework AARRR est un excellent moyen de piloter son efficacité marketing & commerciale, et mettre en place une démarche d'amélioration continue.

Pour vous aider, voici un fichier Excel exemple http://bit.ly/exempleaarrr.

PLAN D'ACTION

Votre mission pour l'optimisation de votre camp de base

- Analyser l'activité avec AARRR
- Identifier 1 *quick win* et 1 action
- Mettre en place vos 2 idées et mesurer

Avec le framework AARRR, vous avez à votre disposition un outil simple et efficace pour analyser les forces et les faiblesses de votre activité, que cela soit pour un bilan ponctuel ou pour une amélioration continue.

Voici les actions à mettre en place :

- [ ] **Analysez votre activité au travers du framework AARRR** en rassemblant les chiffres clés de votre activité, et identifiez où agir en priorité. (0,25 jour)

- [ ] **Définissez une priorité trimestrielle** (un produit, un canal…) qui sera votre fil rouge.

- [ ] **Trouvez et sélectionnez les meilleures idées** (1 changement majeur et 1 *quick win*) pour changer les choses (0,25 jour) et mettez-les en application (1 à 2 jours).

- [ ] **Faites un bilan au bout de 2 semaines des résultats de vos 2 actions** et choisissez entre « Stop » ou « Encore » selon le potentiel restant.

Le briefing final

BRIEFING FINAL

Au bout de ces 8 semaines, vous avez normalement mis en place suffisamment de process et de méthodes pour construire intelligemment votre croissance.

Vous avez découvert des trucs et astuces, mais surtout des méthodes et des processus pour chercher petit à petit des points de croissance et des bonnes habitudes pour assurer la pérennité de votre entreprise. Prenez en exemple Airbnb ou Uber, qui savent toujours innover et penser la disruption malgré leurs milliards. Si vous regardez Uber, vous verrez que l'entreprise utilise désormais un marketing plus classique avec de la publicité grand public, des commerciaux.

Mais elle arrive toujours à penser Growth Hacking, par exemple avec UberEats.com dont le secret réside dans la promesse de livraison en 30 minutes grâce à des plats préparés à l'avance, conservés dans des sacs isothermes ou encore avec des partenariats disrupteurs comme celui avec PNL (groupe de rap français) lors de la sortie de leur album *Deux frères*..

Donc même si votre entreprise va croître, vous devez conserver cette mentalité de « pirate » et d'agilité.

Attention, la fin ne justifie pas les moyens…

Vous l'aurez compris, faire du Growth Hacking signifie être plus malin, mettre en place des processus et des routines qui vous aideront à « hacker » le système. Mais faire du Growth Hacking, ce n'est pas sortir le canon à spam. Car le spam est interdit par la loi, et au-delà, spammer peut-être plus nuisible que profitable. En effet, s'il faut plusieurs semaines, voire des années, pour se bâtir une bonne réputation, il suffit de quelques minutes pour la détruire.

Un principe simple est à respecter : si vous avez un doute, c'est qu'il n'y a pas de doute ! Ainsi, si vous pensez qu'un écrit ou qu'une action pourrait être problématique, alors prenez le temps de réfléchir, car si votre sixième sens a déclenché la sonnette d'alarme, ce n'est pas pour rien !

Concernant la partie légale, voici en rappel, la synthèse d'un excellent un article de la CNIL concernant les courriers non sollicités[1] :

- **En B2C le scraping d'e-mails (récupération d'e-mails publics sans consentement) est interdit**, et l'envoi en masse d'e-mails devinés (ex. : par un robot) est interdit. Ces pratiques sont considérées comme du spam. On peut certes ajouter des personnes sur Twitter, Facebook, LinkedIn et ainsi obtenir leurs coordonnées, mais on ne peut pas récupérer des e-mails sans consentement (ex. : sur des forums, sur un site d'annonces).
- **En B2B le scraping d'adresses e-mails personnels est interdit** (ex. : prendre un annuaire de professionnels et envoyer des e-mails en masse), sauf si la personne est informée au moment de la collecte de l'utilisation de son e-mail, si vous êtes en contact avec elle sur les réseaux sociaux.
- **En B2B l'envoi d'e-mails sur des adresses génériques (ex. : contact@entreprise.com) est autorisé**, même sans accord (ex. : en utilisant les annuaires publics d'entreprises).
- **En B2B et B2C le vol de données est totalement interdit**. Par exemple voler les contacts d'une base qui est vendue, exploiter une faille technique d'un site Internet pour récupérer un fichier client. Certains sites n'autorisent pas non plus la récupération de fichiers dans leurs conditions générales d'utilisation (par exemple PagesJaunes.fr).

Cela signifie que ce n'est pas parce que les données sont publiques que vous pouvez les utiliser. Par exemple utiliser une requête Google pour trouver des adresses e-mail Gmail sur LinkedIn ou encore acheter des fichiers de prospects sans en connaître l'origine est interdit.

Il reste alors quelques zones grises en Growth Hacking, comme par exemple les e-mails de ses propres contacts sur LinkedIn, Facebook, qui ont accepté la mise en relation (et donc d'avoir un contact avec vous à titre professionnel). Pour l'instant, il n'y a pas de jurisprudence, mais je vous engage à la prudence et à consulter un professionnel du droit.

1 http://bit.ly/infoscnil

Le fait de pouvoir faire quelque chose ne veut pas dire être autorisé à le faire.

Faire du Growth Hacking est une philosophie, qui, si elle est mal comprise ou mal utilisée peut vous positionner sur le plan juridique en dehors du cadre légal et vous faire prendre des risques pénaux et financiers importants.

En cas de doute, nous vous invitons fortement à être accompagnés par un avocat compétent dans le domaine pour valider votre stratégie et l'utilisation d'un outil, d'une technique, d'une tactique.

En aucune manière, nous ne pourrons être tenus responsables des manœuvres frauduleuses que vous pourriez mettre en place et déclinons toute responsabilité sur le sujet suite à la lecture de ce livre (les lois évoluant vites). Growth Hacking n'est pas synonyme de vol ou de tout autre acte répréhensible par la loi qu'elle soit française ou internationale.

Qu'est ce qui est légal… ou pas, et les risques ?

J'ai demandé à Jérôme Le Cœur, juriste en droit du numérique depuis une vingtaine d'années et ancien avocat (http://jeromelecoeur.fr/), de résumer en un tableau récapitulatif des principales réglementations liées à un mauvais usage du Growth Hacking.

Thème	Réglementation	Exemple	Sanctions risquées
Données personnelles	RGPD (réglement n° 2016/679)	Collecter et/ou traiter des données personnelles sans le consentement des personnes concernées par exemple en scrapant un site web	Sanctions pécuniaires pouvant s'élever jusqu'à 20 millions d'euros ou dans le cas d'une entreprise, jusqu'à 4 % du CA annuel mondial.
Concurrence déloyale	Article 1241 du Code civil	Dénigrer un concurrent, cliquer sur les pubs de ses concurrents…	Paiement de dommages et intérêts
Parasitisme	Article 1241 du Code civil	Copier-coller des éléments de sites Internet d'un concurrent (pack-shots, CGV…)	Paiement de dommages et intérêts
Accès frauduleux dans un système de traitement automatisé de données (STAD)	Article 323-1 du Code pénal	Récupérer des fichiers d'une base de données sur un site Internet mal protégé y compris par scrapping	Peines maximales : 2 ans de prison et 60 000 € d'amende
Atteinte au système de traitement automatisé de données (STAD)	Article 323-2 du Code pénal	Désorganiser un système de traitement automatisé de données en y introduisant par exemple un virus	Peines maximales : 5 ans de prison et 150 000 € d'amende
Atteintes frauduleuses aux données	Article 323-3 du Code pénal	Introduire ou supprimer des données dans un système de traitement automatisé de données	Peines maximales : 5 ans de prison et 150 000 € d'amende
Droit d'auteur	Article L335-2 et suivant du Code de la propriété intellectuelle	Utilisation d'œuvres protégées par le droit d'auteur sans l'autorisation de l'auteur : photos, textes…)	Peines maximales : 3 ans de prison et 150 000 € d'amende. Paiement de dommages et intérêts
Droit des marques	Article L.716-1 du Code de la propriété intellectuelle	Faire du typosquatting de nom de domaine de ses concurrents ou de sa marque sur les réseaux sociaux	Peines maximales : 3 ans de prison et 150 000 € d'amende. Paiement de dommages et intérêts
Vente	Article L121-1 et suivants du Code de la consommation	Pratiques commerciales trompeuses, par ex. utilisation de dark pattern	Peines maximales : 2 ans de prison et 300 000 € d'amende

Source : © Jérôme Le Cœur.

Faire du Growth Hacking, c'est un voyage

Les outils, les règles évoluent constamment et il est fort probable que lorsque vous lirez ces lignes, certaines astuces ne seront plus valides.

Mais ce livre vous aura donné des méthodes et des techniques, que vous pourrez reproduire dans n'importe quel contexte, car le Growth Hacking est une mentalité. Cette manière de penser se résume à :

– l'optimisation du cycle de ventes (acquisition, activation, rétention, recommandation et revenus) ;

– la mesure systématique des performances ;

– la recherche de solutions originales et astucieuses, et l'esprit rebelle ;

– l'automatisation, mais sans devenir un robot, l'humain et le relationnel sont la clé !

Sur l'espace privé réservé aux acheteurs du livre http://traficcommando.com/, vous trouverez des ressources supplémentaires pour votre business, et vous pourrez nous poser vos questions !

Si vous souhaitez aller plus loin, vous pouvez aussi nous rejoindre :

– Frédéric Canevet : https://fr.linkedin.com/in/canevetf

– Grégroire Gambatto : https://www.linkedin.com/in/gregoiregambatto

– Olivier Zongo-Martin, https://www.linkedin.com/in/olivier-zongo-martin-307bb9109/.

À bientôt sur le web et pourquoi pas dans la vraie vie…

This is the end… or not ?

Practise what you preach. S'il est facile de donner des leçons, il faut aussi apprendre à écouter les retours. C'est pourquoi nous avons rédigé un mini-questionnaire de satisfaction afin d'avoir vos retours et identifier ce que nous pouvons améliorer pour une éventuelle nouvelle version du livre, mais aussi sur le site web qui est le prolongement interactif du livre.

Si vous avez deux minutes devant vous, pourriez-vous répondre aux quelques questions sur https://bit.ly/traficcommando ?

Ceux qui répondent auront accès à une vidéo bonus !

80648 - (II) - SOP 90° - NOC - NUN

JOUVE-PRINT
733, rue Saint-Léonard, 53100 MAYENNE
OF : 2963640N
Dépôt légal : août 2020
Suite de tirage : mai 2021

Imprimé en France